当/代/中/国/区/域/发/展/丛/书

A Research of Geographic Concentration of Manufacture Industries in The Transitional Period of China

转型时期
中国制造业地理集中研究

王业强◉著

经济管理出版社
ECONOMY & MANAGEMENT PUBLISHING HOUSE

图书在版编目（CIP）数据

转型时期中国制造业地理集中研究 / 王业强著. —北京：经济管理出版社，2009.12

ISBN 978－7－5096－0861－6

Ⅰ.①转… Ⅱ.①王… Ⅲ.①制造工业—工业地理—研究—中国 Ⅳ.①F426.4

中国版本图书馆 CIP 数据核字（2009）第 227699 号

出版发行：经济管理出版社

北京市海淀区北蜂窝8号中雅大厦11层

电话：(010)51915602　邮编：100038

印刷：北京银祥印刷厂　　经销：新华书店

责任编辑：申桂萍

技术编辑：杨国强

责任校对：超　凡

720mm×1000mm/16　　14 印张　　207 千字

2010 年 3 月第 1 版　　2010 年 3 月第 1 次印刷

定价：39.00 元

书号：ISBN 978－7－5096－0861－6

《当代中国区域发展丛书》编委会

走向区域科学发展的新时代
（代总序）

一

改革开放以来，中国经济获得了持续的高速增长。1979～2008年，中国国内生产总值年均增长9.8%。面对国际金融危机的冲击，2009年中国GDP增长速度仍然高达8.7%。如果按照各省区市增长速度推算，当年各地区生产总值加总平均增长率则达到11.6%。伴随着经济的高速增长，人民生活水平显著提高，综合国力和竞争力不断增强，中国经济总量在世界上的排位由第10位上升到2008年的第3位，农村贫困人口大幅减少，由改革开放初期的2.5亿人减少到2009年的3597万人。① 对于改革开放以来中国经济的高速增长和所取得的巨大成就，国内外学术界把它称为"中国奇迹"、"中国模式"、"中国经验"。

显然，中国经济的高速增长是以各地区经济的繁荣为支撑的。可以说，没有各地区经济的普遍繁荣，就不可能有全国经济的持续高速增长。自改革开放以来，尽管中国各地区的经济增长速度有快有慢，但总体上都获得了大幅度的增长，各地区的经济均呈现出高速增长的态势。据我们测算，1980～2009年，全国31个省区市生产总值年均增长11.1%，其中东部地区为12.1%，东北地区为9.6%，中部地区为10.5%，西部地区为10.2%。这说明，改革开放以来，无论是东部地区还是中西部地区和东北地区，其经济增长速度都是相当快的，呈现出典型的高增长特征。各地区经济长达30年的

① 按2009年贫困标准1196元测算。

9%以上的高速增长，这是改革开放以前无法比拟的，也是世界上少见的。

可以预见，在今后一二十年内，中国区域经济仍将会呈现高速增长的态势。第一，受工业用地短缺、要素成本上涨、环保标准提高等因素的影响，东部地区近年来经济增速有所放慢，但随着其经济转型升级的加快，将会很快进入新一轮的持续快速增长轨道。第二，中西部地区资源丰富，要素成本较低，劳动力供应充足，未来发展的空间和潜力很大，近年来正表现出强劲的增长势头。第三，在国家政策的大力支持下，东北老工业基地已经走出了改革开放以来的“相对衰退”困局，2006～2009年地区生产总值年均增长高达13.4%，有望在较短时间内实现全面振兴的目标。第四，过去中国经济的高速增长主要是依靠珠三角、长三角等少数地区来推动的，近年来随着工业化和城镇化的快速推进，全国范围掀起了培育和发展城市群的高潮，京津冀都市圈、山东半岛城市群、辽宁沿海经济带、中原城市群、皖江城市带、长株潭“3+5”城市群、成渝经济区、关中一天水经济区、北部湾经济区等都有望成为支撑未来中国经济高速增长的新的主导地区，由此形成“群雄并起”的多元化竞争格局。

二

但是，应该看到，改革开放以来中国区域经济的这种高增长是以高消耗、高排放、不协调、乱开发为代价的。第一是高消耗。2007年，中国GDP约占世界总量的5.9%，[①] 而水泥消耗占世界的47.3%（2006年数据），一次能源消耗占16.5%，其中煤炭占41.1%，石油占9.2%，[②] 粗钢表观消费量占32.4%，钢产品表观消费量占33.9%。[③] 按照世界银行的数据，2004年中国单位GDP能源消耗高达8.33标准油吨/万美元，是世界平均水平的3.14倍，高收入国家的5.02倍。[④] 尤其是中西部地区和东北地区，受产业结构、发展阶段以及技术和管理水平的影响，资源和能源高消耗的特征更为明显。2008

① UNDP, Human Development Report 2009, New York, 2009.

② BP公司：《BP世界能源统计2009》，2009年6月。

③ World Steel Association, Steel Statistical Yearbook 2008, Brussels, 2009.

④ 国家统计局编：《国际统计年鉴2009》，中国统计出版社，2009。

年，西部地区万元 GDP 能耗高达 2.02 吨标准煤，比全国平均水平高 83.6%，比东部地区高 117%。即使是东部较发达地区，单位 GDP 的资源和能源消耗强度与发达国家相比也具有较大差距。

第二是高排放。按照国际能源署（IEA）发布的数据，2007 年，中国二氧化碳排放量已占世界总量的 21.0%，尽管中国人均二氧化碳排放量与世界平均水平基本持平，只相当于 OECD 国家的 41.8%，但单位 GDP 二氧化碳排放强度却是世界平均水平的 3.16 倍，是 OECD 国家的 5.37 倍。[①] 中国单位 GDP 二氧化硫排放强度也远高于发达国家的水平。2006 年，中国单位 GDP 二氧化硫排放量为 0.012015 吨/万元，是美国的 59.6 倍、日本的 19.8 倍。[②] 分地区看，虽然中国工业废气和废水排放总量的近 50%集中在东部地区，但中西部地区单位工业增加值“三废”排放量远高于东部地区，呈现出典型的高排放特征。2007 年，西部地区每亿元工业增加值排放工业废水、工业废气和工业固体废物分别是东部地区的 1.79 倍、2.46 倍和 48 倍。由此可见，今后中西部地区节能减排的任务十分艰巨。

第三是不协调。具体表现在以下几个方面：一是盲目追求 GDP 增长，忽视结构升级、技术创新、社会发展和生态环境建设，导致经济与社会发展和生态环境建设的不协调。二是地区间发展不协调。改革开放以来，我国东部地区与中西部地区间发展差距一直趋于扩大，这种状况直到最近几年才有所改变。三是城乡发展不协调。自 20 世纪 80 年代中期以来，除少数年份外，我国城乡收入差距一直在不断扩大。2009 年，我国城镇居民人均可支配收入与农村居民人均纯收入之比达 3.33∶1，远高于 1997 年的 2.48∶1 和 1985 年的 1.86∶1。四是人口与产业分布不协调。近年来，一些城市和大都市圈在大规模集聚产业的同时，并没有相应地大规模集聚人口，由此造成就业岗位与人口分布的严重脱节，全国 1.5 亿农民工虽然大规模地参与了城镇化建设，[③] 却没有公平地分享城镇化的成果。如我国三大都市圈人口仅占全国的

① International Energy Agency，Key World Energy Statistics 2009，OECD/IEA，2009.

② 铁铮：《中国生态文明建设进入量化时代》，《科学时报》，2010 年 2 月 5 日。

③ 2009 年，根据国家统计局的抽样调查数据推算，全国总的流动人口规模为 1.8 亿人左右，其中外出农民工是主体。另根据调查资料，2009 年末全国农村外出的劳动力为 1.49 亿人。

12.6%，但 GDP 却占 36.0%，二者之比达 1∶2.86；而美国东北大都市区人口占全国的 17%，GDP 占 20%，二者之比只有 1∶1.18。日本等发达国家人口分布与经济布局也基本上是匹配的。

第四是乱开发。一是农村地区盲目开发，造成耕地大量减少、农产品供给安全面临挑战。二是生态地区肆意开发，使得生态系统整体功能退化，越来越多的国土成为不适宜人居住的空间。三是城市地区过度开发，导致资源和环境压力越来越大。乱开发导致国土空间开发无序，空间结构严重不合理。从生产与生态看，生产占用空间偏多，留给生态的空间偏少；从生产与生活看，生产占用空间偏多，用于生活的空间偏少；从城市和农村看，农村居住空间偏多，城市居住空间偏少；从城市内部看，工业空间偏多，居住空间偏少。[①] 特别是近年来，一些地方大建“花园式工厂”，搞“圈地运动”，地区经济高速增长主要依靠用地规模扩张。因此，从空间开发角度看，可以认为，过去不少地方的工业化是以牺牲人的福利为代价的，产业用地规模过大，比重过高，利用效率太低。

三

回顾改革开放以来中国区域发展的历程可以清楚地看出，过去各地区发展大多走的是一条以高增长、高消耗、高排放、乱开发、不协调为特征的传统发展道路。在当前资源与环境双重约束下，这种传统的发展模式已经走到了尽头，它是不可持续的，也是不符合科学发展观精神的。尤其是自 2008 年下半年开始的国际金融危机，加速了这种传统发展模式的终结。在新的形势下，今后各地区不应该也不可能再像过去那样依靠大量消耗资源、大量排放“三废”、大量出口廉价产品来谋求发展，而必须树立科学发展的新理念，坚定不移地走科学发展之路。可以说，区域科学发展将成为未来中国区域发展的核心理念，未来中国区域发展将进入一个更加注重科学发展的新时代。

① 杨伟民：《推进形成主体功能区 优化国土开发格局》，《经济纵横》，2008 年第 5 期。

针对过去的传统发展模式，早在2003年10月，中共十六届三中全会就提出了以人为本、全面协调可持续的科学发展观。全面发展、协调发展、可持续发展是科学发展观的三个核心理念。因此，走区域科学发展之路，就是坚持以人为本的区域全面协调可持续发展，更加强调集约发展、创新发展、和谐发展，提高区域可持续发展能力。在科学发展观视角下，必须加快区域发展方式转变和发展模式转型，尽快从传统发展模式转变为科学发展模式。这种区域发展转型是包括经济、社会、文化以及思想观念、发展战略和政策手段等在内的多元化综合转型。总体上看，当前我国区域发展转型主要包括六个方面内容：一是增长方式从粗放向集约转型；二是发展重心从注重经济增长向更加关注品质提升、社会发展和民生改善转型；三是产业结构从产业链低端向中高端转型；四是城乡关系从城乡分割向城乡一体化转型；五是动力来源从投入驱动向创新（包括技术创新、制度创新、管理创新和品牌创新）驱动转型；六是空间结构从无序开发向有序开发转型。

为此，必须实行“五新”战略，加快推进区域发展战略的全面转型。一是实行新型工业化战略。从大范围的区域看，那些适合工业化的地区，应该从本地实际出发，突出特色和优势，坚定不移地走资源节约、环境友好、生产效率高、注重自主创新、充分发挥人力资源优势、共享发展成果的工业化道路。① 二是实行新型城镇化战略。重点是确立新的城市生态观，突出城市特色，注重提高城市效率，坚持城乡统筹理念，重视城市空间结构改善，走人本、集约、开放、和谐、多元化、可持续的特色新型城镇化道路。三是实行新型开发战略。一方面，要科学划定国土空间开发的控制线，实行严格的空间管治，合理规范空间开发秩序；另一方面，要推动人口与产业协同集聚，促进人口分布与经济布局相协调，以及人口、经济与资源环境承载能力相适应。四是实行新型开放战略。重点是统筹对外开放与国内发展，着力于以开放促改革、促发展、促升级、促协调、促和谐，全面提高开放型经济水平，促进国内经济社会发展和和谐社会建设。五是强化新型社会管理。要更加注

① 在我国，工业化战略并非适合于每一个地区。同时，工业化战略一般是就大范围的区域而言的，对于小范围的区域，尤其是区县及其以下的地域单元，应该强调功能分区和专业化的思想。

重社区管理，充分发挥中间组织和民众参与的重要作用，探索形成与科学发展相适应的新型社会管理体制。

四

改革开放以来，中国区域发展取得了卓越成效，但也存在不少问题。应该看到，这些问题是发展和前进中的问题，我们绝不能因为这些问题就否定改革开放的巨大成就。正是由于中国区域发展中不断涌现的各种新问题和新现象，才促使各地在改革开放实践中不断探索创新，积极创造出各种新的模式、新的经验和新的做法。现实中的这些新问题、新现象、新模式、新经验和新做法，为中国乃至世界区域发展理论研究提供了丰富多彩的素材，也为中国区域经济学立足世界之林创造了有利条件。

我国学术界一直高度重视中国区域发展问题的研究。近年来，这种研究主要沿着三个层面展开：一是国家层面的综合研究，主要是研究探讨中国区域发展的基本特征、演变趋势、存在问题、动力机制、战略模式和政策选择等；二是各个领域层面的专门研究，其范围几乎涵盖区域经济、社会、科技、教育、文化发展和生态环境建设等所有领域；三是地区层面的研究，从四大区域和省域的发展，到市域和县域的发展，再到乡镇、村域和园区的发展，几乎都开始成为学术界研究的热点，各个地区的发展战略规划研究则更是方兴未艾。

中国社会科学院历来具有注重现实问题研究的传统，其区域经济学学科建设更加强调对中国区域发展现实问题的积极探索。2003～2008年，我有幸主持中国社会科学院“重点学科建设工程”区域经济学学科建设项目。从2008年起，以重点学科建设为基础，以中国社会科学院的专家学者为主体，在经济管理出版社的大力支持下，我们共同组织编写了这套“当代中国区域发展丛书”，第一批共12本。中国区域发展涉及诸多领域，这次先期列入的学术著作，从体系上讲还不全面、不系统，需要今后不断地完善和补充。丛书的选题和各个单行本可能还存在诸多方面的不足，因此，真诚希望学界各位同仁提出宝贵的意见和建议。

这套丛书的顺利出版，得到了经济管理出版社沈志渔总编辑、张世贤社长以及国内外学界同仁的鼎力支持，在此我表示衷心的感谢！

魏后凯

2010 年 3 月 5 日

于中海·安德鲁斯庄园

前　言

近年来，产业集聚（产业集群，下同）逐渐成为学术界研究的热点话题，各地区纷纷制定产业集群发展战略，以优惠的政策吸引产业向本地区转移，推动地区经济的发展。但是，无论是理论还是实践上，都忽视了一个重要的概念问题：产业地理集中是不同于产业集聚的，它是一个较产业集聚更为宽泛的概念，没有产业集聚也可能会出现产业地理集中，但没有地理集中的产业集聚则是不可能的。产业地理集中的形成要早于产业集聚的形成，产业集聚的形成是靠产业内在作用力推动形成的，政府只能促进产业的空间集中，而不能作用于产业集聚的形成。也就是说，产业地理集中可以由产业内在因素自发形成，也可以由产业外在作用力（如政府）推动形成，混淆两者必然造成理论研究和实践操作上的误区。在产业集聚概念提出来后，各地区纷纷提出要打造多少个产业集群，盲目拔高工业园区的功能，认为通过政府推动就能形成产业的集群化发展，而忽视产业集聚形成的内在要求，忽视本地区产业功能的协调和产业投资环境的改善。这对地区经济长期稳定发展是有害的，不利于区域经济协调发展和实现可持续的经济增长。

因此，在理论和实践上，厘清这两个概念有助于我们深入认识产业空间运动规律，对实施中央提出的统筹区域发展的战略部署具有非常重要的意义。本书从理论和实证两个方面对现有文献中关于产业集聚的形成机制和影响因素进行了系统的梳理。本书对完全市场、政府干预和对外开放三种情况下产业地理集中的形成机理进行了系统的理论分析，从对称均衡和集中均衡两种极端状态剖析了产业从对称分布走向集聚分布的一般规律，并提出了六个基于产业特征的空间竞争理论假说，即产业要素密集度假说、规模收益递增假说、产业关联假说、运输成本假说、财政刺激假说、对外开放假说。在实证研究方面，本书通过对国外产业地理集中现象的比较，以及运用两位数制造业数据对中国29个制造行业的地理集中现象进行分析，详尽地论述了中国制造业地理集中的特点及变化趋势，从而得出了关于中国产业地理集中现象的经验解释，并在经验解释的基础上使用计量经济学方法对影响中国产业地理集中的因素进行分析，验证了前文相关的推论和理论假说。

从更宏观的角度来看，中国制造业区位变迁实际上包含了产业集聚和扩散两个方面。产业迁移是产业空间运动的主要形式。在产业迁移过程中，产业地理集中和地区专业化是区位变迁的直接结果。在区域经济一体化过程当中，经济活动的空间结构通常发生变化。与此同时，地区的经济结构也会相应发生变化。"克鲁格曼假说"认为，经济一体化将导致地区专业化水平提高和经济活动更加集中，但有研究认为专业化和地理集中并不始终同时出现。本书采用偏移份额模型将中国地区制造业增长分解为结构效应和空间效应，通过两种非参数方法对产业活动的空间效应进行分解，试图阐述在中国经济市场化过程中制造业区位变迁的内在规律，进而检验"克鲁格曼假说"在中国的适用性。

理论研究最终都要回归经济实践。随着中国市场化改革的不断推进，中国制造业地理集中化趋势也在不断加强。这种产业集中化趋势容易造成经济"过密"与"过疏"问题，加剧地区间差距的扩大趋势。在这种情况下，如何充分发挥政府和市场的双重调控作用，如何充分利用国内外市场资源优势，正确处理好产业集中化与统筹区域协调发展之间的关系，是当前亟待研究解决的重要问题。通过对转型时期中国产业政策发展历程的回顾与梳理可以得出结论：现时期必须实施区域性产业政策，对现有区域产业发展中存在的问题进行政策性调整。

本书是在我的博士毕业论文基础上整理完成的。转眼间，博士毕业快三年了。三年前的选题，今天读来仍然具有较强的理论与实践意义。中国经济转型是一个长期的过程，工业化、城镇化和市场化依旧是今后中国经济长期发展的推动力，产业区位也将发生长久持续的变化。在这个变化过程当中，产业地理集中是需要我们深入研究的一个突出问题。我们对产业区位变迁的认识也是由浅到深，逐步深入的。20世纪末，产业集群研究最先进入我们视野，对产业集群现象的关注为重新思考经济发展提供了全新的研究视角。研究产业空间运动规律，推动产业在空间上集聚，形成集群成为发展地区经济的一个重要手段。然而，现实问题是，产业集群的形成需要很多条件，并不是每个地区都能形成产业集群。在一些条件不成熟的地方，也许仅仅是企业在空间上的集中，离形成产业集群还有很长的路要走，并不见得形成产业集中的地区都会形成产业集群。此外，作为产业政策制定者来说，通过一定的优惠政策，可以很快吸引一大批企业的入驻，形成产业的初步集中，但这些企业能否在当地生根发芽，即所谓本地化问题，政府往往束手无策。这就需要我们在重视产业集群之外，把眼光投向一切有可能形成产业集中的地区，认真研究产业地理集中形成的规律，从中遴选出有可能发展壮大的产业集中地区，通过适当的产业政策，引导产业集群的形成。毕业之后的两年多，我不断思考如何丰富文章内容，并沿着原先的研究思路进行了适当拓展，虽然所做的工作是初步的，但从思路和研究方法上都进行了有益的探索和创新。如果能对从事该领域的研究或对政府决策部门有一些启示的话，那将是本书出版的最大意义所在。

看到自己努力的结果即将出版，心里还是充满了喜悦之情。在读博士期间，最大的收获是学会了怎么去做研究。在南京大学学习的三年，我学了很多经济学的基础知识。应该说，是南京大学带我进入经济学的殿堂。但是，如何将所学到的东西应用于实际问题的研究，则是我在中国社会科学院工业经济研究所的三年博士学习阶段所获得的一种能力。可以说，是工经所教会我怎么去做研究。这都将使我终身受益。其实，学习过程中还有另外一种收获也将使我终身受益，那就是自信。我出生于一个农民家庭，贫穷留给我的记忆尤其深刻，而父亲的早逝更加深了我对这个词的理解。生活环境的狭小和不幸的经历使我早早就丧失了与人交往时所应具有的自信心。古人认为读书可以修身养性齐家治国平天下，治国平天下非我一介凡夫俗子所能为，但我深深体会到读书对于修身养性的重要作用。从这一点上说，读书让我受益匪浅。尽管读书并没有给我带来多大的收益，但这六年寒窗，我无怨无悔！通过读书，逐步完善自己的品格，培养良好的情操，将是我一生追求的目标。

感慨之余则是满心的感激之情。我从一个农民的儿子走到首都北京，走进这人文社科的最高殿堂，走上这科学研究探索之路，离不开身边许许多多关心爱护我的师长、学友和亲人的支持。

首先，要感谢我的导师魏后凯研究员。先生严谨的治学态度、宽厚的待人品质和渊博的学术知识都是我一生努力学习的典范。先生认为，学生要从实践中找到学习和研究的方向，这使我受益匪浅。入学以来，我跟随先生参与了大量的课题研究，逐渐形成了独立研究问题、思考问题的能力。先生还注重对学生组织课题能力的培养，他总是创造一些机会让学生接触社会实践，增加学生对实际经济问题的理解。在研究内容和方法上，先生强调要和国际接轨，尤其强调我们要跟踪国际学术前沿问题的研究。先生对文章的写作规范要求极高。我写好的文章，通常一个字、一个标点符号的错误都逃不过他的眼睛。每每聆听先生的教诲，我都有醍醐灌顶之感。我的博士论文最早就是从参与先生的一个社科基金课题开始，从选题到文章的写作和最后的修改都倾注了先生的大量心血。

其次，要感谢我在社科院和南京大学读书时的老师和朋友。工经所的吕政老师、金碚老师、李维民老师、谷玉珍老师、陈耀老师、刘楷老师、安树伟老师、白玫老师、石碧华老师、孙承平老师都对我的学业有过无私的帮助；和同班同学王海峰、郭朝先、刘艳红、原磊、王磊、胡荣昌、曾宪奎、陈代弟、曲娟、曲玥，以及和同门师兄弟刘长全、吴利学、李靖、蒋媛媛、邬晓霞的交流使我的博士生活更加丰富和充实，李玉红、毛日晟、吴延兵为我提供了很多计量经济学方面的指导，在此一并感谢！还有我在南京大学读书时的老师和同学，我的硕士导师高波教授自始至终关心我的学业进展，沈坤荣教授和郑江淮教授也都为我提供了无私的帮助，李鹏飞、谢志斌、胡春风、陈继海、史维峰、魏浩等同学都对我十分关心。

多年的求学让我一贫如洗，甚至是负债经营，其中的艰辛难以言表。值得欣慰的是，几个同胞姊妹在她们经济也不宽裕的情况下，或提供经济援助，或代我照顾年迈的老母亲，使我能够安心于学业。这些都无以回报，仅此一言以谢之。

高兴之外我又感觉忐忑不安。论文的出版也就意味着自己的研究成果要接受更多的专家学者的检阅，希望能够得到更多的建议，使论文进一步充实完善。出版需要勇气，既要有接受批评的勇气，又要有敢于面对困难、迎接挑战的勇气。出版并不意味着完成，我会继续努力，力争在这一研究领域有一个更令人满意的结果。

王业强

2009 年 10 月 6 日于北京北苑

目　录

第一章　导　　论

第一节　问题的提出及研究的意义

产业空间运动是一个令人感兴趣的研究对象。现有的研究主要集中在产业集聚（或产业集群，下同）上，而将产业空间运动的源头看做由于某种偶然或历史的因素所推动，从而限制了对产业空间运动规律的深入研究。本书认为，产业地理集中是一个更为宽泛的概念，对产业空间运动规律的认识需要从产业地理集中开始。那么，产业地理集中究竟是怎样形成的呢？产业地理集中的特征及其影响因素是什么呢？这是本书所要研究的主要问题。

一、选题的理论意义

近年来，产业集聚逐渐成为学术界研究的热点话题，各地区纷纷制定产业集群发展战略，以优惠的政策吸引产业向本地区转移，推动地区经济的发展。但是，无论是理论还是实践上，都忽视了一个重要的概念问题：产业地理集中是不同于产业集聚的，它是一个较产业集聚更为宽泛的概念，没有产业集聚也可能会出现产业地理集中，但没有地理集中的产业集聚则是不可能的，混淆两者必然造成理论研究上的误区。产业地理集中的形成要早于产业集聚的形成，产业集聚的形成是靠产业内在作用力推动形成的，政府只能促进产业的空间集中，而不能作用于产业集聚的形成。因此，在理论研究上，区分这两个概念有助于我们深入认识产业空间运动规律。

二、选题的现实意义

产业地理集中是一个普遍的现象，它可以由产业内在因素自发形成，也可以由产业外在作用力（如政府）推动形成，混淆两者必然造成实践操作上的误区。在产业集聚概念提出来后，各地区纷纷提出要打造多少个产业集群，盲目拔高工业园区的功能，认为通过政府推动就能形成产业的集群化发展，而忽视产业集聚形成的内在要求，忽视本地区产业功能的协调和产业投资环境的改善。这对地区经济长期稳定发展是有害的，不利于区域经济协调发展和实现可持续的经济增长。因此，从理论上厘清这两个概念对于贯彻落实中央提出的统筹区域发展的战略部署也是非常重要的。

第二节 相关概念的界定

产业地理集中，是指产业经济活动在某个地区范围内聚集的经济现象。现有文献中大量使用“产业集中”（Industrial Concentration）、“产业集聚”（Industrial Agglomeration）、“产业地理集中”（Industrial Geographic Concentration）等词，本书认为对这几个概念应该加以区别：

一、产业集中与产业地理集中

从广义上讲，产业集中[①]是指在特定行业内，生产要素投入和产出被少数大企业所控制的程度，它不仅包括市场支配力或市场份额的集中，而且也包括劳动力、资本、技术、产量、利润的集中；从狭义的角度看，产业集中是指在特定行业内，市场销售额控制在少数大企业手中的程度（魏后凯，

① 本书认为，狭义的产业集中是指产业市场集中，广义的产业集中包括产业市场集中和产业生产集中（产业地理集中），由于习惯原因，本书中的产业集中仅指产业市场集中。

2003)。产业地理集中则是从产业的空间角度来考虑产业的经济活动的，即产业经济活动在空间上的聚集。两者之间的区别是明显的，产业集中通常是指某一个行业的市场集中；而产业地理集中则可以包含不同行业在空间上的聚集。产业集中和分散是市场垄断程度高低的反映。不同的产业，由于利用规模经济和范围经济的可能性不同，产业集中程度有很大差异。产业地理集中程度与产业集中程度并不是正相关的，在产业集中度较低的部门，企业却往往在地理上集聚成群，个别地方产业集群产品的产量在全国或世界上该产品总产量中所占的比重很高，形成很高的地理集中度。

二、产业集聚与产业地理集中

产业集聚和产业地理集中在概念内涵上是一致的，都是指产业经济活动在某一区域范围的集中。在一定的意义上，两者可以通用。但两者在研究的范围和侧重点上略有不同：产业集聚侧重于产业间关系特征的分析；而产业地理集中侧重于空间角度的解释。产业地理集中是一个较产业集聚更为宽泛的概念，产业地理集中的概念范畴包含了产业集聚。产业地理集中所指的聚集，其空间距离可以是紧密的，也可以是较为松散的，行业之间没有必然的联系；而产业集聚则要求较高，是指某一行业或相关行业集中于某一空间范围内的较小区域，使该区域产业集中的密度超过了整个范围内的平均密度。由于受资料的限制，人们在考察产业地理集中时，往往把所考察的地域单元看成一个整体，并不考虑其内部的空间结构差异；而产业集聚恰恰是区分了由该地域单元内部工业分布的异质性所引起的极化现象。可以说，没有产业在地理上的集中，就不会形成产业集聚现象；而产业集聚的结果会形成产业地理集中的事实，对产业集聚的研究必然要追寻产业地理集中的原因。这就注定了两者之间理论渊源的一致性。

目前，国内外对产业集聚研究的文献已经很多，但是对产业集聚的形成还没有一个系统的理论解释。我们认为，必须从更加普遍的角度来考察产业地理集中的现象。因此，本书广泛使用产业地理集中概念，但在一些文献的引用当中，对这两个概念不加以区分。

三、相对地理集中与绝对地理集中

产业地理集中的类型通常是根据产业经济活动所表现出来的地理集中程度来划分的，也就是说产业活动的地理单元的范围决定了产业地理集中类型的划分（WIFO，1999）。从这个意义上，可以将产业地理集中区分为“绝对地理集中”（Absolute Concention）和“相对地理集中”（Relative Concention）。“绝对地理集中”是指在不考虑地理规模大小的情况下，少数地区集中了一个产业经济活动的很大份额（Midelfart-Knarvik et al.，2000）；而“相对地理集中”则是指产业经济活动的空间分布类型不同于整个的分布类型。从以上定义可以看出，绝对地理集中受到较大地理单元的很大影响，而相对地理集中则排除了地理单元大小差异的影响。根据绝对地理集中指数和相对地理集中指数分别排序，如果某产业相对地理集中指数排序高于绝对地理集中指数的排序，我们定义该产业为相对地理集中的产业，用 RC 表示；反之为绝对地理集中产业，用 AC 表示。

产业集中、产业集聚和产业地理集中的关系如图 1-1 所示。

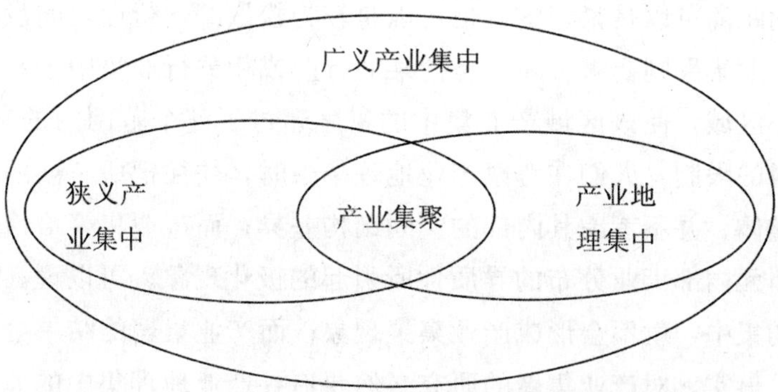

图 1-1 产业集中、产业集聚和产业地理集中示意图

第三节 研究的思路与方法

本书的研究是基于对产业集中、产业集聚与产业地理集中概念的区分的基础之上的，从产业生产的空间区位变化现象入手，通过拓宽产业集聚的概念内涵，逐步分析产业地理集中的形成机理及决定因素。本书研究的基本思路是，将产业外在特征和内在特征以及相对应的地区禀赋特征纳入新经济地理学的研究框架来分析产业地理集中的形成机制。

在研究方法上，本书借助新经济地理学的中心—外围模型对产业地理集中的形成机理进行刻画，通过一般均衡的分析方法得到一些解析结果。本书通过使用两位数数据分析，使我们对中国制造业的地理集中现状、特征和趋势有了一个量化的结论，最后设定了一个计量经济学模型对影响我国产业地理集中的主要因素进行检验。通过这些分析之后，本书归结到对转型时期我国产业政策的讨论上来，提出了实施区域性产业政策的必要性、主要内容和具体措施。

第四节 本书的基本框架

本书的基本框架如图 1-2 所示。本书首先对产业空间运动进行了理论上的综述，并通过对新经济地理学的概述引出本书所采用的研究方法和思路。通过对中心—外围模型的拓展来刻画大国经济中产业的地理集中形成机制，从而对现实的产业地理集中现象有一个理论上的认识。在对中国两位数制造业的统计数据分析基础上，描述了产业地理集中的统计特征，并采用计量方法对产业地理集中的影响因素进行检验，最终揭示我国产业地理集中的主要影响因素。本书采用偏移份额模型对产业活动的空间效应进行分解，试图阐述在中国经济市场化过程中制造业区位变迁的内在规律，进而检验“克鲁格曼假说”在中国的适用性。最后对转型时期的产业政策进行了回顾与探讨，提出实施区域性的产业政策，实现我国产业政策由计划向市场的完全过渡。

第一章：导论。本章主要对本书的研究背景及理论和实践意义，并对产业地理集中概念进行界定，最后对研究方法和研究思路以及本书的结构框架、创新和不足等问题进行探讨。

第二章：文献回顾及研究进展。本章主要对各种解释产业地理集中现象的理论进行回顾，以及对本书所使用的新经济地理学方法进行了批判性的回顾，最后从实证角度对相关研究进行综述。本章奠定了本书研究的理论基石。

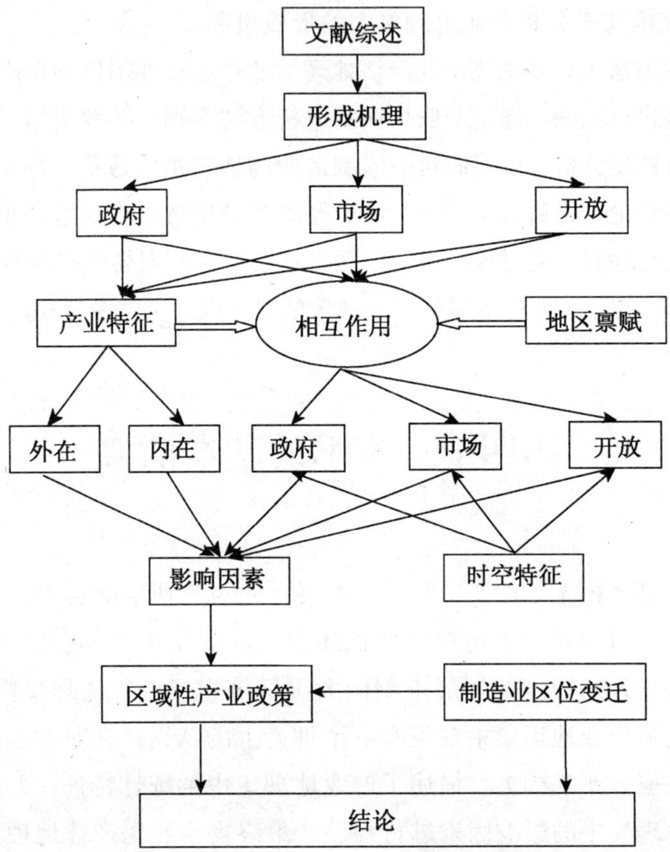

图 1-2　本书的结构示意图

第三章：产业地理集中的形成机理。本章主要借用新经济地理学中心—外围模型分别对市场经济条件下、政府干预经济条件下和开放经济条件下产业地理集中的形成机理进行刻画，并对对称均衡和集中均衡点处影响产业地理集中的因素进行理论分析，得出一般性结论。

第四章：产业地理集中的时空特征。本章主要通过对国外产业地理集中现象的统计分析进行比较，并运用中国两位数制造业数据对中国产业地理集中的空间特征进行分析。本书从产业地理集中的特征和变化趋势等方面进行详尽的统计描述，并为下文进一步研究得出一个初步的经验判断。

第五章：产业地理集中的影响因素。本章主要是在前文理论和统计分析的基础上，运用计量经济学的方法对影响中国产业地理集中的因素进行计量检验，对各种影响产业地理集中的因素逐一进行判断和分析。

第六章："克鲁格曼假说"认为，经济一体化将导致地区专业化水平提高和经济活动更加集中，本章采用偏移份额模型将中国地区制造业增长分解为结构效应和空间效应，通过两种非参数方法对产业活动的空间效应进行分解，试图阐述在中国经济市场化过程中制造业区位变迁的内在规律，进而检验"克鲁格曼假说"在中国的适用性。

第七章：转型时期中国产业政策的调整与过渡。本章首先对转型时期中国产业政策的发展进行了一个简要的回顾。然后针对当前产业空间布局存在的问题，提出实施区域性产业政策对当前产业过度集中于东部沿海地区，以及东部地区产业向中西部地区转移进行指导，解决区域产业布局不平衡的问题。本章最后对当前区域产业转移提出一些具体建议作为一个简短结论。

第五节 创新与不足

一、本书创新之处

第一，方法上的创新。产业的区位问题一直是经济地理学的研究对象，本书借助于新经济地理学的理论框架，运用经济学的一般均衡的研究方法对产业地理集中机理进行分析，并得出一些有益的结论。第二，概念上的厘清。对产业地理集中概念的厘清拓宽了产业空间运动的研究思路，从而将政府、对外开放因素纳入新经济地理学的研究框架，使分析更接近现实。第三，统计上的细化。本书使用两位数的产业数据对产业地理集中的影响因素进行分析，在指标的设计、变量的选取上也有一点小小的创新之处。

二、本书不足之处

第一，对产业地理集中机制的刻画依赖于劳动力要素的流动。实际上，市场经济中劳动力的流动往往与资本的流动密切相关。有些西方学者由中心—外围模型发展出资本流动的模型就是出于这个考虑。因此，仅仅考虑劳动力流动的模型是不全面的。第二，新经济地理模型难以进行动态化分析。现有的研究大多数是对模型在均衡点进行数值模拟，这样得出的结论通常不具有整体性，也削弱了模型本身的解释力。第三，本书对产业地理集中和产业集聚的区分还停留在概念的界定上，还需要进一步从理论和方法上加以区分。

第二章　文献回顾及研究进展

第一节　产业地理集中现象的理论解释

一、传统的贸易理论解释

传统的贸易理论在解释生产结构差异时，通常认为地理、禀赋和技术差异这些根本特征会导致空间的不均衡。在传统贸易理论框架内，经济一体化使得各个地区根据比较优势进行专业化生产。

当地区之间没有这些根本差异时，具有固定规模收益和完全竞争的贸易模型则认为经济活动将在地区之间均匀分布。假设一个非递增收益、存在运输成本和地区特征差异较小的世界，企业在一个产品和要素市场都存在激烈竞争的地区生产，这将导致企业在空间上的扩散（后院资本主义，每一个消费者都为自己的消费而生产）。

产品和要素市场的竞争使得企业彼此之间相互分散，但是经济中还存在集聚生产的因素。比较优势对空间集中的解释力显得不足，尤其是非常相似的地区却存在不同的产业结构。当地区之间的产品和要素具有充分流动性时，传统的贸易理论则不能为专业化和贸易模式提供一个清晰的解释（Meade，1950）。

区域比较优势理论认为，不同区域之间资源的配置效益存在差异，产生差异的原因基本上有两类：一类是区域之间外部经济的差异；另一类是区域之间生产要素比较优势差异。一个区域内已有资源的集聚会产生经济效益，同时，区域内的基础设施、公共事业也会给区域内各产业的生产经营活动带来经济效益，即所谓的区域外部经济；生产要素比较优势指区域之间各种生产要素拥有状况及其相对价格的差异，具有资本、技术、信息、人力资源优势的区域与不具有这些要素优势的区域相比，其资源配置的区域比较效益显然较高。当区域之间存在比较效益差异时，产业必然在效益高的区域形成集聚，这就是产业集聚的区域比较优势原理（王缉慈，2001）。

二、静态的区位理论解释

（1）杜能（Von Thunen，1826）认为，农场生产的品种选择与经营方式的首要决定因素是距离，即生产地与市场的距离。农场种植什么作物获利最大，主要不是由自然条件决定的，而与特定农场（或地块）与中心城市（农产品消费市场）的远近密切相关；农业经营规模，也与距离密切相关，增加投入必须使价格与边际成本之差能偿付追加的成本与运费。当生产成本一定时，离中心城市越近，追加的运费越低；边际产量需偿付的越少，生产规模扩大的可能性也就越大。杜能认为，地租与距离是负相关的，可以想象从中心城市向外围平面延伸，随着可耕地与市场的距离的不断增大，可耕地的地租是不断下降的，这样便可形成一个个以城市为中心的同心圆环，半径距离小的环上土地昂贵，宜种植运输成本大或单位面积产值高的作物，而半径距离大的环上则种植土地密集型或运输成本小的作物。杜能的分析模型不仅有效地运用于农业生产布局分析，它也适用于对工业布局的分析，尤其是城市土地的利用问题。然而，杜能在分析考察运输成本在集聚过程中的作用时是基于均质空间假设，而没有将空间非均质纳入理论模型当中并加以系统分析。而且，杜能的分析是在一个完全竞争的框架中进行的，而一般均衡分析的结果是经济体系当中存在的是分散化、自给自足的经济，这显然不能解释经济中的地理集中现象。

（2）韦伯（Weber，1909）系统地建立了一系列概念、原理和规则，严谨地表述了一般区位理论。他将影响工业区位的因素分为两类：区域性因素和集聚因素。工业是如何布局于各个区域，受区域性因素的影响；而在工业区域内，厂商为什么集中于此地而非彼地，则受集聚因素的影响。工业在某个地方集中是集聚力和分散力相互作用直至均衡的结果。集聚力受技术发展、劳动力组织变化、市场化因素及经济环境因素影响，分散力则可归结为伴随工业集聚而带来的地租增长的影响。韦伯用集聚经济来描述企业外部经济，并指出集聚能否产生效益，既取决于集聚的企业种类与结构，也取决于集聚的规模。韦伯（1928）提出了一个模型来描述在运输成本降低的情况下的制造业投入区位的决定。假设销售不变，当产业投入只存在于少数地区时，必将导致产业地理集中。

（3）胡佛（Hoover，1948）拓展了韦伯的体系，考察了更复杂的运输费用结构、生产投入的替代物和规模经济。产业区位理论的集大成者洛施（Losch，1940）扩展了区位理论的应用范围，将贸易流量与运输网络中的"中心地区"的服务区位问题也纳入其中进行研究。他把产业区位分析的对象推至多种产业，并分析了区域中的城市规模和类型，推导出在既定资源、人口分布情况下规模经济差异导致了空间集中现象。他的分析表明，不可能把成本和需求的两个假设条件同时放宽，而把最优区位定义为总收入与总成本的差额最大化时的区位。后来的研究假设，不仅投入是地理集中的，而且投入的运输成本也是非常大的时候，投入在工厂区位决定当中的重要作用（Isard，1956；Greenhut，1956）。霍特林（Hotelling，1929）从销售方面来考虑区位问题，他假设生产成本和销售价格不随企业到消费者之间距离的变化而变化，然而消费者往往从较近的生产者购买。在这个模型中，生产集中在均匀分布的消费者的中心。然而，在很多现实的情况中，由于运输成本的存在，价格随着距离的增加而增加。

三、动态的区位理论解释

1. 发展经济学相关理论

20世纪50年代，法国经济学家佩鲁（Perroux，1955）认为，由主导产业中的创新企业在某些大城市进行集聚而形成的产业之间密切协作关系是促进区域经济增长的重要途径。这些企业通常位于城市中心，具有生产、贸易、金融、信息、运输、服务和决策等多种功能，就像一个“磁极”，能够对周围地区的生产要素产生吸引作用，同时也能将自己的要素扩散到周围地区，从而既能够促进自身的经济增长，又推动其他地区的经济发展。缪尔达尔（Myrdal，1957）认为，社会经济的变动是由技术进步、社会、经济、政治、文化和传统等多种因素决定的。经济发展绝不只是单纯的产出增长，而是整个社会方方面面的变化，其中主要涉及产出收入、生产条件、生活水平、态度、制度和政策等因素，而这些因素又是相互联系、相互影响、互为因果的。缪尔达尔从动态系统论的角度出发，认为事物的发展是一个“循环累积”、不断演进的过程：首先产生“初始变化”，而后出现一种“循环累积”的变化态势，即一个因素发生变化（初始变化），会引起另一个因素发生相应变化，并强化先前的因素，使经济沿着原先因素的发展方向发展。

2. *新贸易理论*

根据赫克歇尔—俄林理论，一个地区会专业化于密集使用本地区丰裕要素的产业。也就是说，劳动力丰裕的地区专业化于劳动密集型产业，并出口劳动密集商品；而资本丰裕地区将专业化于资本密集型产业，并出口资本密集产品。因此，来源于要素丰裕程度的比较优势理论决定了地区之间产业间的贸易模式。另外，新贸易理论（Krugman，1980）认为，内在规模经济（企业水平的规模经济）和消费者偏好的多样性影响了贸易的模式。产业内专业化将会带来产业内贸易，而不是产业间贸易。假设商品能够无成本地自由流动，那么，即使技术、偏好和要素禀赋相同的地区专业化于同一产业不同产品的贸易模式仍是有利的。

通过产业内贸易，一个地区将会减少生产产品的种类，但是会增加消费产品的种类。每一个企业生产一种产品，通过扩大市场能够降低平均成本，而消费者则能获得更多种类的产品。产业内贸易有两种正的福利效应，由于生产增加导致价格的降低和消费者多样化效应。

在新贸易理论中，要素和企业都是流动的，而每一个地区市场规模则是固定的。假定企业区位是外生决定的，那么企业将会选择它要生产的产品种类。新经济地理模型也是基于内部规模经济和多样化偏好基础上的。然而，劳动力和企业是可流动的，因此企业的区位和市场规模的分布是内生决定的

(Fujita，Krugman 和 Venables，1999；Krugman，1991a，1991b)。

3. 新经济地理理论

对经济活动的地理分布的理论解释由于克鲁格曼（Krugman，1991a）的研究而得到极大的发展。在这个模型当中，规模经济、运输成本、市场接近、部门专有投入以及地理集中和专业化的累积过程是企业选择区位的关键要素。然而，由于不移动因素的存在，这些并不必然产生递增的市场潜力（Puga，1999）。如果交易成本降低到某一水平（如贸易障碍的取消和基础设施的改进），产生高成本的、不利于集聚的因素会推动企业迁移到低密度地区生产。

在新经济地理模型（Krugman，1991a，1991b）中，自由移动的制造业地理集中一般是由较强的内部规模经济所决定，这种内部规模经济包括较大的固定成本、较低的运输成本和对制造品的较大消费比重。这些模型预测在一个国家会出现中心—外围模式的经济地理结构，也就是制造业中心和农业外围。然而，这些模型并没有解释为什么某一个制造业会集中在这个地区而不是其他地区，从而也就不能决定制造业地区专业化的模式。在这些模型中，制造业地理集中的因素包括内部规模经济、运输成本和市场规模是从需求层面来影响游离企业的生产区位的。

新经济地理理论主要集中于通过市场机制的外部性（如投入、产出和劳动力市场）对产业区位选择的作用，而在其他理论中则是研究非市场因素的作用，比如内生的经济增长理论。这种人力资本和技术组织知识的外溢则来自于城市规模和产业多样化（城市化效应）或部门间的相互作用（本地化效应）(Marshall，1925；Lucas，1988；Henderson，1988；Fujita 和 Thisse，2003，2005)。

四、新“产业区”理论的解释

产业集聚的发生具有很大的偶然性，它的产生往往是由于一个技术创新所导致的报酬递增的结果。技术创新具有偶然性，这种偶然性来源于产业集聚区域的文化、创新精神以及提供激励机制的制度环境。技术创新为本地的经济发展提供了新的经济增长点，如果能够抓住发展机遇，并借助于制度创新提供一个良好的发展环境，这个增长点就会凭借技术溢出、知识溢出等报酬递增优势逐步发展壮大，并借助规模报酬递增的优势发展成为一个产业。技术创新和制度创新是影响产业特征和地方环境之间互动关系的关键，技术创新改变了产业的特征，从而提高该产业的适应能力。制度创新会改变本地的环境或解决产业发展的“瓶颈”问题，从而减少本地环境对该产业的约束力。因此，产业集聚是技术创新和制度创新的互动关系所导致的规模报酬递增的结果。

熊彼特将技术创新与产业集聚的发展结合在一起进行研究，他在解释经济周期或经济波动时认为，除了战争、革命、气候等外部因素之外，技术创新的产业集聚和增长的非同期因素是经济波动的主要原因。熊彼特主要是从创新的角度来说明产业集聚现象的。他认为，产业集聚有助于创新，创新有助于产业集聚，创新并不是企业的孤立行为，它需要企业之间的相互合作和竞争，需要企业集聚才能实现。熊彼特认为，创新不是孤立事件，在时间上也不是均匀分布的，创新也具有集聚的特征。因为在成功的创新之后，一些企业取得竞争优势，大多数企业步其后尘。创新甚至不随机地分布于整个经济系统，而是倾向于集中在某些部门及临近部门。

最近，关于集聚经济的研究进展主要集中在数学模型的发展和对影响经济活动及人口空间集中的三种因素的理解上：一是技术或非金钱外部性（Fujita，1988）；二是递增的规模收益（Dixit 和 Stiglitz，1977；Krugman，1991a，1991b；Abdel-Rahman 和 Fujita，1990；Fujita 等人，1999）；三是不完全的空间竞争（Dixit 和 Stiglitz，1977；Fujita et al.，1999）。

1. 外部性理论

马歇尔（Marshall，1922）认为，外部性对形成经济集聚是非常关键的，外部性往往产生一种锁定效应。他认为，形成集聚的外部性包括以下四个方面：第一是大规模生产（内在经济，类似于企业水平上的规模经济）；第二是专业化投入服务的可获得性；第三是高度专业化的劳动力和新思想的产生，这些都是建立在人力资本积累和面对面交流的基础上的；第四是现代基础设施的存在。

马歇尔（1922）认为，经济活动的地理集中能够产生“雪球效应”，使得集聚经济在生产过程获得多样化和专业化的利益。工人能够从集聚经济中获得高工资，并且能够有较大的就业选择机会。

尽管比较模糊，但是由于这个概念很好地描述了集聚经济的“雪球效应”，马歇尔外部性的概念在经济和区域科学文献中被广泛运用于解释经济活动的区位。这种累积的过程与模型中金钱外部性、递增收益和垄断竞争相互作用（Matsuyama，1996）。

事实上，外部性的概念可以用于描述很多情况。根据 Scitovsky（1954），习惯上将外部性分为两类：技术外部性（外溢）和金钱外部性。前者是非市场相互作用效应，可以直接影响个人的效用和企业的生产函数；而金钱外部性则是市场作用的副产品，它通过价格机制影响企业、消费者或工人的效用。当市场是不完全竞争的，经济主体的决策影响价格，并进而影响他人的福利时，金钱外部性才会起作用。

根据 Anas 等人（1998），外部性在城市经济中随处可见，在本地生产系统中也同样随处可见（Pyke 等人，1990）。事实上，大多数企业的竞争取决于它们的创造性。“交流外部性”是创造性的一种特殊形式的利益。因此，为了解释在有限的空间上的地理集中，如城市和高度专业化的产业或科技区，借助于技术外部性是非常合理的。从建模的角度看，这种外在的优势是与竞争相容的。

生产接近的优势也在消费方面体现出来。例如，人类具有与别人交流的倾向，通过讨论和交换思想而获得愉悦。距离则是阻碍这种相互作用的因素，因此，城市是社会联系发展的理想制度。阿克洛夫（Akerlof，1997）认为，城市内部通常是社会规范（如统治行为主体的一致性和社会地位的寻求）发展的底层。

另外，当我们考察较大的地理区位时，直接的物理接触则不能解释区域之间的集聚现象，如美国的“制造业带”和欧洲的“蓝香蕉”（从伦敦通过西德以及比利时、荷兰和卢森堡的部分地区到意大利北部）。这就是不完全竞争通过市场中介将企业和消费者以及工人联系起来所产生的金钱外部性。这种外部性是最近发展起来解释经济活动集聚的垄断竞争模型的核心思想。

在很大程度上，技术外部性还是一个“黑箱”。它只是被用来描述地理和空间学者非常重视的复杂的非市场因素的关键作用（Pyke 等人，1990；Saxenian，1994）。相比而言，由于金钱外部性强调通过市场机制媒介的经济相互作用，因而它的来源非常清晰，它的作用甚至可以追溯到一些基本的微观参数值，如规模收益的密度、企业市场力的强弱、商品化的障碍和要素流动。

无论外部性是否起作用，价格并不总是反映商品和服务的社会价值。因此，市场结果有可能是无效的，其中主要的经济含义就是说许多城市和集聚过大。第三世界大都市区中普遍存在的贫民窟给人这样的印象：自由放任的政策导致世界各地集聚体人口的过分集中。同样，工业化国家的许多区域政策争论暗示着过多的空间集中。在这个方面，霍特林（1929）在 80 年前断言："我们的城市变得大而不经济，城市内的商业区也过分集中。"但事情并非如此简单。城市外部性并不必然为负值，递增收益是推动地理集中的强有力因素。因此，认为政府在制定城市和区域政策时没有方向的假设是合理的。

2. 规模经济理论

规模收益递增是解释经济活动空间集中的必要条件（Fujita 和 Thisse，1996），生产中的报酬递增与运输成本的权衡是理解经济活动的地理分布的中心内容。在非递增收益和资源分布无差异的条件下，经济生产是一种自给自足的状态。如果随着生产规模（可以是企业、产业或地区水平上的规模经济）的扩大，平均生产成本出现下降趋势，这将在某一地区出现生产的集中。如果一个工厂的地理位置接近市场，那么企业将有扩大生产以满足日益增加的市场需求的刺激，而专业化劳动力和成本递减的生产技术都使得生产规模的扩大成为可能。

除了在企业水平上，在产业和区域水平也存在集聚经济现象。比如，当一个企业与本行业其他企业聚集在一起时，能够获得"本地化经济"的好处。这种行业内利益包括获得专业化知识（知识的扩散）、形成供求网络和获得有效转包合同的机会。这种行业内集聚还为企业提供具有专业化知识的劳动力市场。另外一种集聚经济则来自于不同行业企业的接近，也就是"城市化经济"。这种产业间的利益包括补偿的服务（出版、广告、银行）、具有多样化劳动力的市场、产业间信息的传递和公共基础设施。

3. 不完全竞争理论

斯塔雷特（Starrett，1978）认为，如果空间是匀质的，并且运输是有成本的，那么竞争均衡的任何结果都会是没有运输行为的产生。也就是说，经济体退化为各个相互分离的孤立的行为人群体，同时，所有的贸易都是在群体内部而不是在群体之间发生。因此，仅仅靠完全竞争的价格机制是无法同时解决地理集中与贸易问题的。

从斯拉伐（Sraffa，1926）开始，经济学界就开始意识到将递增报酬融合到竞争模型中是有问题的。因为在任何竞争模型当中都要求保证递减的规模报酬，一旦企业面对的是完全弹性的需求曲线，那么便无法从需求方面来约束企业的规模，而只能从成本方面进行约束。因此，递减的成本便限制了企业规模的大小。即使不考虑规模经济，消费者的分散也会使企业规模受到限制。

如果产品具有递增的报酬，一个有限的经济就只能容纳有限数量的企业，即为不完全竞争。卡尔多（Kaldor，1935）认为，空间赋予了这种竞争一种特殊的形式。由于消费者向企业支付的是计入运输成本的最低价格，因此，每一家企业仅仅同一些邻近的企业直接竞争，而不考虑行业内所有企业的总数（Eaton 和 Lipsey，1977；Gabszewicz 和 Thisse，1986）。因此，空间竞争的本质是垄断竞争，并且应该在一个决策互有影响的框架中去研究（Hotelling，1929）。

第二节 新经济地理学的批判性回顾

克鲁格曼（1991a，1991b）及相关研究激起了主流经济学家的浓厚兴趣。研究的推进是基于迪克西特和斯蒂格里茨（Dixit 和 Stigltz，1977）所建立起来的垄断竞争的分析框架基础之上的。自从克鲁格曼的奠基性研究之后，关于这一领域的研究被称为新经济地理学。

一、新经济地理学的理论体系

新经济地理学有四个方面的特点：第一，在整个空间经济上的一般均衡模型，这种方法是区别于传统区位理论和经济地理学的重要标志。第二，每个生产者或工厂具有递增收益或不可分性。递增收益导致垄断竞争的市场结构的形成。第三，通过运输成本引入区位因素。第四，生产要素和消费的区位移动是集聚产生的必要前提。概括起来，新经济地理模型可分为三类：中心—外围模型、区域和城市系统模型和国际经济模型。

1. 中心—外围模型

中心—外围模型是由克鲁格曼（1991b）所提出的新经济地理模型的基本框架。它解释了企业收益递增、运输成本和要素流动的相互作用是如何导致空间经济结构的变化。模型假设存在两个地区、两个产业部门（农业和制造业）、两种类型的劳动（农民和工人）。制造业部门生产连续种类的水平差异产品；每一种产品都是由一个具有规模经济的企业生产，并使用工人作为唯一投入。农业部门则在固定收益条件下生产同质产品，农民是农业部门的唯一投入要素。工人可以在地区之间自由流动，而农民则是不流动的，并且在两个地区之间均匀分布。制造业产品的贸易具有冰山形式的运输成本。

在这个模型中，农民消费农产品和工业品，因此农民的不可流动是一种离心力。向心力则比较复杂，并且包含循环因果关系。第一，如果一个地区有大量企业，那么就会生产许多不同的差异产品，因此，这个地区的工人就很容易消费到多样化的产品。在其他条件相同的情况下，由于这个地区的工人会得到一个较高的实际工资，从而导致其他地区工人向这个地区流动。第二，工人数量的增加会导致大市场的出现，因而产生国内市场效应（HME）。由于规模经济的存在，推动每一种产品集中在一个地区生产。而运输成本的存在，则使得企业在大市场地区生产，并向市场较小的地区运输产品是有利的。这也说明，在市场较大的地区能够获得较多的产品种类。总之，向心力是通过前向关联（工人接近于消费品的生产）和后向关联（生产者集中在大市场附近）的循环因果关系产生的。

如果前向和后向关联效应超过了不移动的农民所带来的离心力效应，那么经济中就会产生中心—外围模式。制造业集中在一个地区需要三个条件：第一，运输成本足够低；第二，有较多的差异产品；第三，对制造品的消费要足够大。

当然，集聚并不必然发生。然而，关键参数的一个微小变化，会使两个地区对称经济均衡发生改变，通过初始优势的积累，最终形成工业中心和农业外围。

2. 区域和城市系统模型

两区位模型有助于人们形成一个空间概念，然而经济地理的实践是必须处理经济活动在一个连续的空间上扩散的现象。在新经济地理学城市系统模型中，最流行的模型策略是强调集聚的空间分布（如集聚的数量、规模、空间和内部产业的空间协调），而抽象掉集聚的内部空间结构（如在区位空间上的城市在新经济地理模型当中只代表一个点）。最初的努力是克鲁格曼(1993b)提出的“轨道经济”模型，它将克鲁格曼的中心—外围模型扩展到12个地区，就像时钟上的12个点，而产品只能在圆周上移动。在这个模型中，12个地区的初始状况是相同的，这种相似性导致所有的制造业均等地集中在两个相对的地区，形成自组织的中心地系统。这个结果后来被克鲁格曼用图灵方法加以证明。

然而，藤田昌久和克鲁格曼（1995）的方法更具有现实性，有很多文章都是使用这种方法的。这种方法假定土地均匀分布的，所有工人禀赋是相同的，工人是自由流动的选择区位和职业，农业产品使用土地和工人，运输成本为正，并且工业品和农产品都有运输成本。在这个模型中，仅农业使用的土地是不流动的，因而是离心力的来源。

这种方法是来自于杜能的隔离带观点：一个被外围农业包围的制造业集中的城市。随着经济中人口的增长，外围地区逐渐远离中心地区，并产生新的城市，进一步人口的扩展会导致更多的城市产生。

这种方法的关键在于，经济中对制造业的吸引力可以由经济中的市场潜力指数来表示的（Krugman，1993a）。经济中的变化是由市场潜力和经济活动区位相互作用而变化的，尤其是当产业从城市中转移出去，市场潜力急剧减小。

城市演化的方法说明，尽管存在许多可能的均衡，空间经济结构应该是可以预测的。一旦城市的数目足够多时，城市规模和距离将会由向心力和离心力的权衡所决定（Fujita和Mori，1997）。如果有多个规模和运输成本不同的产业，经济则会形成层级结构（Fujita，Krugman和Mori，1999）。随着运输成本的降低，最终会形成由中心城市连接形成产业带的大都市区。大都市区的形成过程是在大城市之间不断地产生新的城市，并最终形成产业带。这条研究路线实际上是沿着传统区位理论和经济地理理论发展起来的。

这个演化模型为我们提供了一个评价自然因素在决定经济地理时的作用。随机和历史的演化对集聚产生重要影响。事实上，在新经济地理关于城市演化的模型中，这些方法都是相一致的。区位有利因素有一种接触性的作用，比如一个好的海港，当一个新的经济中心出现时，它的区位只能是在附近而不可能是在其他地区。但是，一旦一个新的中心建立起来，它通过自我实现机制使得初始的优势相对于可持续的集聚优势来说并不是那么重要。由于空间经济的自组织特征，自然地理的作用是非常重要的。

3. 国际经济模型

在中心—外围模型与区域和城市系统模型中，要素的流动性是集聚产生的关键，但是实际生活中的集聚并不仅来自于要素的集聚。很多难以模型化的要素，比如信息的非正式扩散，在现实世界中对产业地理集中的产生和维持都起着重要的作用。通过中心—外围模型的修改，将模型的重点从资源的集聚转移到具体产业的地理集中上。在分析国际转业化和贸易时，要素在区位间的不流动性是模型的重要假设。

在模型中通常假设生产具有垂直的结构，上游部门生产下游部门的投入，无论上游还是下游的企业都存在递增收益和运输成本，这也就意味着前向和后向联系，进而导致上下游产业在同一个地区集中（Venables，1996）。因而，中间产品的生产者具有在下游产业集聚的大市场集中的倾向，而最终产品的生产者也具有在上游产业集中的地区选择区位。

为了简便起见，克鲁格曼和维纳布斯（Krugman和Venables，1995）假设上下游产业是相同的，也就是说，消费的商品和中间投入品是相同的。这个假设产生了一个和中心—外围模型相类似的产业地理集中模型。这个模型还可以用更加现实的投入—产出结构来模拟上、下游产业之间的关系。因此，通过对投入产出矩阵特征的分析，就可以描述地区工业化和世界市场扩展的进程（Puga 和 Venables，1996）。

克鲁格曼和维纳布斯（1995）证明了，随着运输成本的下降和世界贸易的增长，世界被分割成为高工资的工业化“北方”地区和低工资的“南方”地区，“北方”进而带动“南方”获得发展。

上述模型描述了国家之间产业集聚或专业化过程，而克鲁格曼和利瓦兹（Krugman 和 Livas Elizondo，1996）提出了一个研究外部贸易对内部经济地理的影响的模型。他们认为，接近国外市场会弱化发展中国家国内中心外围模式的影响。Tomiura（2003）也认为，进口的增长会弱化日本产业地理集中效应。

二、新经济地理学理论的应用

1. 静态经济地理理论

早期的区域经济学从杜能（1826）就开始了对产业区位问题的研究，克里斯蒂纳（Christaler，1933）和洛施（Lsch，1940）进一步发展了杜能的研究。尽管早期的研究在现在看来仍然是有用的，新经济地理学文献为我们提供了一个不同的研究方法，它将研究的对象从早期区位理论的“为什么某个产业在某个地区集聚”问题转移到“为什么制造业集中在某些地区，而其他地区相对落后”问题上来。

基于新贸易理论的递增规模收益和不完全竞争假设，克鲁格曼（1991b）借鉴 20 世纪 50 年代发展经济学中的循环累积因果关系（Myrdal，1957）和前后向联系（Hirshman，1958）概念，发展出了一个劳动力跨区域流动与规模经济和运输成本相互作用导致企业集聚的简单模型。由于在大市场生产可以减少运输成本，因此，生产最有利的区位是那些对制造业需求较大的地区。制造业需求一方面来自于其他部门，如农业；另一方面来自于制造业本身，因为在制造业集中的地区存在大量的工人，从而产生循环累积效应：制造业倾向于在大市场集中，而大市场则取决于制造业生产的集中。

克鲁格曼和维纳布斯（1995）将克鲁格曼（1991a）的模型扩展到区际之间，并假设企业之间是通过投入产出结构相互作用的。最终部门消费商品，中间部门生产中间品作为生产最终商品的投入。这种产业间联系产生了金钱外部性从而导致产业集聚。假设一个国家比另一个国家的最终部门规模大，由于对中间品的需求较大，那么生产中间品的企业在这个国家生产将会获得较大的利润。这种效应被称为“后向联系”。相反，如果一个国家比另一个国家生产较多的中间品，由于在这个国家生产最终商品所使用的中间品投入不需要运输成本，那么这个国家的商品价格也会较低。这种效应被称为“前向联系”。一旦产生了前后向联系，集聚就会自我加强，这样整个经济中就会形成工业中心和非工业的外围地区。

在静态模型中，产业地理集中的模式取决于运输成本的水平。在运输成本较高时，产业在国家之间是分散的。尽管存在上、下游企业之间的关联效应，但是这种向心力被企业满足本地需求的离心力所抵消，在这种情况下，每一个地区是自给自足的。当运输成本降低到一个关键值以下时，集聚的力量超过了离心力，因此，集聚是可持续的，由此形成中心外围模式。当运输成本进一步降低时，由于运输产品变得非常便宜，企业之间的投入产出联系的影响减小，而要素价格差异的影响变得越来越重要，因此经济结构又开始变得集中。

经济活动的空间分布是与国家实际收入的变化相联系的。产业地理集中会提高工业中心对劳动力的需求，在外围地区对劳动力的需求则会减少。因此，实际工资和收入在中心地区上升，而在外围地区降低。静态经济地理模型根据产业在各个国家的份额描绘了在中心和外围地区之间实际收入的U形模式（见图2-1）。

2. 动态新经济地理理论

在静态的经济地理学模型中，收入水平唯一地依赖于地区产业份额，产业区位对经济增长没有影响。马丁和奥塔维阿诺（Martin和Ottaviano，1999）将克鲁格曼（1991a）的静态模型与内生增长理论（Romer，1990；Grossman和Helpman，1991）结合起来，证明了随着本地R&D外溢，产业在中心地区集中，并导致了创新增长率的上升。沃兹（Walz，1996）提出了

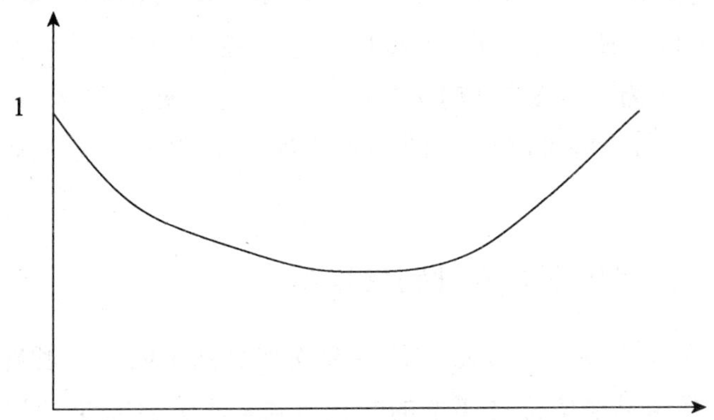

图 2-1 地区收入与运输成本的关系

一个迁移和本地水平上总体规模收益递增能够引起产业集聚和迅速增长的模型，然而，他的模型与新经济地理学强调企业水平上的规模收益递增是不同的。马丁和奥塔维阿诺（1999）认为，区域经济一体化会导致一个地区工业化，而另一个地区非工业化的灾难性集聚。

以上这些动态经济地理模型都认为，地理集中将经济体分割为收益地区和受害地区。然而，帕克（Park，2002）和藤田与蒂斯（2002）提出了不同的看法。帕克（2002）假设经济活动是相互依赖的，由此证明了地理集中导致在地区之间形成相互依赖的地区专业化。并且，中心和外围地区以相同的速度增长，而在专业化状态下的增长速度要快于在对称状态下的增长速度。因此，地理集中具有整体的增长效应，而非个体之间的增长和落后。在长期中，外围地区也会比在对称状态下有所改善。然而，经济一体化会降低由于地理集中所导致的地区之间的收入不平等性。经济一体化本身也具有增长效应。藤田与蒂斯（2002）将 R&D 部门引入克鲁格曼（1991）框架，研究经济一体化对地区经济增长和产业区位的影响。由于企业和工人之间相互联系产生了外部性机制，他们证明了由集聚引起的增长效应要更大。

尽管新经济地理模型在细节设计上存在差异，但是都能得到一个共同的结果。那就是，由于运输成本的存在，经济一体化改变了经济活动的区位。总之，经济一体化导致了地区之间绝对收入水平的差异。并且，经济活动的地理集中具有增长效应。但是，动态的经济地理模型在空间集聚具有整体性还是分散性问题上存在分歧。帕克（2002）和藤田与蒂斯（2002）认为，增长效应具有整体性，而波德文等人（Baldwin 等人，1999）、马丁和奥塔维阿诺（1999）则证明了增长效应在国家或地区之间的分散性。

三、新经济地理学的批判性发展

新经济地理学关于集聚形成的主要观点是基于内生市场规模的基础之上的。[①] 不同的贸易模型都将递增的规模收益、不完全竞争和运输成本作为产业选择接近市场区位的根本原因（Krugman，1980）。在一个包含两个国家的模型中，本地市场效应意味着，拥有较大需求的国家最终将会生产并出口这种产品，这种情况是与李嘉图及赫克—俄林—维纳模型不同的。新经济地理模型将循环累积效应引入模型，并认为，拥有较大比重的收益递增的经济活动的地区将会增加本地需求和利益。如果存在要素流动，那么大量的要素将会流入已经存在的拥有较大市场的地区，并进一步加强原有的优势条件，从而形成内生的集聚机制。由于递增收益的经济活动倾向于在少数地区集中，因而，初始条件相同的地区则可能形成不同的产业结构（Fujita 和 Thisse，2002）。新经济地理学将空间中的循环累积效应纳入垄断竞争模型，从而形成经济集聚机制（Matsuyama，1996）。[②]

新古典贸易理论的优点在于通过较少的假设做出系统性的预测，并且可以选择不同的函数形式。相比之下，新经济地理学到目前为止还没有形成一个统一的理论，并且在将来也很难形成，不同的研究者则通过不同的函数形式提出一个个解释例子，但是，所有的研究者都无一例外地在迪克西特的垄

① 对市场规模的强调使得新经济地理学成为新贸易理论（Helpman 和 Krugman，1985）和空间经济的融合。

② 也可参见 Matsuyama 和 Takahasi（1998）的另外一篇文章，这些文章中引入福利分析，并且认为在迁移个体和企业之间的协调失败导致长期均衡区位的非效率。

断竞争框架下进行研究。[①] 而循环累积效应的引入使得模型难于分析，因此，他们借助于数值分析（Maffezzoli 和 Trionfetti，2002）。问题是，尽管数值分析具有某种预见性，但是我们不能确定数值分析是否提供了对模型特征最详尽的描述（Baldwin 等人，2003）。

在新经济地理学模型当中，区域是同质的（相同的偏好、技术、禀赋和不流动的要素）。因此，总是存在一个对称的均衡，结果是所有的地区拥有相同的经济活动和流动的要素（尤其是递增收益部门）。然而，这个均衡既可以是稳定的也可以是不稳定的。因此，必然存在一个集聚的均衡，使得所有递增收益的生产活动都集中在某一个地区。新经济地理文献的第一个分析结果是得到一个集聚均衡存在的参数集，也就是所谓的“维持点”。第二个分析结果是来自于普格（Puga，1999）。普格认为，可以将模型在对称均衡附件线性化，则可以得到一个局部均衡的封闭解，也就是所谓的“突破点”。第三个分析结果是波德维（Baldwin，2001）指出，克鲁格曼（1991）及其以后的新经济地理学模型，以及运动规律能够被合理化。他证明了局部均衡的参数条件也能够满足于整体的均衡。

然而，有两个结果还没有被证明：第一，现有的文献研究只考虑到一个内部均衡（——对称均衡），而对于某些参数值情况，还存在其他的内部均衡。在存在其他内部均衡条件下，仅仅把研究的重点放在这集中特殊均衡是不够的，有研究证明至少有三种内部均衡，而非对称的内部均衡通常是不稳定的。第二，关于区域黏性的问题。这种情况在利用新经济地理模型对税收竞争进行研究的文献中比较常见。这些文献对新古典经济学提出疑问。区域黏性意味着集聚租的存在，并且可以被征税而不至于降低要素的流动性。为了理解这种租金的本质，我们必须理解集聚所产生的惯性：集聚的发生是由于其他个体或企业的存在，人们只在其他人都离开某一区位时才会离开。因此，政策环境的改变是导致大量企业迁移的推动因素，

① Ottaviano 等人（2002）提出了一个基于二次子效用函数的分析框架来替代 CES 效用函数，这个模型比迪克西特垄断竞争模型要容易处理，然而其动态的性质较差。Ottaviano 和 Thisse（2004）、Baldwin 等人（2003）细致地分析了这两种分析框架的差异和相似性。

并且抑制了集聚惯性。①

有研究证明（Baldwin 和 Krugman，2004），集聚租对于运输成本的函数是“钟形”的，因此，当运输成本下降时（区域一体化或全球化的短期效应），经济中对流动因素的征税存在“通向顶点的竞争”。在大多数研究文献中，存在参数值的一定范围，使得对称均衡和集聚均衡是稳定。这种范围的存在说明，工人的自我实现的前向预期是可能的。也就是说，对预期的冲击会导致经济在对称均衡和集聚均衡直接的跳跃（Baldwin，2001；Baldwin 等人，2003）。多数情况下，这种参数范围的存在实际上影响到突破点和持续点的大小排序。

第三节　实证研究综述

制造业地理集中的研究是基于产业集聚（集群）理论研究的基础之上的，是对这种经济现象的区位问题的深入研究，因此必须从产业集聚的理论源头寻找产业地理集中的解释。关于产业集聚的研究最早我们可以追溯到马歇尔（1890）。马歇尔从新古典经济学的角度，通过研究工业组织这种生产要素，间接表明了企业为了追求外部规模经济而集聚。他认为，由专门人才、专门机械、原材料提供、运输便利以及技术扩散等“一般发达的经济”所造成的“外部经济”促使形成企业的地理集中和相互依赖。

而韦伯（1909）则从微观企业的区位选择的角度，阐明了企业是否互相靠近取决于集聚的好处与成本的对比。他在 1909 年出版的《工业区位论》中把区位因素分为区域因素和集聚因素，工业是如何布局于各个区域的，受区域性因素的影响；而在工业区域内，厂商的集中是受集聚因素的影响，并认为集聚因素可以分为两个阶段：第一阶段仅通过企业自身的扩大而产生集聚，

① 参见 Andersson 和 Forslid（2003）；Baldwin 等人（2003）；Kind 等人（2000）与 Ludema 和 Wooton（2000）。关于区域补贴问题的政治经济分析参见 Robert-Nicoud 和 Sbergami（2004）。

这是初级阶段；第二阶段是各个企业通过相互联系的组织而实现地方工业化，这是最重要的高级集聚阶段，即形成产业集群。产业的地理集中是受集聚力和分散力相互作用直至均衡的结果。集聚力受技术发展、劳动力组织变化、市场化因素及经济环境因素的影响，分散力则可归结为伴随产业集聚而带来的地租增长的影响。

20 世纪 70 年代末以来，一些经济学家将空间维度引入主流经济学，而经济地理学家则将主流经济学的研究方法和分析工具引入经济地理学的研究。现代经济学和地理学的交融促进了新经济地理学的发展。克鲁格曼力图在贸易理论和区位理论之间建立关联，并通过贸易理论发展了他的集聚经济观点。他在对比了两种理论的假设之后，将新贸易理论中的不完全竞争和规模经济与区位理论对运输成本的强调相结合，从而把外部规模经济与运输成本的相互作用作为解释区域工业集中和区域中心和外围格局的关键。他认为，规模经济促成生产集中，而运输成本核算则具有阻止生产活动集中的作用；厂商偏好的区位，往往是需求较大或投入品供应便捷的区位；实践中外部经济的存在导致了经济活动总体上和特定工业门类在空间上趋于集中。

在以上关于产业集聚（集群）理论基础上逐渐形成了三种关于产业地理集中的理论观点，即比较优势理论、新贸易理论和新经济地理理论。

一、比较优势理论

比较优势理论（the Heckscher-Ohlin-Vanek models，HOV）认为，每一个地区都根据其自身的禀赋特征进行生产；在根据相对成本差异确定最优的产业地理集中地时，各地区的禀赋和技术差异，以及要素的密集度是主要考虑的因素。其中，李嘉图模型主要强调劳动生产率的比较差异，而赫克—俄林—维纳模型则强调要素禀赋特征。他们认为，如果没有这些差异，在固定规模收益和完全竞争的条件下，产业的经济活动会在各个地区均匀的分布。但是，这种包含了很多的外生因素的传统贸易理论并不能对产业地理集中给出一个合理的解释，比如说初始禀赋相似的地区为什么会有非常不同的生产结构。新古典理论假设完全竞争，产品的同质性和非递增规模收益，并且认为区位外生地决定于第一自然因素，即技术、自然资源和生产要素的空间分布。

在李嘉图模型的分析框架中，区位模式基本上是由技术的相对差异所驱动，也就是相对劳动生产率的差异。尤其是国家间的相对技术差异会产生比较优势。比较优势越大，产业的相对集中度也就越高。在 Heckscher-Ohlin 模型中，区位模式本质上是由国家和产业特征的相互作用所决定（Venables，2000）。具体来说，经济活动定位于具有相匹配的相对禀赋优势地区。

新古典理论主要从国家和地区特征的相互作用来解释产业活动的区位。贸易自由化使得地区和国家根据技术差异和要素禀赋的比较优势来进行专业化。因此，由于各地不同的要素禀赋，产业倾向于在生产要素丰富地区定位。也就是说，要素的可得性影响产业的定位。如果说非零贸易成本导致产业定位的扩散，那么贸易成本的降低将会导致产业的集中。这是从国家特征的层面分析。进一步从产业特征来考虑集中问题，我们发现产业要素使用的密集度在产业定位中起到了重要的作用。H-O 模型说明了国家将会专业化于密集使用本国相对丰富要素的产业，也就是说，具有较高要素密集度的产业将会产生地理集中的现象。

二、新贸易理论

新贸易理论（the New Trade Theory，NTT）起源于对禀赋相似国家间大量存在行业内贸易的解释。与传统贸易理论相比，这种理论模型的特点是不完全竞争、递增的规模收益和差异产品的存在。在新贸易理论中只有市场规模因素是由地区劳动力规模外生的决定，因而它的一个重要假设是地区的市场规模存在差异。该理论的主要发现通常被总结为 U 形曲线理论（Marius Brulhart 和 Johan Torstensson，1996；Fujita 等人，1999），即随着市场规模的扩大，中等水平贸易成本的产业地理集中率是下降的；而当市场规模进一步扩大时，产业地理集中率则是上升的。新贸易理论整合了第二自然因素和第一自然因素——市场维度。市场维度决定于劳动力国际不流动的情况下，生活于一个特定的国家的劳动力规模。

新贸易理论认为，产业集中于产品能更好地进入市场地区。这个结论来源于规模经济和贸易成本地相互作用。在规模经济条件下，平均成本随产量上升而下降。因而生产者有了空间集中生产的动力，因为这样生产更加有效率。然而，生产的地理集中同时增加了向分散的顾客销售产品的成本。因此，贸易成本的存在导致了企业集中于拥有较大产品市场的国家，从而以大规模销售来弥补这种成本的增加。从产业特征的角度来看，新贸易理论认为，产业倾向集中于经济规模大贸易成本低的地区；从国家特征的层面来看，经济规模和贸易成本的作用使得产业集中于市场或需求规模大的国家。

三、新经济地理理论

新经济地理理论（the New Economic Geography，NEG）可以看做对传统的一般均衡理论中内生引入区位因素的分析方法，因而使空间集聚的因素模型化。它的理论基础是显著的规模效应，这种规模效应使得企业规模变大并集中生产，进而使地理集中的产业具有了递增的规模收益。产业地理集中取决于两种相对的力量——向心力和离心力的关系。企业层面的向心力包括由大规模生产或学习曲线效应所产生的规模技术经济；产业层面的向心力则是指与聚集的劳动力市场相联系的前后向联系和由地理接近而产生的信息外溢等外在区位优势。离心力则是指由于不流动的生产要素，如土地、自然资源和由拥挤、环境质量和犯罪等外在不经济因素所产生的阻止集聚的力量。新经济地理理论扩展了新贸易理论的研究思路，认为区域间需求差异是内生的（Amity，1998）。因而，在一个无特征地区，劳动力和产出均匀分配的模型中，市场规模也是内生的（Brulhart，2000）。

当存在递增收益和贸易成本时，公司和工人倾向定位于较大市场，大市场也就存在较多的公司和工人。因而，产生了一种循环累积机制，使初始条件相似的地区产生了内生的差异过程。于是，第二自然因素成为区位模式的决定因素（Brulhart，1998；Venables，1998）。

新经济地理理论使用了两种主要集聚机制来模拟因果累积过程：区域间劳动力流动（1991）和使用中间投入的公司流动（Venables，1996）。克鲁格曼（1991）的假设要素，即产业工人是跨区域流动的，由要素市场所施加的反集聚压力会得到缓和，因而公司就能利用对每一个工人的需求联系产生持续的集聚。维纳布斯（1996）的研究表明，集聚是由公司间的投入产出联系所引起。当不完全竞争行业通过投入产出相联系，并且贸易成本为正，下游产业构成上游产业的市场，上游产业被吸引到有许多下游产业的区域定位（后向联系）。然而，一个地区许多上游产业的聚集又会使下游公司受益，如获得低价中间产品、节约运输成本及从大量差异投入品中获益（前向联系）。因而，这种联合的关联效应将导致垂直联系产业的集聚（Amity，1998），并使这种均衡的定位形成内在的稳定性（Venables，1996）。

新经济地理理论的假设前提是劳动力的国际不流动和产业间存在投入产出联系。当产业间存在投入产出联系，下游产业形成上游产业的市场时，下游产业的相对集中会对上游产业产生引力，我们称之为需求或后向联系。同样，上游产业的相对集中也会使下游产业获益，下游产业可以从这里获得更便宜的中间品投入，即运输成本的节约和大量多样化中间品的投入。前向和后向联系使产业产生集中的可能。

表 2-1　三种理论的主要特征分类

	作用机制	国家特征	产业特征
新古典理论（Neo-classical）	比较优势	要素禀赋的接近	技术密度和 R&D 密度
新贸易理论（NTT）	规模经济	市场接近	递增收益
新经济地理理论（NEG）	产业关联机制	前、后向联系	中间品密度

资料来源：作者整理。

总之，从对产业集中的现有理论的考察，我们发现，一方面，新古典理论着重强调资源禀赋的比较优势在产业集中的作用，新经济地理理论则强调产业的关联机制的作用，而新贸易理论则是在综合了前两类理论的基础上，引入递增收益进行论述；另一方面，从以上三种理论对产业集中的解释中可以看到，各种理论都是从产业特征、国家特征及两者之间的相互作用来解释产业集中是如何形成的。

关于产业地理集中的决定因素分析，不同的学者从不同的理论角度提出不同的解释因素，这些因素可以划分为两类：第一自然因素（先天因素）和第二自然因素（后天因素）。第一自然因素是指自然资源禀赋，第二自然因素是指经济主体间的经济距离（Krugman，1993；Overman，Redding 和 Venables，2000）。不同的理论模型对各种因素的强调程度不同：比较优势理论强调第一类因素的影响；新经济地理理论则强调第二类因素的影响；新贸易理论则强调这两种因素的作用。那么，这两种作用机制的同时作用，其结果是加强还是相互抵消？布鲁哈特和川格（Brulhart 和 Traeger，2003）对欧洲一体化后期产业空间结构的研究发现，结果并不明显。这一结果刺激了对这一问题的研究。

利莫（Leamer，1984）和哈里甘（Harrigan，1995）发现，在一般情况下不同国家的要素禀赋和部门产出之间存在线性的 Rybczynski（地区禀赋特征对产业产出的影响，通常用产出对地区禀赋的弹性表示）关系，说明了资本和不熟练劳动是许多产业的比较优势的来源，而熟练劳动则是比较劣势的根源，残差分析说明新古典模型的解释乏力。艾里森和格雷瑟（Ellison 和 Glaeser，1999）发现，产业的区位是受多种自然优势所影响。川斯代鲁和马丁科斯（Traistaru 和 Martincus，2003）研究了南方组织（Mercosur，是指由阿根廷、巴西、乌拉圭三国组成的贸易自由化组织）成员国之间贸易自由化对制造业地理集中的影响发现，需求区位和比较优势是制造业相对地理集中的主要驱动因素。川斯代鲁等（2002）识别和说明了欧洲一体化对中东欧国家（保加利亚、爱沙尼亚、匈牙利、罗马尼亚和斯洛文尼亚）的区域专业化和制造业地理集中模式的影响，并发现要素禀赋和接近欧洲核心的地理位置决定了这些国家的制造业区位。

艾米提（Amiti，1998）识别了产业地理集中程度递增的产业，发现其特征是与贸易理论预测相一致，这些特征包括递增规模收益和较高的中间品密度，从而支持了新贸易理论和新经济地理理论。文玫（2004）通过对中国制造业 1980 年、1985 年和 1995 年集中水平的历史比较，认为中国制造业集中是随着经济改革而推进的，中国的产业集聚是由基于规模收益递增效应的交易集聚和生产集聚所决定。布鲁哈特和托斯登森（Brulhart 和 Torstensson，1996）从国家特征层面研究了欧盟的产业集中发现，递增收益产业更倾向于在有较好市场接近条件的中心国家集中。米德尔法特等（2001）从产业和国家特征两个层面研究了欧盟国家的产业集中问题，并通过要素禀赋和经济地理因素综合考察了这两种特征的相互作用对产业集中的影响，结果发现，比较优势和前后向联系对制造业的集中都是很重要的。

最近关于产业地理集中问题的研究（Davis 和 Weinstein，1999，2002；Amiti，1999；Ellison 和 Glaeser，1999；Haaland 等人，1999；Midelfart-Knarvik 等人，2000，2001）提出两种观点：第一，在企业的区位选择问题上，比较优势理论和新经济地理理论是从不同的方面相互弥补，而不是相互排斥；第二，所有的区位理论都依赖于区位特征和经济活动特征的相互作用。HOV 理论认为，密集使用某种资源的产业倾向于布局在这种资源丰裕的地区；而 NEG 理论则认为，对投入—产出联系敏感的产业所在地区，其市场潜力的影响会上升。因此，他们认为，必须从产业特征和地区特征的相互作用层面来解释产业地理集中型式的决定。沃尔夫（2004）通过对波兰 1926～1934 年间 5 个地区 10 个产业数据的研究发现，国内人口流动、创新中心的转换和地区分割的影响逐渐缩小，并且改变了地区特征和对生产的刺激；尽管战争期间波兰劳动力地区分割程度上升，但是产业集中的程度是稳定的；产业集中最重要的机制是技术密集型产业和地区熟练劳动的相互作用。

而新贸易理论将经济集聚作为研究对象，并取得了重大的发展（Fujita 和 Thisse，1996；Ottaviano 和 Puga，1998）。这些研究的一个共同特征就是企业和工人具有集聚的倾向。早在 20 世纪 80 年代，新贸易理论就指出，由于地增收益的存在，市场规模较大的地区会占据生产的较大份额（Helpman 和 Krugman，1985）。随后的集聚经济理论借助于发展经济学理论，认为企业的集聚反过来又推动了市场规模的进一步扩大，从而使该地区进入一种自我强化的过程。

克鲁格曼（1991）认为，劳动力的跨地区迁移与递增收益和贸易成本的相互作用，导致了企业和工人的空间集聚，劳动力的集聚是产业集聚形成的重要推动因素。维纳布斯（1996）从上游产业和下游产业之间的垂直联系进行研究，他认为，在不完全竞争的情况下，产业关联内生地决定了不同地区的市场规模。拥有较大制造业部门的地区提供的中间产品种类通常也较多，这就降低了最终产品的生产成本，产生了前向关联；相反，较大的制造业最终产品部门能够为中间产品提供广阔的地方市场，从而产生后向关联。这种关联效应会推动地区专业化的形成，使制造业或特定的产业集中到有限的几个地区。

第三章 产业地理集中的形成机理

第一节 产业地理集中形成机制的一般规律

一、引言

关于产业地理集中的形成，不同的学者从各个方面进行了广泛的研究，主要包括以下内容：

1. 比较优势与产业地理集中

利莫和哈里甘（Leamer E.，1984；Harrigan J.，1995）发现在一般情况下，不同国家的要素禀赋和部门产出之间存在线性的 Rybczynski 关系，说明了资本和不熟练劳动是许多产业的比较优势的来源，而熟练劳动则是比较劣势的根源，残差分析说明新古典模型的解释乏力。埃里森和格雷瑟（1999）发现，产业的区位是受多种自然优势所影响。川斯代鲁等（2003）研究了 Mercosur① 组织成员国之间贸易自由化对制造业地理集中的影响发现，需求区位和比较优势是制造业相对地理集中的主要驱动因素。川斯代鲁等（Traistaru，Nijkamp 和 Longhi，2002）识别和说明了欧洲一体化对中东欧国家（保加利亚、爱沙尼亚、匈牙利、罗马尼亚和斯洛文尼亚）的区

① Mercosur 是指由阿根廷、巴西、乌拉圭三国组成的贸易自由化组织。

域专业化和制造业地理集中模式的影响，并发现要素禀赋和接近欧洲核心的地理位置决定了这些国家的制造业区位。

2. 规模经济、市场接近及前后向联系与产业地理集中

艾米提（1998）识别了地理集中程度递增的产业，发现其特征是与贸易理论预测相一致的，这些特征包括递增规模收益和较高的中间品密度，从而支持了新贸易理论和新经济地理理论。普格（Puga，1996）比较了欧盟和亚洲不发达国家的城市化过程发现，国内的规模经济、运输成本和人口流动的相互作用会产生一种特殊的外部性鼓励制造业集中于大城市。文梅（2004）通过对中国制造业 1980 年、1985 年和 1995 年集中水平的历史比较，认为中国制造业集中是随着经济改革而推进的，中国的产业集聚是由基于规模收益递增效应的交易集聚和生产集聚所决定。布鲁哈特等人（Brulhart 和 Torstensson，1998）从国家特征层面研究了欧盟的产业集中发现，递增收益产业更倾向于在有较好市场接近条件的中心国家集中。迈德法特等人（Midelfart-Knarvik，Overman 和 Venables，2001）从产业和国家特征两个层面研究了欧盟国家的产业集中问题，并通过要素禀赋和经济地理因素综合考察了这两种特征的相互作用对产业集中的影响，结果发现，比较优势和前后向联系对制造业的集中都是很重要的。

3. 经济一体化与产业地理集中

沃夫甘（Wolfgang Leitner，2001）考察了美国和欧洲制造业产业结构的变化，发现单一市场并不会增加产业的地理集中，传统高度集中的产业在小地区的份额有所增加，中心和外围产业结构的完全分化不可能出现。卡尔等人（Karl 和 Michael，2001）通过对欧洲单一市场后期数据的分析发现，产业地理集中率在 20 世纪 90 年代下降了，产业地理集中模式及其演变证实了经济地理、贸易理论和产业组织理论的假设。布鲁哈特等人（Marius Brulhart 和 Rolf Traeger，2003）描述了西欧 1975～2000 年经济部门分布发现，制造业变得更加集中，而向中心区域集中的趋势减弱。

本节主要通过劳动力流动和产品关联机制来刻画市场经济中产业地理集中形成的一般性规律，以及在均衡状态下影响产业地理集中的主要因素。

二、模型

本书采用克鲁格曼等(1995)模型的基本结构，并利用迪克西特等(Dixit 和 Stiglitz，1977)所使用的垄断竞争和“冰山”运输成本技术，普格等(Puga 和 Venables，1996，1998，1999)对该模型进行了扩展。

假设经济中有两个区域，两大类产业：农业和制造业；两种生产要素：劳动力（L_i）和土地（K_i）。每个地区具有相同的要素禀赋。劳动力可用于农业和制造业，并在地区间自由流动；而土地只用于农业生产，是不能流动的。

1. 农业部门

农业是完全竞争的，在规模报酬不变的条件下，使用劳动力和土地生产同质农产品，并进行无成本贸易。

农业生产函数为科布—道格拉斯（Cobb-Douglas）形式，生产中劳动力所占比重为θ，则 $y_i^A=f(L_i^A, K_i)=(L_i^A)^{\theta}K_i^{1-\theta}$，其中函数 $y_i=f(L_i^A, K_i)$ 对 L_i^A 和 K_i 是一次齐次，L_i^A 是地区 i 农业使用的劳动力。令农产品价格为 1，则农业利润（或地租收益）为：

$$R(w_i, K_i)=\max_{y_i, L_i^A} y_i-w_iL_i^A \tag{3-1}$$

$$s.t.\ y_i\leqslant f(L_i^A, K_i)$$

求解上述最优化，可得工人工资水平为：

$$w_i=\theta(L_i^A)^{\theta-1}K_i^{1-\theta},\ i=1, \cdots, N \tag{3-2}$$

由于农业利润对 K_i 是一次齐次的，所以 $R(w_i, K_i)=K_ir(w_i)$，其中单位土地收益

$$r(w_i)=(1-\theta)\left(\frac{w_i}{\theta}\right)^{\frac{\theta}{\theta-1}} \tag{3-3}$$

$$r_w(w_i)=\frac{\partial r(w_i)}{\partial w_i}=-\frac{L_i^A}{K_i} \tag{3-4}$$

2. 制造业部门

制造业部门在垄断竞争条件下生产差异产品，制造业产品生产存在规模收益递增。每个地区企业数目是由市场经济内生决定的，用 n_i 表示，企

业可以自由进入和退出某一行业。制造业每一种产品 k 的生产都需要 f+cx（k）的生产投入，其中 f 表示固定投入，c 则表示可变投入（Dixit 和 Stiglitz，1977）。由于地区的对称性和规模经济递增，使得每一种产品只会由一个地区的一个企业进行生产。制造业生产函数采取劳动力和中间品的 Cobb-Douglas 形式（Venables，1996），而工业品都以固定替代弹性 σ（$\sigma>1$）进入中间品组合（Ethier，1982），因而，地区 i 工业品组合的价格指数为：

$$q_i=\left[\sum_{j=1}^{N}\tau_{j,i}{}^{(1-\sigma)}\int_0^{n_j}(p_j^k)^{(1-\sigma)}dk\right]^{1/(1-\sigma)} \tag{3-5}$$

其中，p_j^k 表示地区 i 产品 k 的价格，$\int_0^{n_j}(p_j^k)^{(1-\sigma)}dk$ 表示地区 j 差异产品的价格指数，由于“冰山”运输成本的存在，要使地区 i 得到 1 单位地区 j 生产的工业品，地区 j 就必须发送 $\tau_{j,i}$（>1）单位的产品，且 $\tau_{j,j}=\tau_{i,i}=1$。

而每一个位于地区 i 的企业在生产 x（k）单位 k 产品的最小成本为：

$$C_i^k=[f+cx(k)]q_i^{\mu}w_i^{(1-\mu)} \tag{3-6}$$

其中，μ（$0\leqslant\mu<1$）表示企业成本中使用中间品的比重，w_i 表示当地劳动力价格。

3. *消费者偏好*

假设每一个地区代表性消费者对农产品和工业品都有 Cobb-Douglas 形式的偏好，且对工业品的消费比重为 γ（$0\leqslant\gamma<1$）。则地区 i 代表性消费者的间接效用为：

$$V_i=q_i^{\gamma}w_i \tag{3-7}$$

4. *劳动力市场出清*

$$L_i=(1-\mu)n_i\frac{C_i}{w_i}-K_ir_w(w_i) \tag{3-8}$$

其中，右边第一项表示制造业的劳动需求，由成本函数的谢泼德引理（Shephard's Lemma）得到；第二项表示农业的劳动需求，来自土地收益公式。

又由于劳动力的区际流动，将会缩小地区间的实际工资差距，由效用函数可得在均衡时的实际工资方程：

$$q_i^{-\gamma}w_i=q_j^{-\gamma}w_j \tag{3-9}$$

5. 一般均衡

对地区 i 的某一产品 k 的总需求为：

$$x_i^k=\sum_{j=1}^{N}e_j\ (p_i^k)^{-\sigma}q_j^{(\sigma-1)}\tau_{i,j}^{(1-\sigma)} \tag{3-10}$$

而总支出为：

$$e_i=\gamma\left[L_iw_i+K_ir(w_i)+\int_0^{n_i}\pi(k)dk\right]+\mu\int_0^{n_i}C(k)dk$$

由利润最大化可得地区 i 的企业生产价格：

$$p_i^k=\frac{\sigma c}{\sigma-1}q_i^{\mu}w_i^{(1-\mu)} \tag{3-11}$$

再代入利润函数可得：

$$\pi_i^k=\frac{p_i^k}{\sigma}\left[x_i^k-\frac{f(\sigma-1)}{c}\right] \tag{3-12}$$

则企业在利润为零时的产出为：

$$x^*=\frac{f(\sigma-1)}{c} \tag{3-13}$$

由于制造业部门时垄断竞争的，所以在均衡时的垄断利润随着企业的自由进入而消失，即有如下互补松弛条件：

$$\pi_i n_i=0,\ \pi_i\leqslant 0,\ n_i\geqslant 0 \tag{3-14}$$

企业的进入退出随利润的大小进行调整，即：

$$\dot{n}_i=\lambda\pi_i(n_i,\ n_j) \tag{3-15}$$

上述系统存在四种作用力：产品、劳动力、市场竞争和成本需求联系。首先，大量的企业在同一个地区进行生产，将导致对劳动力需求增加，工资成本上升。同时，产品市场竞争加剧，产品差异化水平提高。对于给定的价格和消费水平来说，本地对每一种工业品的需求较小。而产品和劳动力市场的竞争使得企业在空间上分散生产，不利于产业的地理集中。其次，在企业集聚的地方，企业和消费者对于工业品的消费价格较低，由此产品成本关联效应。同时，本地企业和工人数目的增加又会提高本地的消费需求，即需求关联效应。成本需求关联效应会增加短期企业利润，从而导致大量的企业进入，从而引起产业地理集中。

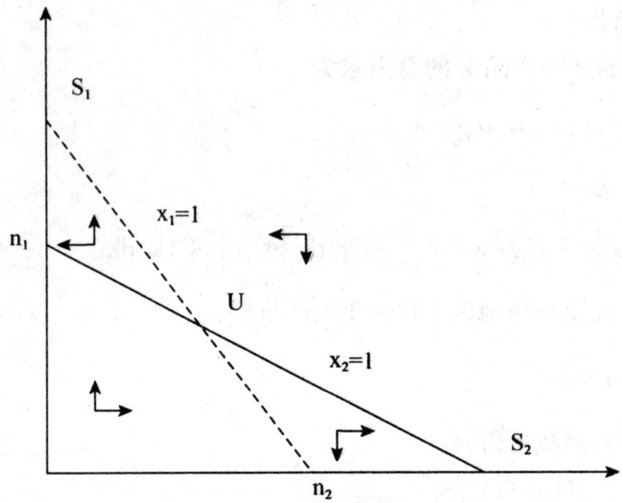

图 3-1 产业地理集中的均衡状态

三、分析

1. 对称均衡

对于 N 个地区，我们可以用向量矩阵形式来表示均衡条件。用 N×1 维向量 n，q，L，K，r 和 r_w 分别表示各地区的企业数、价格、劳动力、土地、地租和边际土地租。用“^”表示 N×N 对角矩阵，贸易成本矩阵 T 为 $[\tau_{i,j}]_{N\times N}^{(1-\sigma)}$；$\iota$ 为 N×1 维 1 矩阵。为了便于计算，我们可以做两个一般性假设：f=1/σ 和 c=(σ−1)/σ。则利润方程可表示为：

$$\pi(q,\ n,\ w,\ L)=\hat{q}^{\mu(1-\sigma)}\ \hat{w}^{(1-\mu)(1-\sigma)}\ \langle T\ \hat{q}^{(\sigma-1)}\{\gamma[\hat{w}L+\hat{K}r(w)+\hat{n}\pi]+\mu\,\hat{n}[\hat{q}^{\mu}w^{(1-\mu)}-(\sigma-1)\pi]\}\rangle \quad (3\text{-}16)$$

价格指数方程为：

$$q^{(1-\sigma)}=T\ \hat{q}^{\mu(1-\sigma)}\ \hat{w}^{(1-\mu)(1-\sigma)}\ n \quad (3\text{-}17)$$

劳动力市场出清方程为：

$$L=(1-\mu)\hat{n}(\hat{q}^{\mu}w^{-\mu}+(\sigma-1)\hat{\pi}w^{-1})+\hat{K}r_w(w) \quad (3\text{-}18)$$

实际工资恒等方程为：

$$q^{-\gamma}w=\frac{1}{N}\iota^{T}q^{-\gamma}w \tag{3-19}$$

在对称均衡，劳动的边际产出等于单位农产品，即在对称均衡时，劳动力工资为1，因此，方程可以进一步简化。同时，我们用η表示农业对制造业劳动力供给对工资的弹性，即有：

$$\eta=\frac{w_i}{L-L^A}\frac{\partial(L-L^A)}{\partial w_i}=\frac{Kw_i\,\partial^2 r(w_i)/\partial w_i^2}{L+K\,\partial r(w_i)/\partial w_i} \tag{3-20}$$

在对称均衡，由价格指数方程可得：$\hat{n}q^{(\sigma-1)(1-\mu)}=\frac{\iota}{t}$，其中$t=1+(N-1)\tau^{(1-\sigma)}$是贸易成本矩阵的迹。

在对称均衡点对上述四个方程进行微分，可得：

$$d\pi=\frac{1}{\sigma+\mu(\sigma-1)-\gamma}\left\{\left[-\mu\sigma I+(\sigma-1+\mu^2)\frac{1}{t}T\right]\hat{q}^{-1}dq-\right.$$
$$\left.(1-\mu)\left[\sigma I-(\gamma+\mu)\frac{1}{t}T\right]dw+\mu Tdn+\gamma TdL\right\}$$

$$0=(1-\sigma)\left(I-\mu\frac{1}{t}T\right)\hat{q}^{-1}dq-(1-\sigma)(1-\mu)\frac{1}{t}Tdw-Tdn$$

$$0=-\mu(1-\mu)\frac{1}{t}\hat{q}^{-1}dq+(1-\mu)(\mu+\eta)\frac{1}{t}dw-(1-\mu)dn-$$
$$(1-\mu)(\sigma-1)\frac{1}{t}d\pi+dL$$

$$0=\gamma\hat{q}^{-1}dq\text{-}dw$$

从上述方程组中消去dq，dw，dL，得到$\frac{\partial\pi}{\partial n}$，并在对称均衡处取值。由于$\frac{\partial\pi}{\partial n}$的雅可比矩阵为：

$$J=(2\sigma-1)[\gamma+\mu(1-\gamma)]I-\langle(2\sigma-1)[\gamma+\mu(1-\gamma)]+$$
$$(1-\mu)\{(1-\gamma)[\sigma(1-\gamma)(1-\mu)-1]-\gamma^2\eta\}\rangle\frac{1}{t}T$$

由于雅可比矩阵的主对角元素均为：

$$\langle(2\sigma-1)[\gamma+\mu(1-\gamma)](N-1)\tau^{(1-\sigma)}-$$
$$(1-\mu)\{(1-\gamma)[\sigma(1-\gamma)(1-\mu)-1]-\gamma^2\eta\}\rangle\frac{1}{t}$$

而主对角线以外的元素均为：

$$-\langle(2\sigma-1)[\gamma+\mu(1-\gamma)]+(1-\mu)\{(1-\gamma)[\sigma(1-\gamma)(1-\mu)-1]-\gamma^2\eta\}\rangle\frac{\tau^{(1-\sigma)}}{t}$$

由于雅可比矩阵是负定的，所以对称均衡是局部稳定的，即有：

$$(1-\gamma)[\sigma(1-\gamma)(1-\mu)-1]-\gamma^2\eta>0$$

对称均衡在

$$\tau\geqslant\tau_S^*=\left\{1+\frac{N(2\sigma-1)[\gamma+\mu(1-\gamma)]}{(1-\mu)\{(1-\gamma)[\sigma(1-\gamma)(1-\mu)-1]-\gamma^2\eta\}}\right\}^{1/(\sigma-1)} \tag{3-21}$$

是局部稳定的。如果均衡条件不满足，则雅可比矩阵是非定的，且对称均衡对所有的 $\tau>1$ 是不稳定的。

2. 集中均衡

当所有的企业都集中在地区 1 时，如果地区 2 的企业产品需求小于均衡水平时，那么企业在地区 1 的集聚是可持续的，即需要满足条件 $x_2<x$。

这时，两个地区的价格指数分别为：

$$q_1=n_1^{1/(1-\sigma)}p_1$$
$$q_2=n_1^{1/(1-\sigma)}p_1\tau \tag{3-22}$$

而对地区 1 和地区 2 企业的产出的需求分别为：

$$x_1=\frac{e_1+e_2}{n_1p_1}=x$$
$$x_2=\left(\frac{p_2}{p_1}\right)^{-\sigma}\left[\frac{e_1\tau^{(1-\sigma)}+e_2\tau^{(\sigma-1)}}{n_1p_1}\right] \tag{3-23}$$

而相对价格之比为：

$$\frac{p_2}{p_1}=\tau^{\mu}\left(\frac{w_2}{w_1}\right)^{(1-\mu)} \tag{3-24}$$

将上式代入地区 2 的企业产出需求方程，得零利润时迁移企业的产出需求水平：

$$\frac{x_2}{x}=\left(\frac{w_2}{w_1}\right)^{-\sigma(1-\mu)}\tau^{1-\sigma(1+\mu)}\left[1+\frac{e_2}{e_1+e_2}(\tau^{2(\sigma-1)}-1)\right] \tag{3-25}$$

上式相对工资和对制造业产品的消费水平是由经济内生决定的。在均衡时，相对工资之比为：

$$\frac{w_2}{w_1}=\left(\frac{q_2}{q_1}\right)^{\gamma}=\tau^{\gamma} \tag{3-26}$$

在地区 1，制造业工人工资收入占制造业产出的 $1-\mu$ 倍，即：

$$w_1(L_1-L_1^A)=(1-\mu)\ n_1 p_1 x_1 \tag{3-27}$$

由于地区 1 的制造业满足对制造业的总需求，因此，

$$n_1 p_1 x_1=e_1+e_2 \tag{3-28}$$

而各个地区对工业品的消费分别为：

$$e_1=\gamma[w_1L_1+Kr(w_1)]+\mu n_1 p_1 x_1$$
$$e_2=\gamma[w_2L_2^A+Kr(w_2)] \tag{3-29}$$

对上述公式进行代换可得地区 2 的消费占总消费的比重为：

$$\frac{e_2}{e_1+e_2}=\frac{(1-\gamma)(1-\mu)}{1+(\tau^{\gamma})^{\theta/(1-\theta)}} \tag{3-30}$$

因此，

$$\frac{x_2}{x}=\tau^{[\sigma(1-\mu)(1-\gamma)-1]}\left[\tau^{2(1-\sigma)}-\frac{(1-\mu)(1-\gamma)}{1+(\tau^{\gamma})^{\theta/(1-\theta)}}(\tau^{2(1-\sigma)}-1)\right]<1 \tag{3-31}$$

由式（3-31）我们不能得到一个维持地理集中均衡的显示解，但是从该式我们可以得到以下两个方面的结论：第一，当 $\tau\to 1$ 时，$\frac{x_2}{x}\to 1$，且 $\frac{\partial(x_2/x)}{\partial\tau}<0$。这说明交易成本越低，地理集中的均衡状态越容易维持。第二，对上式取极限可知，当 τ 无限大时，$\frac{x_2}{x}$ 也变得无限大。由于农业劳动力转移弹性 $\eta=(1-\gamma)\theta/\gamma(1-\theta)$，地理集中的维持条件变为：

$$\sigma(1-\gamma)(1-\mu)-1-\gamma\frac{\theta}{1-\theta}>0 \tag{3-32}$$

如图 3-2 所示：当均衡条件不能满足时，$\lim_{\tau\to\infty}x_2/x=0$。这表示地理集中因素非常强，以至在任何交易成本水平集中均衡都是稳定的。

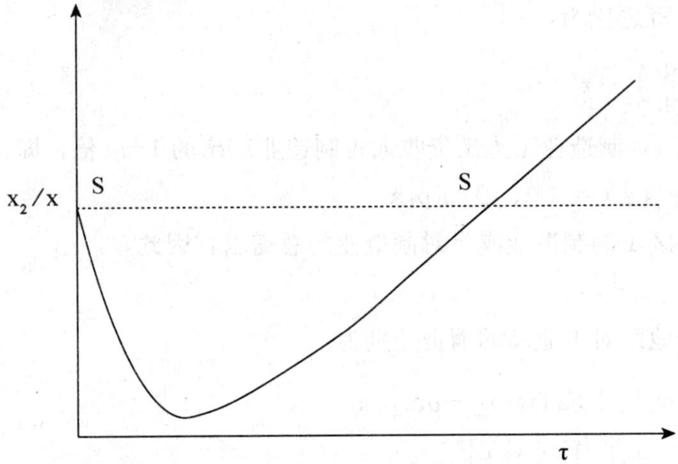

图 3-2　均衡维持的交易成本范围

当集中均衡是可维持的，令 $x_2=x$，可得 τ_A^*，若 $\tau_A^*>\tau_S^*$，那么当 $\tau>\tau_A^*$，对称均衡是稳定的；当 $\tau_S^*<\tau<\tau_A^*$，对称均衡和集中均衡都是局部稳定的；而当 $\tau<\tau_S^*$，对称均衡不稳定而集中均衡则变得局部稳定（见图 3-3）。

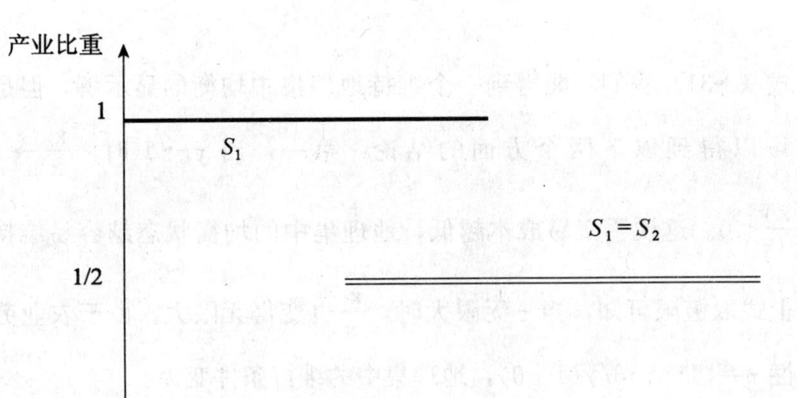

图 3-3　产业份额与产业地理集中

四、推论

1. 在对称均衡点进行微分，可得以下推论

推论 1：$\frac{\partial \tau_S^*}{\partial \sigma}<0$，即地区产品差异化程度较高有利于产业地理集中。

σ表示消费者或企业对不同工业品消费偏好的替代弹性。较低的σ值往往意味着产品差异化显得较为重要，并且使得对称均衡在一个较大的交易成本的情况下也变得不稳定，从而有利于产业地理集中。

推论 2：$\frac{\partial \tau_S^*}{\partial \gamma}>0$，即地区工业品消费市场越大，越有利于产业的地理集中。

γ表示工业品消费占消费者收入的比重。较大的工业品消费比重往往增加价格指数中工业部门实际工资的比重，使得地理集中的产业部门从其他部门和地区吸引更多的工人，这实际上指的就是需求关联效应。

推论 3：$\frac{\partial \tau_S^*}{\partial \mu}>0$，即地区产业分工越发达，越有利于产业地理集中。

μ则表示企业成本中中间品所占的比重。中间品在成本中所占的比重越高，意味着制造业之间存在较强的成本需求关联，地区专业化分工较发达，从而推动相关产业的地理集中。

推论 4：$\frac{\partial \tau_S^*}{\partial \eta}>0$，即劳动力的转移弹性越大，产业地理集中越容易发生。

η表示农业劳动力向工业的转移弹性。无论产业地理集中的倾向有多强烈，一个重要的条件是要满足该产业对劳动力的需求。一个较高的农业劳动力转移弹性往往有利于产业的地理集中，并带动其他行业或地区的工资上涨。

2. 在完全集聚均衡点进行微分，可得相类似的结论

$\frac{\partial \tau_A^*}{\partial \sigma}<0$、$\frac{\partial \tau_A^*}{\partial \gamma}>0$、$\frac{\partial \tau_A^*}{\partial \mu}>0$、$\frac{\partial \tau_A^*}{\partial \theta}>0$。不同的是$\eta$对地理集中的影响被分解为$\gamma$和$\theta$。

推论 5：$\frac{\partial \tau_A^*}{\partial \theta}>0$，即农业生产中使用劳动力的比重越大，产业地理集中

越容易发生。

θ表示农业生产中使用劳动力所占的比重。一个具有丰裕农业劳动力的地区，越有可能为大量工业地理集中提供剩余劳动力。农业劳动力跨部门跨地区的自有流动则是形成这一机制的关键。

第二节　政府干预条件下产业地理集中机制分析

一、引言

本节将公共部门引入克鲁格曼（1991）的中心—外围模型。政府通过对不同产业征税，来提供公共服务。政府的作用包括两个方面，公共服务质量好的地区有利于吸引产业活动的地理集中，而税收则起到相反的效果，其结果取决于两者的比较。

新经济地理模型能够内生地解释了具有相似要素禀赋和自然资源的地区最终发展形成不同的产业结构。工业中心和农业外围模型则是基于规模经济、运输成本和劳动力流动等要素相互作用的基础上所形成的产业空间组织模式。这些模型的一个基本特征就是在市场经济条件下，关键性参数的不同取值可以使得不同的产业空间结构达到均衡。而政府作为市场经济的管理者，恰恰具有责任和能力推动产业的空间运动达到某一种特定的均衡状态。

在克鲁格曼（1991）的中心—外围模型中引入政府因素将在某种程度上改变模型的结果。这些结果表明，政府政策的调整可以改变产业空间运动的方向，使得落后地区吸引更多的产业活动。

但是，现有文献关于政府对经济活动区位的影响方面的研究很少。马丁和罗杰（Martin 和 Rogers，1995）在一个规模经济和资本商品模型中研究了公共基础设施的效应。他们认为，必须区分国内和国际基础设施对产业区位的影响。川恩费蒂（1997）则强调公共消费对经济活动的影响，他发现，公共消费的公平分配能够阻止制造业的完全集聚。阿隆索—维拉（Alonso -Villar，2001）通过使用拥挤成本代替不流动的农业人口作为离心力的模型，她发现，运输成本和拥挤成本的内生参数模型使得政府选择最优政策成为可能。拉姆波提尼和皮瑞（Lambertini 和 Peri，2001）认为，在前全球化阶段，较高的运输成本导致每个国家在不同的产业部门分散生产，这时的最优税收政策是对称性税收政策，从而减少政策性的扭曲。在经济充分全球化阶段，每个国家都进行专业化生产，因而在集聚部门可以征收较高的税收。而在中间阶段，最优的税收政策是非对称性的税收政策，从而推动专业化水平的提高，国家可以从集聚经济所产生的较高生产率中获益。另外，有一些文献利用经济地理模型对税收竞争进行研究，这些研究主要关注直接税，也就是对生产要素征税，而不是对产业生产征税。鲁德马和伍顿（Ludema 和 Wooton，1998）认为，随着要素流动性的增强，导致贸易成本的降低，从而税收竞争会被削弱。安德森和福斯里德（Andersson 和 Forslid，2003）及康德（Kind 等人，1999）认为，流动要素在产业集聚的国家会被征收较高的税，从而产生流动要素租金。波德温和克鲁格曼（Baldwin 和 Krugman，2004）分析了集聚国家和非集聚国家的税收政策的战略性相互作用，他们发现，在中等程度的贸易成本水平上，由于集聚租金的存在，北方国家可以选择一个高于南方国家的税率水平。

本节通过对制造业部门的产业结构进行分解，将制造业部门分成不同的行业，政府则拥有政策性工具对产业结构进行调节，目的在于分析不同的政策措施对产业地理集中的影响效果。

二、模型

假设在一个两地区经济体中，有两个垄断竞争的产业 1 和产业 2，每一个产业使用劳动和中间品生产制造品，生产函数是科布—道格拉斯形式。

1. 消费

消费者效用函数形式为：

$$U=(X^1)^{\delta}(X^2)^{1-\delta} \tag{3-33}$$

其中，δ 表示消费者对产业 1 的产品的消费比重。

每一种产业生产的商品组合为：

$$X^k=\left[\int_0^{m_k}x_i^k(m)^{\frac{\sigma-1}{\sigma}}dm\right]^{\frac{\sigma}{\sigma-1}} \tag{3-34}$$

其中，$x_i^k(m)$ 表示消费者对产品 m 的消费量，σ 表示产业内产品之间的替代弹性，m_k 为产业 k 的产品种类。

组合商品的价格指数为：

$$G_i^k\equiv\left[\int_0^{m_k}p_i^k(m)^{1-\sigma}dm\right]^{\frac{1}{1-\sigma}} \tag{3-35}$$

其中，$p_i^k(m)$ 表示每一种制造品的价格。由消费者效用最大化可得每一种产品的需求：

$$x_i^k(m)=x^k=p_i^k(m)^{-\sigma}(G_i^k)^{\sigma}X_i^k \tag{3-36}$$

2. 生产与税收

假设每一种产品的生产都需要包含来自于产业内的中间品、其他产业的中间品和劳动的投入组合，其比重分别为 α，γ，β，[①] 且假定 $\alpha>\gamma$，即来自产业内的中间品要多于来自其他产业的中间品投入，这一条件也保证了在运输成本低于一定水平时产业地理集中使企业获益。

假设政府对销售征税，税率为 t_i，[②] 因此，产业 k 产品 m 的利润为：

$$\pi_i^k(m)=p_i^k(m)(1-t_i^k)x_i^k(m)-w_i^k[f+cx_i^k(m)] \tag{3-37}$$

令 $c=(\sigma-1)/\sigma$，由利润最大化条件可得税后价格等于边际生产成本的加成，即：

$$p_i^k(1-t_i^k)=(w_i^k)^{\beta}(G_i^k)^{\alpha}(G_i^{-k})^{\gamma} \tag{3-38}$$

由于垄断竞争行业内企业可以自由进入，因此，在零利润条件下，均衡产出规模为 $x^*=f\sigma$，适当选择固定成本 f 单位，可使得 $x^*=1/\beta$，因而劳动的总收入为：

$$w_i^kL_i^k=m_i^kp_i^k(1-t_i^k) \tag{3-39}$$

其中，L_i^k 为劳动投入比重，$\sum_{k=1,2}L_i^k=1$。

---

① $\alpha+\gamma+\beta=1$

② 也可以对消费征税，因而消费者就必须支付 $p_i(k)(1+t_i)$，但这并不改变结果。

将价格与收入代入产业指数方程可得：

$$G_1^1=L_1^1\ (w_1^1)^{1-\beta\sigma}(G_1^1)^{-\alpha\sigma}(G_1^2)^{-\gamma\sigma}\left(\frac{1}{1-t_1^1}\right)^{1-\sigma}+L_2^1\ (w_2^1)^{1-\beta\sigma}(G_2^1)^{-\alpha\sigma}$$

$$(G_2^2)^{-\gamma\sigma}\left(\frac{\tau}{1-t_2^2}\right)^{1-\sigma};$$

$$G_1^2=L_1^2\ (w_1^2)^{1-\beta\sigma}(G_1^2)^{-\alpha\sigma}(G_1^1)^{-\gamma\sigma}\left(\frac{1}{1-t_1^2}\right)^{1-\sigma}+L_2^2\ (w_2^2)^{1-\beta\sigma}$$

$$(G_2^2)^{-\alpha\sigma}(G_2^1)^{-\gamma\sigma}\left(\frac{\tau}{1-t_2^1}\right)^{1-\sigma} \tag{3-40}$$

3. 政府消费

假设各地政府对不同产业征收不同的税收，并将税收收入分别用于两种产业的生产，比重分别为 φ 和 $1-\varphi$。为了简便，假设政府消费不直接影响个人效用。假设政府对两种产品的购买量分别为 g^1 和 g^2，那么政府的预算约束为：

$$G_i^1 g^1+G_i^2 g^2 = t_i^1\int_{k=0}^{m_1}p_i^1(k)x_i^1(k)dk+t_i^2\int_{k=0}^{m_2}p_i^2(k)x_i^2(k)dk$$

$$=\frac{t_i^1 w_i^1 L_i^1}{\beta(1-t_i^1)}+\frac{t_i^2 w_i^2 L_i^2}{\beta(1-t_i^2)} \tag{3-41}$$

那么，各地区对产业 1 和产业 2 的支出分别为：

$$E_i^1=\left[\frac{w_i^1L_i^1+w_i^2L_i^2}{2}\right]+\left[\frac{\alpha w_i^1L_i^1+\gamma w_i^2L_i^2}{\beta}\right]+\frac{\varphi}{\beta}\left[\frac{t_i^1w_i^1L_i^1}{1-t_i^1}+\frac{t_i^2w_i^2L_i^2}{1-t_i^2}\right];$$

$$E_i^2=\left[\frac{w_i^1L_i^1+w_i^2L_i^2}{2}\right]+\left[\frac{\gamma w_i^1L_i^1+\alpha w_i^2L_i^2}{\beta}\right]+\frac{1-\varphi}{\beta}\left[\frac{t_i^1w_i^1L_i^1}{1-t_i^1}+\frac{t_i^2w_i^2L_i^2}{1-t_i^2}\right] \tag{3-42}$$

市场出清条件为：

$$\left[\frac{(w_1^1)^{\beta}\ (G_1^1)^{\alpha}\ (G_1^2)^{\gamma}}{1-t_1^1}\right]^{\sigma}=\beta\left[E_1^1\ (G_1^1)^{\sigma-1}+E_2^1\ (G_2^1)^{\sigma-1}\tau^{1-\sigma}\right] \tag{3-43}$$

三、分析

1. 对称均衡

由对称性地区的假设，可知：

$$w_1^1=w_2^2;\ w_1^2=w_2^1;\ G_1^1=G_2^1;\ G_1^2=G_2^1;\ L_1^1=L_2^2;$$
$$L_1^2=L_2^1;\ g_1^1=g_2^2;\ g_1^2=g_2^1;\ E_1^1=E_2^2;\ E_1^2=E_2^1 \tag{3-44}$$

在对称均衡条件下，假设两个产业被征收相同的税收，即 $t_i^1=t_i^2$，并且政府消费是平均地分配于两个产业，即 $\varphi=1/2$。这时，每个地区同时从事两个产业，且每种产业比重占该产业的一半。这时，

$$E=\frac{1}{2\beta(1-t)};\ G^{1-\sigma\beta}=\frac{1+\tau^{1-\sigma}}{2\ (1-t)^{1-\sigma}} \tag{3-45}$$

在对称均衡突破点时，运输成本的界点值为：

$$\tau^{\sigma-1}=\frac{(1-t)^{1-\sigma}[(\alpha-\gamma)^2+\rho]+(\alpha-\gamma)(1+\rho)}{(1-t)^{1-\sigma}[(\alpha-\gamma)^2+\rho]-(\alpha-\gamma)(1+\rho)} \tag{3-46}$$

2. 集中均衡

在完全地理集中均衡的假设条件下，假设产业 1 在地区 1 集中，产业 2 在地区 2 集中，则有 $L_1^1=L_2^2=1$，且价格指数之间存在如下关系：$G_2^1=\tau G_1^1$；$G_1^2=\tau G_2^2$。这时，

$$G_1^1=\frac{\tau^{\frac{\gamma\beta}{\beta\sigma-1}}}{(1-t_1^1)^{\frac{1-\sigma}{1-\beta\sigma}}},\ G_1^2=\tau G_1^1$$

$$E_1^1=\frac{1}{2}+\frac{\alpha}{\beta}+\varphi\frac{t_1^1}{\beta(1-t_1^1)},\ E_1^2=\frac{1}{2}+\frac{\gamma}{\beta}+(1-\varphi)\frac{t_1^1}{\beta(1-t_1^1)} \tag{3-47}$$

则两个产业工人的工资比率为：

$$\left(\frac{w_1^2}{w_1^1}\right)^{\beta}=\tau^{\gamma-\alpha}\left(\frac{1-t_1^2}{1-t_1^1}\right)\left\{\frac{\tau^{1-\sigma}}{2}[(1-\gamma+\alpha)(1-t_1^1)+2\varphi\ t_1^1]+\right.$$

$$\left.\frac{\tau^{\sigma-1}}{2}[(1+\gamma-\alpha)(1-t_1^1)+2(1-\varphi)t_1^1]\right\}^{\frac{1}{\sigma}} \tag{3-48}$$

产业 1 的完全集聚需要保证产业 2 所支付的工资不超过产业 1 所支付的工资水平，也就是说，$w_1^1>w_1^2$，从而上式的值小于 1。上式等号右边第一项表示后向关联效应，也就是地区 1 对产业 1 和产业 2 的消费份额；第三项则表示前向关联效应，分别是地区 1 所占的权重和地区 2 所占的权重；第二项则表示税收对工资水平的影响。税收和公共消费的分配对集聚均衡的维持起着非常重要的作用。

四、推论

在对称均衡点处求微分可得：

$$\frac{\partial \tau_s}{\partial \alpha}>0;\ \frac{\partial \tau_s}{\partial \gamma}<0;\ \frac{\partial \tau_s}{\partial \sigma}<0;\ \frac{\partial \tau_s}{\partial \rho}<0;\ \frac{\partial \tau_s}{\partial t}>0$$

推论 1：$\frac{\partial \tau_s}{\partial \alpha}>0$，即来自本行业中间品投入比重越大，对称均衡越不稳定。

α 表示来自本行业的中间品投入比重。一个行业如果大量使用自身生产的中间品投入，产业地理集中的主要推动力来自于上、下游企业间的纵向关联，一些大型企业往往自成体系，表现出空间上的集中趋势。

推论 2：$\frac{\partial \tau_s}{\partial \gamma}<0$，即来自其他行业的中间品投入比重越大，对称均衡越稳定。

γ 表示来自其他行业中间品投入比重。一个行业如果大量使用其他行业的产品作为中间投入品，说明这个行业的横向关联效应较大，该行业的空间布局受其他行业影响也较大，产业地理集中不容易发生。

推论 3：$\frac{\partial \tau_s}{\partial t}>0$，即产业平均税收水平越高，对称均衡越不稳定。

t 表示地方政府对产业征税的平均水平。由于政府对不同行业征收相同的税收，地方政府征税水平越高，税收对产业转移的影响作用越大，从而对称均衡越不稳定。

在集聚均衡点处微分可得：

$$\frac{\partial \tau_A}{\partial \alpha}>0;\ \frac{\partial \tau_A}{\partial \gamma}<0;\ \frac{\partial \tau_A}{\partial \sigma}<0;\ \frac{\partial \tau_A}{\partial \varphi}>0;\ \frac{\partial \tau_A}{\partial t^1}<0;\ \frac{\partial \tau_A}{\partial t^2}>0$$

推论 4：$\frac{\partial \tau_A}{\partial \varphi}>0$，即政府支出有利于产业地理集中。

φ 表示政府对产业的支出水平，包括补贴和政府采购。地方政府对产业的支出水平越高，越有利于产业向该地区集中。

推论 5：$\frac{\partial \tau_A}{\partial t^1}<0$，即政府对本地优势产业征税越高，越不利于产业在该地区集中。

t^1 表示本地优势产业。政府对本地优势产业征税越高，产业地理集中越不容易发生，而本地非优势产业更不可能向该地区集中。

推论 6：$\frac{\partial \tau_A}{\partial t^2}>0$，即对本地非优势产业征税越高，越有利于本地优势产业的地理集中。

t^2 表示本地非优势产业。政府对本地非优势产业的征税水平提高，反而会促进优势产业向本地区集中。

第三节　开放经济条件下产业地理集中机制分析

一、引言

关于对外贸易与生产区位的分布有两种主要的理论：比较优势和递增收益。前者认为，不均衡的生产分布是由于不同地区所具有的本质特征所决定，比如禀赋、技术和政策等，也称为第一自然因素。贸易是为了获得区域比较优势。递增收益理论认为，生产活动的集聚是为了利用规模收益递增的优势。贸易是为了使区域生产和区域需求相匹配。

新古典贸易理论是基于固定规模收益和完全市场竞争的假设基础上的。最基本的模型是 Heckscher-Ohlin-Vanek 模型，它给出了贸易和区域要素禀赋之间的线性关系。新贸易理论强调递增的规模收益、产品差异和垄断竞争。赫普曼等人（Helpman，1999；Davis 和 Weinstein，2002）对新古典贸易理论和新贸易理论的经验文献做了一个系统性概括。

在经验文献中还有一些使用生产数据检验产业特征效应（Rybczynski）的研究，或称之为生产的“要素禀赋驱动”（FED）模型（Bernstein 和 Weinstein，2002）。这种模型认为，在某种假设条件下，产业产出和不同地区的要素禀赋之间存在线性关系。然而，对这种观点的经验研究表明，来自一个国家内区域的生产数据支持这个结论；而跨国数据则不支持这个结论。哈里甘（1995）使用 20 个 OECD 国家在 1970～1985 年的数据检验产业的 Rybczynski 关系，并发现这个模型的解释力度较弱。基姆（Kim，1999）使用美国的 1880～1987 年的区域数据检验 Rybczynski 方程，并发现区域要素禀赋能够对制造业的时间分布做出一致性的解释。伯恩斯坦等人（Bernstein 和 Weinstein，2002）则对 HOV 模型和"要素禀赋驱动"模型进行检验，他们发现结果支持 HOV 模型而不支持 FED 模型。他们认为，其原因是由于要素的数目等于或大于产品的数目。

有大量的文献对集聚经济和规模收益递增的来源进行研究。递增收益通常被分为两种类型：第一，在同一行业中的生产外部性（本地化）和跨行业的外部性（城市化）；第二，新经济地理理论关于金钱外部性理论。奎戈雷等人（Quigley，1998；Eberts 和 McMillan，1999；Overman 等人，2001；Henderson 等人，2001；Hanson ，2001；Rosenthal 和 Strange，2003）都对这个问题进行了很好的经验研究。

为了检验比较优势理论和递增收益理论的相对重要性，很多学者对根据不同的理论所提出的不同要素与产业集聚指数之间的关系进行了检验。基姆（1995）描述了美国区域专业化的长期趋势，并对生产区位和平均工厂规模（代表规模经济）以及原材料成本在增加值中的比重（代表资源密集度）之间的关系系数进行回归，其结果同时支持比较优势和递增规模收益理论。艾米提（1999）对区位基尼系数与规模经济、中间品密集度和要素密集度之间关系进行回归检验，其结果支持规模收益递增理论而不支持比较优势理论。布鲁哈特等人（1998）使用欧洲国家数据对产业国家专业化与比较优势和递增规模收益之间的关系进行回归检验发现，两种理论都与产业区位相关。哈兰德等人（1998）对欧洲产业区位的驱动因素进行检验，发现欧洲产业区位最重要的决定因素是本地需求。罗森索等人（Rosenthal 和 Strange，2001）对 Ellison-Glaeser 产业集聚指数与产业特征关系进行回归检验，他们发现代表劳动力市场集聚的因素具有较强的显著性。迈德法特等人（2000）研究了欧洲产业区位，并对产业区域份额与产业特征和地区特征之间相互作用的关系进行检验。迈德法特等人（2001）发展了经济地理模型，他们认为，产业区位是由要素禀赋、地增收益和运输成本联合决定的。经验估计表明，技术和熟练劳动力以及前向和后向关联是欧洲产业结构最重要的决定因素。

在对外贸易和国内产业区位关系上，汉森（Hanson，1998）测算了贸易改革对墨西哥区域就业的影响，他发现贸易自由化有助于打破墨西哥城产业带并形成墨西哥北部新的工业中心。高（Gao，2003）发现出口和外商投资有助于区域工业的增长，制造业出口的迅速增长带动了中国东南沿海地区产出的扩张。

现有关于开放经济条件下产业空间运动的研究主要集中在两个方面：一是对外贸易对国内产业结构的影响；二是区域经济一体化对各国产业结构的影响。贸易理论认为，由于存在递增的规模收益，大市场会占据较大的生产份额。这通常被称为“本地效应”（Home Market Effect）（Helpman 和 Krugman，1985）。

利瓦兹和克鲁格曼（Livas-Elizondo 和 Krugman，1996）认为，当一国的制造业生产的产品只用于满足国内狭小的市场需求时，产业倾向于在某个地区集中，并产生超大城市；而在开放经济条件下，产业的空间结构则倾向于分散。因此，当企业为国内消费者生产时，为了减少运输成本，它们选择在国内主要的市场进行生产，从而导致生产的集聚。随着对外贸易的自由化，更多的国内生产者将市场转向国外，使得产业生产分散化。

汉森（1998）研究了墨西哥贸易改革对区域就业的影响，发现贸易自由化有助于打破墨西哥城市工业带并在墨西哥北部形成新的工业中心。高（2003）发现，出口和外商投资有助于区域工业增长。出口的迅速增长推动了中国东南沿海地区的产出增长。

总体来看，贸易自由化会使一个国家的工业在空间上变得更加分散，但是，对某些工业而言，贸易自由化却可能带来空间上的集聚，同时也会使各个地区变得更加专业化。也就是说，贸易可以导致内部经济地理的重新组织。

二、模型

假设一个开放的经济体包含三个地区：地区 0、地区 1 和地区 2（其中地区 0 表示国外），三个地区相互之间都能进行贸易，但劳动力只能在地区 1 和地区 2 两个国内地区之间流动。劳动是唯一的生产要素。我们以地区 0 的劳动力为计价单位，即在地区 0 中，劳动力的价格被标准化为 1。记地区 0 的

劳动力总数为 L_0，通过选择适当的单位可使得国内劳动力的总数为 1。其中，地区 1 的份额为 λ，则地区 2 的份额为 1－λ。产品在国内两个地区间运输，每一单位的产品只有 $1/\tau$ 能到达目的地；如果要将产品从本国运到国外去，则每一单位的产品只有 $1/\tau_0$ 能到达目的地。也就是说，从国内两个地区向国外运输的成本是相同的。

在国内每个地区，由于同一地区内的所有工人所面临的生活费用指数都是相同的，劳动力根据名义工资差异在产业之间流动。因此，各地区不同产业的价格指数为：

$$(G_i^k)^{1-\sigma}=\sum_{i=0,1,2}L_i^k\ (w_i^k)^{1-\beta\sigma}(G_i^k)^{-\alpha\sigma}(\tau_{i,j}^k)^{1-\sigma} \tag{3-49}$$

其中，α 和 β（＝1－α）分别是中间产品和劳动所占的份额，$\tau_{i,j}^k$ 是产业 k 的产品从地区 i 到地区 j 的运输成本。

工资方程可以写成：

$$(w_i^k)^{\beta\sigma}(G_i^k)^{\alpha\sigma}=\beta\sum_{i=0,1,2}(G_i^k)^{\sigma-1}E_i^k\ (\tau_{i,j}^k)^{1-\sigma} \tag{3-50}$$

而产业 k 在地区 i 的支出为：

$$E_i^k=\left[\frac{w_i^1L_i^1+w_i^2L_i^2}{2}\right]+\frac{\alpha w_i^kL_i^k}{\beta} \tag{3-51}$$

三、分析

1. 对称均衡

各地区的每一个产业所雇用的劳动在对称均衡点的取值为：$L_0^1=L_0^2=L_0/2$，$L_1^1=L_1^2=L_2^1=L_2^2=1/4$。根据假设可知，表示国外情况的变量在对称均衡点的取值为 $G_0\equiv G_0^1=G_0^2$，而表示国内情况的变量取值为 $G\equiv G_1^1=G_1^2=G_2^1=G_2^2$。因此，在对称均衡时有：

$$G_0=\left[\frac{1}{2}(L_0G_0^{-\sigma\alpha}+w^{1-\sigma(1-\alpha)}G^{-\sigma\alpha}\tau_0^{1-\sigma})\right]^{1/(1-\sigma)} \tag{3-52}$$

$$G=\left\{\frac{1}{2}\left[L_0G_0^{-\sigma\alpha}\ \tau_0^{1-\sigma}+w^{1-\sigma(1-\alpha)}G^{-\sigma\alpha}(1+\tau^{1-\sigma})/2\right]\right\}^{1/(1-\sigma)} \tag{3-53}$$

$$w^{1-\alpha}G^{\alpha}=\beta\left[E_0G_0^{\sigma-1}\ \tau_0^{1-\sigma}+EG^{\sigma-1}(1+\tau^{1-\sigma})\right]^{1/\sigma} \tag{3-54}$$

$$E=\frac{w}{4(1-\alpha)} \tag{3-55}$$

$$E_0=\frac{L_0}{2(1-\alpha)} \tag{3-56}$$

现在考虑劳动力配置上的一个微小变化 dL 对劳动力在各区域的配置的影响表示如下：

$$dL_1^1=dL,\ dL_1^2=JdL,\ dL_2^1=-dL,\ dL_2^2=-JdL \tag{3-57}$$

当 J=1 时，dL 的变化使得地区 1 的两个产业所雇用的劳动力都增加，而地区 2 的两个产业雇用的劳动力都减少，即国内地区之间存在劳动力的流动；当 J=−1 时，各地区劳动力雇用总量保持不变，劳动力在产业之间发生流动。

对均衡方程进行全微分可得：

$$(1-\sigma)\frac{dG}{G}=Z\left[\frac{dL}{L}-\alpha\sigma\frac{dG}{G}+(1-\beta\sigma)\frac{dw}{w}\right]$$

$$\beta\sigma\frac{dw}{w}+\alpha\sigma\frac{dG}{G}=Z\left[\frac{dE}{E}+(\sigma-1)\frac{dG}{G}\right]$$

$$\frac{dE}{E}=\left[\frac{\beta(1+J)}{2}+\alpha\right]\left[\frac{dw}{w}+\frac{dL}{L}\right]$$

消去 dE/E 可得：

$$\begin{bmatrix}[\sigma(1-\alpha)-1]Z & 1-\sigma+\alpha\sigma Z\\ (1-\alpha)\sigma-ZB & \alpha\sigma+Z(1-\sigma)\end{bmatrix}\begin{bmatrix}\frac{dw}{w}\\ \frac{dG}{G}\end{bmatrix}\equiv\begin{bmatrix}Z\frac{dL}{L}\\ ZB\frac{dL}{L}\end{bmatrix}$$

其中，$B\equiv\frac{1+\alpha}{2}+\frac{J(1-\alpha)}{2}$，$Z\equiv L\left(\frac{G}{w}\right)^{\beta\sigma-1}(1-\tau^{1-\sigma})$ (3-58)

当 J=1 时，且 α=0，有

$$\frac{dG}{G}\frac{L}{dL}=-\frac{Z(1-Z)\sigma}{\Delta}$$

$$\frac{dw}{w}\frac{L}{dL}=\frac{Z(1-Z)(\sigma-1)}{\Delta}$$

其中，行列式 $\Delta=(1-Z)[\sigma+Z(\sigma-1)](\sigma-1)$

由于实际工资的变化$\frac{d\omega}{\omega}=\frac{dw}{w}-\frac{dG}{G}-\delta\frac{dL}{L}$，所以，

$$\frac{d\omega}{dL}\frac{L}{\omega}=\frac{Z(2\sigma-1)}{[\sigma+Z(\sigma-1)](\sigma-1)}-\delta=\frac{Z(1-\rho)(1+\rho)}{\rho(Z\rho+1)}-\delta \tag{3-59}$$

式（3-59）第一项表示前向关联和后向关联，代表向心力；第二项为产业集聚的成本。当 Z=0 时，$d\omega/dL$ 为负值，对称均衡是稳定的；随着 Z 的增加，$d\omega/dL$ 的值变大，如果集聚成本 δ 不够大的话，$d\omega/dL$ 将为正值，对称均衡瓦解。

由工资方程可知，Z 的大小取决于各参数的取值。如果考虑对外运输成本，随着 τ_0 的增加，G 会增加而 w 会减少。这是因为对外运输成本的增加会提高进口价格，使国内价格指数增加；同时，对外运输成本的增加还会使出口机会减少，导致工资下降。因此，Z 是 τ_0 的增函数，这意味着较高的对外贸易成本会使对称均衡变得不稳定，进而会形成集聚均衡。对外开放程度的提高会进一步降低对外贸易的成本，从而使得国内的产业的地理集中程度降低。这一效应称为“贸易自由化”效应。

当 J=−1 时，有

$$\frac{dw}{w}\frac{L}{dL}=\frac{Z}{\Delta}[(2\sigma-1)\alpha-Z\sigma(1+\alpha^2)+Z]=\frac{Z}{\Delta}\left[\frac{\alpha(1+\rho)-Z(\alpha^2+\rho)}{1-\rho}\right]$$

$$\Delta=(\sigma-1)\sigma(1-\alpha)+Z\alpha(1-2\alpha)+Z^2\{\sigma\alpha^2+(\sigma-1)[1-\sigma(1-\alpha)]\}>0 \tag{3-60}$$

由式（3-60）可知，当 Z 较小时，dw/dL 为正；当 Z 接近单位值，且 $\alpha<\rho$ 时，dw/dL 为负。而 Z 是 τ 和 τ_0 的增函数，这就意味着，减少内部或对外贸易壁垒，就可以使经济通过对称均衡被打破。当对称均衡点不稳定时，就存在两个稳定的均衡，此时，每个地区专业化生产一个产业，从而形成产业集聚。

2. 集中均衡

现在我们考察产业地理集中结构的稳定性问题。假设国内产业 1 集中在地区 1；产业 2 集中在地区 2；相对于国内经济而言，国外经济是多样化的，因此，我们假设地区 0 的两个产业是对称分布的。由对称性假设可知：

$$L_0^1=L_0^2=\frac{L_0}{2},\ L_1^1=L_2^2=\frac{1}{2},\ L_1^2=L_2^1=0$$

$$G_0^1=G_0^2=G_0=1,\ G_1^1=G_2^2,\ G_1^2=G_2^1$$

$$w_1^1=w_2^2,\ w_1^2=w_2^1,\ w_0^1=w_0^2=1$$

$$E_1^1=E_2^2,\ E_1^2=E_2^1,\ E_0^1=E_0^2 \tag{3-61}$$

将上述均衡条件代入均衡产业价格方程可得：

$$(G_0^1)^{1-\sigma}=\frac{L_0}{2}(G_0^1)^{-\alpha\sigma}+\frac{1}{2}(G_1^1)^{-\alpha\sigma}\tau_0^{1-\sigma}$$

$$(G_1^1)^{1-\sigma}=\frac{L_0}{2}(G_0^1)^{-\alpha\sigma}\tau_0^{1-\sigma}+\frac{1}{2}(G_1^1)^{-\alpha\sigma}$$

$$(G_1^2)^{1-\sigma}=\frac{L_0}{2}(G_0^2)^{-\alpha\sigma}\tau_0^{1-\sigma}+\frac{1}{2}(G_2^2)^{-\alpha\sigma}\tau^{1-\sigma} \tag{3-62}$$

工资方程为：

$$(w_1^1)^{(1-\alpha)\sigma}(G_1^1)^{\alpha\sigma}=(1-\alpha)\left[(G_0^1)^{\sigma-1}E_0^1\tau_0^{1-\sigma}+(G_1^1)^{\sigma-1}E_1^1+(G_2^1)^{\sigma-1}E_2^1\tau^{1-\sigma}\right];$$

$$(w_1^2)^{(1-\alpha)\sigma}(G_1^2)^{\alpha\sigma}=(1-\alpha)\left[(G_0^2)^{\sigma-1}E_0^2\tau_0^{1-\sigma}+(G_1^2)^{\sigma-1}E_1^2+(G_2^2)^{\sigma-1}E_2^2\tau^{1-\sigma}\right] \tag{3-63}$$

支出方程为：

$$E_0^1=\frac{L_0}{2(1-\alpha)};\ E_1^1=\frac{1-3\alpha}{4(1-\alpha)};\ E_1^2=\frac{1}{4} \tag{3-64}$$

令 $L_0=1$，由产业价格方程可解得：

$$(G_1^1)^{1-\sigma}=\frac{\tau_0^{1-\sigma}+\tau_0^{\sigma-1}}{2};\ (G_1^2)^{1-\sigma}=\frac{\tau_0^{1-\sigma}+1}{2} \tag{3-65}$$

将上式与支出方程一起代入工资方程：

$$\left(\frac{w^1}{w^2}\right)^{1-\alpha}=\left(\frac{\tau_0^{1-\sigma}+1}{\tau_0^{1-\sigma}+\tau_0^{\sigma-1}}\right)^{\alpha}\left[\frac{(1-3\alpha)(\tau_0^{1-\sigma}+\tau_0^{\sigma-1})+(1-\alpha)\tau^{1-\sigma}(\tau_0^{1-\sigma}+1)+4\tau_0^{1-\sigma}}{(1-3\alpha)\tau^{1-\sigma}(\tau_0^{1-\sigma}+\tau_0^{\sigma-1})+(1-\alpha)(\tau_0^{1-\sigma}+1)+4\tau_0^{1-\sigma}}\right]^{1/\sigma} \tag{3-66}$$

式(3-66)表示国内某一个地区劳动力在两个产业之间的工资之比为一组参数的函数,如果该地区产业 2 并不支付较高工资的话,产业 1 在该地区的地理集中趋势是可以维持的。当国内地区之间不存在运输成本时,即 $\tau=1$,由于上式右边第一项小于 1,所以产业地理集中是不能维持的;当不考虑商品进出口贸易成本时,即 $\tau_0=1$,全球经济实现了一体化,产业地理集中是可以维持的。

四、推论

推论 1：较高的对外贸易成本会使对称均衡变得不稳定,进而会形成集聚均衡。对外贸易成本削弱了国内和国际市场的联系，从而也减小了外部市场对国内生产结构的冲击。区域性市场的大小影响着产业的地区分布。

推论 2：减少内部或对外贸易壁垒，则会使得对称均衡被打破，有利于形成集聚均衡。内部或外部贸易壁垒的降低，加速了生产要素的区际流动，对称均衡容易受外部冲击的影响。

推论 3：外部经济一体化水平的提高，有助于产业集聚均衡的形成；内部区域经济一体化，则不利于集聚均衡的形成。外部经济一体化，打破了劳动力国家之间流动的限制，使得资源在更大的范围内自由配置，推动集聚经济的形成；由于地区经济的相似性，内部地区经济的一体化不能促进地区产业的空间集中。

第四节 基于产业特征的空间竞争理论假说

一、空间竞争理论概述

新古典完全竞争模型将所有的经济活动在空间上抽象为一个点，并假设固定规模收益，因此，它可以处理任何空间竞争问题。然而，放松任何一个假设都会改变模型的属性。空间问题和规模收益递增使得一般均衡难以达到。新古典完全竞争均衡只能在生产技术上是凸性的，并在固定或递减规模收益条件下存在。因此，空间竞争模型具有不同于新古典完全竞争模型的属性。

空间竞争的第一个本质特征是消费者的空间均匀分布，从而使得购买行为产生运输成本。只要生产要素在市场上是分散的，企业就有动力选择分散生产。结果，运输成本的存在赋予每一个分散企业对本地客户的垄断力。由于企业通常可以制定一个比非本地生产者较高的垄断价格而不至于失去所有的顾客，因此，只要市场上任何位置的消费者需要一定数量的消费品，并总是以市场最低的价格购买，那么每一个企业都会面临一个向下倾斜的需求曲线。一般来讲，纳入空间概念并不会影响新古典模型的固定规模收益和自由进入的假设。企业不断进入市场使得运输成本范围不断缩小，最终形成自给自足的经济形态。结果导致企业和消费者一样多,空间竞争消失。因此,如果仅仅把空间引入新古典模型,那么空间竞争模型的性质不会发生改变。

当递增规模收益被引入模型中后,空间竞争模型表现出不同的属性。递增收益一般来自于生产过程中资本设备和经济规模的不可分性。生产技术的非凸性通常限制了新企业的进入。随着空间市场上进入者的增加,新进入者产出规模不断减少,导致了平均单位成本的增加。由于新企业密度的增加使得运输成本不断减少,但最终不能抵消小规模生产成本的不断上升。因此,在一个空间不可分的市场上,所有企业的生产和交易达到均衡(Eaton 和 Lipsey,1978)。[①] 由于运输成本的存在,生产的地理集中和垄断竞争可以通过自由进入来解释,企业的垄断竞争力和对价格的控制能力增强。结果,新古典完全竞争模型不再适用于解释空间竞争。

经验证据表明,无论资本设备如何使用,物质资本总是存在不可分性,从而使得平均总成本曲线在初始的阶段显著下降。因此,当运输成本较高,并且所有的市场上生产和消费都是分散的,空间竞争模型将成为一般的分析方法。在空间竞争条件下,产业竞争表现出以下三个典型特征:

第一,比较优势向竞争优势的转化。新古典贸易理论关于比较优势的论述,是产业地理集中的逻辑起点。比较优势是一种潜在的优势,表现为某一要素禀赋相对丰富;竞争优势是一种实际显现的竞争能力,是生产力各构成要素综合协调的结果。比较优势是由一国或一地区资源禀赋和交易条件所决定的静态优势,是获取竞争优势的条件;竞争优势是一种将潜在优势转化为现实优势的综合能力作用的结果。比较优势是导致产业集中于某一特定地理区域的外在因素,而竞争优势则是产业地理集中的内在动力。随着市场竞争的加剧,产业地理集中越来越取决于竞争优势的发挥。因此,产业地理集中的决定因素要从比较优势和竞争优势两个方面去考察。

第二,规模经济向范围经济的转化。规模经济是指伴随着企业生产能力的扩大而出现的生产批量的扩大,以及由此而带来单位生产成本的下降和收益递

---

① 伊顿和利普西(Eaton 和 Lipsey,1978) 发展了一个模型表明,随着资本单位的不可分性所导致的固定成本不断下降,市场上企业密度不断上升。在极端情况下,固定成本和最小不可分性都将变小,以致空间模型适用于完全竞争情况。

增的现象;范围经济是指企业生产经营范围扩大而带来的经济效益。众所周知,规模经济会引起经济集聚,并且不断强化集聚的程度在达到一定程度之后便产生规模不经济,这时各种生产要素仍然集聚,规模经济对产业集聚的推动作用让位于范围经济。范围经济并不排斥规模经济,它本身就包含有规模经济的要求。传统的福特式生产模式就是大规模生产的一种产业组织形式,随着市场经济态势的变化,需求的多样化促使产业生产方式发生了转变,适应需求变化的个性化和柔性化生产方式日益重要,而产业集聚正是通过对范围经济的利用,使众多的企业聚集在一起。因此,产业集聚以规模经济为起点,最终向范围经济转化,二者共同决定了产业集聚的形成。

第三,水平竞争向垂直竞争的转化。水平竞争是指对生产要素或不同产品市场的竞争,主要表现为对劳动力、资本和技术的竞争,而垂直竞争则是指整个产业链的竞争。现代企业竞争优势的基础已经超出了单个企业自身的能力和资源范围,它更多地来源于企业与产业价值链上、下各环节的系统协同中,即产业的竞争优势应该建立在更大范围的、更多种类的产业资源和核心能力的基础上。因此,现代产业集聚不能仅从要素资源的共享及外部经济来解释,当产业竞争形式由水平竞争向垂直竞争转化,由产业关联性所决定的产业链竞争日益成为产业集聚的推动因素。

二、产业内在特征相关假说

假说 1:产业要素密集度与要素的空间分布决定了产业地理集中的初始区位。要素密集度是影响产业地理集中的基本作用之一。古典贸易理论用比较优势和要素禀赋来解释国际贸易和专业化的形成,该理论认为,密集使用某种生产要素的产业必将在这种生产要素丰裕的国家或地区集中。因此,产业要素密集度是产业地理集中最基本的形成规律。基姆(Kim,1995)研究了美国1860～1987 年产业地理集中趋势,发现自然资源投入与产业区位商存在显著正相关。他还研究了美国非都市区的企业集中问题,发现企业对自然资源投入的依赖性、劳动力投入强度、专业人员比重以及低技能工人成本比重等都与企业集中指数正相关。艾力森等人(Ellison 和 Glaeser,1999)则发现资源优势可以解释 20%的产业集聚情况。

假说2：行业规模经济是产业地理集中的内在动力。单个企业的收益递增可能是内生的，或由于固定成本的存在扩大生产使分摊于单个产品的固定成本降低，从而平均成本随产量增加而降低；或由于联合生产的优势而获益：投入要素可以共享；可以有集中管理的优势；两种生产过程之间存在互补性等。韦伯(1826)解释了集聚与内在规模经济的关系。但是，并不是所有的规模经济都存在于企业内部，收益递增也可能是完全外在于企业的。某个行业在一个或几个地点集中生产从而降低了该行业的成本，而行业中单个企业规模仍可能较小，这时规模经济存在于行业内而不是单个企业内部。外部规模经济也与集聚密切相关。当一个产业规模足够大时，可以使资源有更好的配置，该产业内企业的平均成本随着产业规模的扩大而降低。上、下游企业利用空间集聚，通过合资、合作或建立联盟等方式共同进行生产、销售等价值活动，如大批量购买原材料等，不仅使原材料价格降低，也节约了单位运输成本。建立共同销售中心，形成零售批发市场，降低集聚地企业成品的运输、库存费用，从而使平均成本明显降低。

假说3：前向关联与后向关联是产业地理集中的实现机制。对于存在投入产出关联关系的产业来说，上游产业的产品是下游产业的中间投入品，下游产业形成上游产业的市场。市场的可进入性使得上游产业转移到下游产业集聚地区。产业在某一地区的聚集，实际上也是产业与产业之间或产业内部的某种关联和联系。在工业化的过程中，产业的发展一般都显现出前向联系（Forward Linkages ）或后向联系(Backward Linkages)的特征与现象。一种产业在一个地区的发展和壮大，必然会引起这个产业的下游产业或行业的繁荣，产生前向联系的效果，而且这些前向联系的行业也逐步会向该地区聚集。同样，作为后向联系的行业效应，地区聚集性的产业也会引起原料产业或其他上游产业的发展。但在聚集地方面，后向联系的产业不如前向联系的产业那么明显，因为后向联系的产业往往要受到原料产地因素的影响。

三、产业外在特征相关假说

假说4：运输成本的降低加速了产业布局的空间重组。古典自由贸易理论在讨论生产成本时仅考虑到资本和劳动力，古典学派对国际贸易的解释都假设不存在运输成本。但实际上将产品从一个地区运到另一个地区的成本对产品价格的影响是非常大的。韦伯(1909)认为,工业所在的空间位置由成本因素决定,成本优势可吸引工业的选址。在韦伯的工业区位因素分类中,集聚是第二次引起工业再分布的因素,那个最先引起工业区域分布的因素是"区域因素",集聚只是区域因素引起的结果,而运输成本是首要的区域因素,因此,根据运输成本—区域因素—集聚这个逻辑关系,运输成本构成集聚的要素(梁琦,2004)。运输成本通过工业区位而影响集聚。

假说5:政府政策失灵导致产业地理集中的畸形发展。产业聚集与政府的产业政策也有密切的联系。政府可以通过激励性的产业政策改变一些企业投资的区位选择,把同行业的企业聚集在同一个地方。这种激励性的产业政策既可以是税收上的减免优惠或土地价格的低廉,也可以是政府在营造产业环境上的投入。当然,政府还可以通过限制性的产业政策防止一些企业在某一个地区聚集。从功效上看,政府的产业政策对于产业聚集的形成与改变有相当大的作用,因为有的产业政策具有一定的强制性,但并不是所有的政府产业政策都符合经济学意义上的效率,与产业聚集有关的政府产业政策也是如此。公共选择学派认为,政府也是"经济人",会追求自身利益的最大化,具有有限理性。政府作为公众代表总想把事情做好,但由于外部性、管理成本、制度因素、信息对称、监督机制等问题,其行动结果往往偏离预定的目标,导致"政府失灵"。

假说6:对外开放导致了国内区域产业结构空间失衡。陈秀山和张若(2007)认为,贸易成本是影响制造业布局的重要因素。区域市场的分割削弱了"国内市场效应",制造业的集中高度依赖于国外市场需求,因而缺乏内生的动力机制;沿海地区大量出口企业不是通过国内市场销售实现规模经济,而是以OEM为主要形式直接进入国际市场,致使出口贸易条件随着生产规模的扩大而日趋恶化,是一种低水平的聚集状态。国内外市场效应都有随时间不断增强的趋势,说明随着全面对外开放和国内市场化的推进,规模收益将进一步强化东部地区的优势,继续推动制造业向沿海地区聚集,而国内各省区间的差距在一定时期内仍然会继续扩大。

第四章　产业地理集中的时空特征

第一节　产业地理集中的衡量方法

目前，国内外对产业地理集中的衡量主要是以经济活动的地区分布为基础，综合考虑各种不同的因素，并采用不同的计算方法得到的。

对于地区 i 行业 k 有：X_{ik}表示地区 i 行业 k 的工业总产值、增加值或者就业人数，可以计算出四个不同的比值：

（1）地区 i 行业 k 占全国该行业的份额：

$$x_i^k=\frac{X_{ik}}{\sum_{i=1}^{N}X_{ik}} \tag{4-1}$$

（2）地区 i 行业 k 占该地区制造业的份额：

$$s_i^k=\frac{X_{ik}}{\sum_{k=1}^{K}X_{ik}} \tag{4-2}$$

（3）地区 i 在制造业中的份额：

$$x_i=\frac{\sum_{k=1}^{K}X_{ik}}{\sum_{i=1}^{N}\sum_{k=1}^{K}X_{ik}} \tag{4-3}$$

（4）行业 k 在制造业中的份额：

$$s^k = \frac{\sum_{i=1}^{N} X_{ik}}{\sum_{i=1}^{N}\sum_{k=1}^{K} X_{ik}} \tag{4-4}$$

在以上四个比值的基础上，我们按照不同的方法，综合考虑各种影响产业地理集中的因素，可以计算出不同的产业地理集中系数。目前，国外对这方面研究比较多，综合起来产业地理集中的衡量方法具体有以下十种。

一、标准差系数

标准差系数也叫变异系数或离散系数，表示地区 i 行业 k 所占份额对平均分布的偏离。用各地区份额（s_i^k）的标准差除以平均份额（1/N）计算，这里 N 为地区个数。用公式表示为：

$$VCO^k = SKD^k/(1/N) \tag{4-5}$$

其中，STD^k 表示行业 k 所占份额的标准差，其值在 0～+∞，值越大，样本偏差越大。VCO^k 取值也在 0～+∞，这个指标反映了行业 k 对平均分布的偏差，偏差值越大，行业分布越集中；偏差值越小，行业分布越分散。其优点是计算方便，指标含义比较直观；缺点是只对某一个指标的分布偏差进行衡量，不能反映造成这种偏差的深层次的原因。

二、集中率

集中率表示规模最大的前 1、3 或 9 个的地区所占的总产值（或就业等）份额。其计算公式为：

$$CR_n^k = \sum_{i=1}^{n} X_i^k \quad (n=1、3 或 9) \tag{4-6}$$

其中，CR_n^k 表示行业 k 中规模最大的前 n 位地区所占总产值比重之和，其取值在 0～1，取值越大，表示该行业越集中。这个指标直接指出了份额较大的一个或几个地区所占的比重，从而也就可以看出行业的地理集中程度。其优点是计算简便，含义较直观，把行业的地理集中度指向具体的地区；缺点是没有考虑到影响行业地理集中的因素，而且当 n 取不同值的时候会得出不同的结论。

三、区位商

区位商是用某地区产业产值或就业占全国该产业产值和就业比重除以该地区制造业产业或就业占全国制造业产业或就业比重的比值来衡量。用公式表示如下：

$$r_i^k(t)=\frac{X_i^k/\sum_{i=1}^{N}X_i^k}{\sum_{k=1}^{K}X_i^k/\sum_{i=1}^{N}\sum_{k=1}^{K}X_i^k} \tag{4-7}$$

其中，X_i^k 表示地区 i 产业 k 的产值或就业数。区位商是大于 0 的正数，区位商越大，表示该制造业在该地区重要性较高。根据经济基础理论可以将一个地区的经济活动分为基础产业和非基础产业。区位商大于 1 的产业称为基础产业，即对外输出的产业；区位商小于 1 的产业是为本地市场服务的产业，成为非基础产业。

四、区位基尼系数

克鲁格曼（1993）提出的区位基尼系数（Locational Gini Coefficient），可以用来反映经济活动在地理上分布的不均匀程度。根据实际情况，可以使用产出、增加值或贸易额等指标代替就业。不同的学者采用不同的计算方法。本书采用文玫（2004）所采用的计算公式。用公式表示如下：

$$G_i=\frac{1}{2N^2\ \overline{x^k}}\sum_{i_1}^{N}\sum_{i_2}^{N}\left|x_{i_1}^k-x_{i_2}^k\right| \tag{4-8}$$

其中，G_i 表示区位基尼系数，$\overline{x^i}$表示行业 k 在各地区间的平均份额，这里实际上就等于 1/N，i_1、i_2 分别表示地区两个不同的地区，N 表示地区总数。基尼系数值在 0～1 变化，取值为 0 表示产业地区分布完全均等；若取值为 1，则表示产业所有的生产活动集中在一个地区。区位基尼系数是衡量产业地理集中的常用指标，它描述了产业地理分布的不平衡性。

五、绝对地理集中和相对地理集中

绝对地理集中（$MHHI^k$）指数是对赫芬达尔指数的一个简单正规化变

体，最初被哈兰德等人（1999）所采用。其计算公式为：

$$MHHI^k = \sqrt{\sum_{i=1}^{N}(x_i^k)^2/N} \quad (4\text{-}9)$$

绝对地理集中指数表示在不考虑地区规模情况下经济活动地理分布的绝对集中程度。当所有的地区都具有相同的份额时，该指数为 1/N，表示分布绝对平均；当产业完全集中于某一个地区时，该指数为$(1/N)^{1/2}$。

相对地理集中（$HKMT^k$）指数最早是由佛罗伦斯设计，后被艾力森和格莱瑟（Ellison 和 Glaeser，1994，1997）所采用，又经过艾米特（Amity，1996）和 哈兰德等（1999）修改形成。

$$HKMT^k = \sqrt{\sum_{i=1}^{N}(x_i^k - x_i)^2/N} \quad (4\text{-}10)$$

相对地理集中指数是指经济活动的地理分布不同于平均分布的程度。当产业空间分布与整个制造业的空间分布相一致时，该指数取值为 0。因此，相对地理集中指数排除了地理单元大小差异的影响。

六、空间分散度指数

产业地理集中指数衡量了行业在某些地区的集中程度，但是并没有告诉我们这些地区是相互接近的还是相互间隔很远。如果两个行业具有相同的地理集中度，而一个行业主要布局在两个相邻的地区，另外一个行业则分别布局在两个距离很远的地区，区分这两种情况会使我们更深入地了解行业间的差异性以及经济地理因素对产业地理集中的驱动力。因此，作为对传统地理集中指数的一个补充，定义行业 k 的空间分散度指数（Spatial Separation Index）为 SP^k（Midelfart-Knarvik 等人，2000）：

$$SP^k = C\sum_{i}^{N}\sum_{j}^{N}(x_i^k x_j^k \delta_{ij}) \quad (4\text{-}11)$$

其中，δ_{ij}是地区 i 和地区 j 之间的距离，在后面的分析中，我们选取全国 31 个省区省会城市之间的公路里程（其中，海南省的数据采用广东省的数据加上广东至海口的铁路里程 794 公里得到），x_i^k、x_j^k 分别表示地区 i 和地区 j 行业 k 总产值占全国的份额，C 是一个常数，N 为地区个数。

空间分散度指数的一个较好性质是它把空间距离因素考虑到指标当中。SP^k 取值范围取决于常数 C，一般来讲，指数值越大，产业地理集中度越小；指数值越小，产业地理集中度越大。空间分散度考虑到不同区域之间的相互接近因素对产业地理集中的影响，因此更适合于分析经济地理因素对产业地理集中的影响。

七、熵指数

熵指数（Entropy Index）是借用信息理论中熵的概念提出来的，具有平均信息量的含义。熵指数具体计算如下：

对于一个包含 N 个基本单位，每个基本单位的经济变量值为 y_i（$\sum_{i=1}^{N} y_i \equiv Y$），可以按人口分成相排斥的 K 个部分，因而变量 y 可以分成 F 个部分。[①] 则不平等指数的一般熵（GE）可以用下式表示：

$$GE(\alpha)=\frac{1}{\alpha^2-\alpha}\left[\frac{1}{N}\sum\left(\frac{y_i}{\bar{y}}\right)^{\alpha}-1\right] \tag{4-12}$$

这里，$\bar{y}=\frac{1}{N}\sum_{i=1}^{N} y_i=\frac{Y}{N}$，α 是敏感参数，表示变量 y 的不同部分取值的权重。α 取 1 为中间状态。当 α<1 时，变量 y 分布的较低一侧的离差被赋予较大的权重；当 α>1 时，较大的权重则被赋予较大值一侧的离差。一般 α 取值 1 和 2 这两种情况：

当 α=1 时，我们得到泰尔指数（Theil Index）：

$$GE(1)=\frac{1}{N}\sum\frac{y_i}{\bar{y}}\log\frac{y_i}{\bar{y}} \tag{4-13}$$

这里 $0\leqslant GE(1)\leqslant \log N$。

当 α=2 时，

$$GE(2)=\frac{1}{2}CV^2 \tag{4-14}$$

① 这种衡量方法首先被经济学家运用于收入分配文献中，i 可以指个人，y 指收入，k 指社会经济的分类，f 则指不同的收入来源（如工资、政府转移支付、资本收入等）。

其中，$CV=\frac{1}{\bar{y}}\left[\frac{1}{N}\sum_{i=1}^{N}(y_i-\bar{y})^2\right]^2$，$0\leqslant GE(2)\leqslant\frac{1}{2}(N-1)$。

这种方法的优点是适于比较区域内部和区域之间的集中程度，并且可以通过把总的熵指数根据人口或者其他指标分解不同的组成部分来衡量各部分对总的熵指数的影响。

八、克鲁格曼集中指数

克鲁格曼集中指数（Krugman Concentration Index）是由克鲁格曼专业化指数得到的，用 K_i 表示，计算公式如下：

$$K_i=\sum_{i}^{N}|x_i^k-x_i|=\sum_{i}^{N}|X_i^k/\sum_{i}^{N}X_i^k-\sum_{k}^{K}X_i^k/\sum_{i}^{N}\sum_{k}^{K}X_i^k| \quad (4\text{-}15)$$

当行业在各地区间均等分布时，指数值取 0；当行业集中在一个地区，指数值取 2。克鲁格曼集中指数计算比较简单，但也没有考虑经济主体的空间距离因素。

九、EG 指数

艾里森和格雷瑟（Ellison 和 Glaeser，1999）以企业利润最大化为基本假设，研究企业区位选择过程中的集聚倾向，提出了 EG 指数，该指数综合考虑了总就业（反映了最终需求的分布情况）和产业的集中度等因素，对地理集中指数进行了矫正，除去企业在布局过程中以市场接近为导向的布局行为产生的所谓聚集，并且也避免了由于产业中一两个大企业的布局造成产业集聚的假象。EG 指数用 γ_{EG} 表示：

$$\gamma_{EG}\equiv\frac{G-(1-\sum_{i}^{N}x_i^{k2})H}{(1-\sum_{i}^{N}x_i^{k2})(1-H)} \quad (4\text{-}16)$$

其中，$G=\sum_{i=1}^{N}(s_i^k-x_i^k)^2$，衡量了与产业组织结构无关的地理集中指数，$s_i^k$ 分别是 N 个地区中地区 i 行业 k 的就业占全国该行业就业的比重，s_i 是地区 i 全部（制造业）就业占全国制造业就业的比重，$H=\sum_{j}^{M}z_j^2$ 是衡量产业集中度的赫芬达尔指数（Herfindahl Index），z_j 是行业 k 企业 j 的产值比重，

M 为行业 k 内企业总数。如果地区 i 行业 k 的就业份额与整个地区制造业就业份额相同，那么 G 指数为 0，E-G 指数取决于衡量产业集中状况的赫芬达尔指数，值为 $\gamma_{EG}=1-\frac{1}{1-H}$，当一个行业拥有许多小企业，处于完全竞争的状态时，H 为 0，此时，EG 指数等于 G。因此，EG 指数为 0 时，产业空间区位选择是一个随机过程，EG 指数为正值时，表明该行业在空间上有集中的趋势，EG 指数值越大，产业地理集中程度越高。

十、布什和莱茵哈特地理集中指数

传统的地理集中指数通常忽视了地区间的距离，这就是人们通常所说的"跳棋盘问题"（White，1983；Busch 和 Reinhardt，1999）。布什和莱茵哈特（Busch 和 Reinhardt，1999）地理集中指数考虑了给定行业中每一个职员和中心区的距离。假设地区 i 行业 k 的经济规模为 X_{ik}，地区 i 的人口比重坐标为 $p_i=(p_i^{lat},\ p_i^{long})$，根据地区 i 每个行业规模，对每个行业坐标进行加权平均，得到一个行业中心点，即 $c_k=(c_k^{lat},\ c_k^{long})$，这里 $c_k=\frac{\sum_i^N p_i X_i^k}{N\sum_i^N X_i^k}$，那么对每一个行业计算从每个地区到行业中心点的距离，并用每个地区行业规模进行加权，距离计算公式为：

$$d_{ik}=3949.99\cdot\arccos(\sin(|c_k^{lat}|\arctan(1)/45)\cdot\sin(|p_i^{lat}|\arctan(1)/45)+\cos(|c_k^{lat}|\arctan(1)/45)\cdot\cos(|p_i^{lat}|\arctan(1)/45)\cdot\cos((|c_k^{long}|\arctan(1)/45)-(|p_i^{long}|\arctan(1)/45)))$$

则地理集中指数为：$Geocon_k=\frac{\sum_i^N f(d_{ik})\ x_i^k}{N\sum_i^N x_i^k}$ （4-17）

其中，$f(d_{ik})=e^{-d/s}$，s 根据地区间平均距离任意取值，从而保证了过长或过短的距离不被赋予过高的权重。

该地理集中指数在 0～1 取值，指数值越大，表示行业地理集中度越高。该指数的优点是把行业就业与中心区之间的距离纳入指数分析，使指数更具有解释力，缺点是计算烦琐。

以上几种衡量产业地理集中度的计算。方法各有特点，分别适合于不同的统计数据和分析目的。本书侧重于分析产业地理集中在全国的分布状况，空间因素是本书考虑的一个重要方面，因此本书主要采用标准差系数、区位基尼系数、空间分散度、产业绝对地理集中和相对地理集中指标来衡量我国产业地理集中的状况。

第二节　产业地理集中的类型划分

根据各个行业地理集中程度的动态变化趋势，可以将产业地理集中分为以下四种类型（Traistaru 和 Martincus，2003）：①递增型地理集中，即在各个考察时期地理集中度随时间递增的行业；②递减型地理集中，即在初始时期地理集中度较高，随着时间的推移而逐渐下降的行业；③U 型地理集中，即在初始时期集中度较高，随着时间的推移而逐渐下降，在到一定的时点以后又逐渐上升的行业；④倒 U 型地理集中，即在初始时期行业集中度较低，随着时间的推移而逐渐上升，在一定时点以后又逐渐下降的行业。这种分类可以采用两种时间概念进行描述：一是采用基期和当期的比较方法；二是采用连续的时间的动态描述方法。

将当期产业地理集中度与基期进行比较，并分别将基期和当期地理集中度指标进行排序，然后分成高、中、低三类，可以将产业地理集中划分为以下五种类型（Midelfart-Knarvik 等人，2000）：①集中型行业，即基期处于高集中类，到当期仍留在高集中类的行业，用 CC 表示；②集中—分散型行业，即基期处于高集中类，在当期离开高集中类的行业，用 CD 表示；③分散型行业，即基期处于低集中类，到当期仍处于低集中类的行业，用 DD 表示；④分散—集中型行业，即基期处于低集中类，当期离开低集中类的行业，用 DC 表示；⑤其他类，即不属于以上四种情况的行业，用 R 表示。

第三节 产业地理集中的国际比较

自从新增长理论和新贸易理论指出，由于企业的集聚和劳动力市场的共享，使得生产和创新的外部性内生化，而这种内生的外部性效应在空间上倾向于地方化，从而使经济活动的地理集中日益成为人们热烈讨论的话题。现有文献对制造业地理集中的研究主要集中在以下几个方面：

一、制造业地理集中模式的变化

制造业地理集中模式的变化受到各种因素的影响。欧盟一体化无疑是一个重要的影响因素。随着欧盟一体化的推进，欧洲各国制造业表现出了先上升后下降的倒 U 型变化趋势。

表 4-1 给出了欧盟制造业地理集中的变化模式。20 世纪 70～80 年代初，欧盟大多数产业的地理集中度下降；紧接着在 80 年代末期出现了上升的趋势；而在 90 年代则表现出相对平稳的趋势。表 4-2 的结果也显示了制造业总体在 1980～1987 年较强的相对地理集中趋势，而在 1987～1995 年则表现出下降的趋势，但结果不显著。

表 4-1 欧盟制造业地理集中基尼系数变化的产业数统计

时期	行业数			
	增加（个）	平均变化（%）	减少（个）	平均变化（%）
1970/1973～1982/1985	11	5.6	25	−5
1982/1985～1988/1991	23	2.5	13	−3
1988/1991～1994/1997	15	2.9	21	−3.4

资料来源：K. H. Midelfart-Knarvik，H. G. Overman，S. J. Redding and A. J. Venables，“The Location of European Industry”，Report prepared for the Directorate General for Economic and Financial Affairs，European Commission.

表 4-2 1980～1995 年欧盟制造业的相对集中

部门	GE (1) 平均值	ΔGE (1)			部门就业占总就业比重
		1980～1995 年	1980～1987 年	1987～1995 年	
金属矿产品	0.389	−0.0555	−0.0551*	−0.0004	0.04
纺织服装和制鞋	0.379	0.1649**	0.0534**	0.1115**	0.08
交通运输	0.163	0.0196	0.0216	−0.002	0.1
化学产品	0.152	0.0003	0.0085	−0.0082	0.1
非金属矿	0.142	0.0171	0.0016	0.0156	0.06
多样制造	0.111	−0.0044	−0.0064	0.002	0.09
机械电子	0.109	−0.0057	0.018**	−0.0238**	0.31
造纸	0.104	0.0098	−0.0022	0.012	0.08
食品饮料烟草	0.082	0.0114	0.0026	0.0088	0.13
制造业总体	0.043	0.0023	0.0071**	−0.0048	1

注：表中数据来自欧盟 116 个地区的增加值；** 和 * 分别表示在 95% 和 90% 水平上拒绝 HO 假设：△GE (1) ＝0；GE (1) 平均值是指 1980～1995 年 GE (1) 指数的年平均值。

资料来源：Marius Brulhart and Rolf Traeger. An Account of Geographic Concentration Patterns in Europe. HWWA Discussion Paper，2002.

川斯特鲁和马丁克斯（Traistaru 和 Martincus，2003）研究了南方共同市场国家绝对地理集中情况，结果表明，大多数制造业在两个子区间表现出了相反的地理集中趋势，即 1970～1984 年上升，而 1985～1998 年下降。这种相反的趋势导致一些产业在整个时期变化不显著，如家具、造纸、打印及印刷、其他非金属矿、钢铁和运输设备等行业；对于某些行业，这种相反的趋势并没有影响整个时期高度绝对集中趋势的出现，如制鞋、木制品、化学工业、其他化学产品、石油和煤炭副产品和玻璃等行业。表 4-3 对这三个国家制造业地理集中类型进行了分类。

表 4-3 南方共同市场国家区域产业份额的时间演变趋势（1970～1998 年）

国家	递增型	U 型	倒 U 型	递减型
阿根廷	其他非金属矿、饮料、烟草	皮革制品、运输装置、印刷和复印、造纸、钢铁、家具、陶瓷	精密金属制品	服装服饰、石油煤炭产品、塑料、鞋、木制品、石油精炼、电子机械、工业化学、玻璃橡胶、非电子机械、非铁金属、食品、其他化学产品、专业器具、纺织、其他工业
巴西	专业仪器、其他工业、非电子机械、非铁金属、石油精炼、工业化学、鞋、石油煤炭产品、服装服饰、橡胶、塑料、电子机械、食品、纺织、木制品	精密金属制品业	印刷复印、食品、纺织、玻璃、精密金属制品、木制品、钢铁、其他化学产品、造纸、家具、陶瓷、烟草、皮革制品、运输设备、其他非金属矿	饮料、烟草
乌拉圭	复印印刷、专业器具、塑料、非铁金属、陶瓷	烟草、精密金属产品、服装服饰	其他化学产品、木制品、皮革制品和造纸	家具、其他工业、非电子机械、食品、非金属矿、电子机械、饮料、钢铁、石油煤炭产品、工业化学、鞋、石油精炼、玻璃、纺织、橡胶、运输设备

资料来源：Iulia Traistaru and Christian Volpe Martincus (2003), Determinants of Manufacturing Concentration Patterns in Mercosur.

二、产业集聚与经济增长的关系

现有的文献并没有对集聚与经济增长的关系进行详细的论述，但从文献中可以发现两条相互分离的研究思路。大多数经济地理模型（Krugman, 1991；Venables, 1996；Krugman 和 Venables, 1995）强调一体化的静态效应，因而不适合于估计经济活动集中与长期增长之间的关系。然而，在内生增长模型中，由于知识溢出和技术外部性与经济活动和R&D区位相关，因此，经济增长和产业集聚之间存在正的关系。另外，马丁和奥托维阿诺（Martin和Ottaviano，2001）认为，经济增长和地理集中之间是自我强化的过程。一方面，经济增长强化了经济活动的集聚（前向联系）；另一方面，由于集聚减少了创新成本，刺激了经济的增长。因此，集聚促进了经济增长（后向联系）。然而，对欧洲国家的研究发现，集聚与经济增长的关系并不明确。从表4-4中可以看出，Balassa指数[①]和熵指数的系数都在5%水平上显著，但符号与预期相反，也就是说，集聚与经济增长之间成反向关系，在一些地区生产的集中不利于经济增长；而克鲁格曼指数与经济增长关系不显著。

表4-4　1984～1995年欧盟6国集聚与经济增长的关系

被解释变量：人均GDP年增长率			
变量	Balassa指数	熵指数	克鲁格曼指数
集聚	−0.4580*	−0.0589*	0.0255
	(0.0191)	(0.0288)	(0.0358)
人口增长率	−0.0159*	−0.0148*	−0.0032
	(0.0072)	(0.0071)	(0.0061)
入学率	−0.0514*	−0.0366**	−0.022
	(0.0240)	(0.0219)	(0.0230)
贸易开放度	0.0169*	0.0162*	0.0161*
	(0.0040)	(0.0043)	(0.0046)

① 在计算区位基尼系数时，可以先计算出Balassa指数，$Balassa_i^k = \frac{x_{ik}}{\sum_i^N x_{ik}} \Big/ \frac{\sum_k^K x_{ik}}{\sum_i^N \sum_k^K x_{ik}}$，产业越集中，Balassa指数值越大。

续表

被解释变量：人均 GDP 年增长率			
变量	Balassa 指数	熵指数	克鲁格曼指数
投资	0.1669* (0.0727)	0.1562* (0.0690)	0.2245* (0.0713)
失业率	0.0008* (0.0004)	0.0007** (0.0004)	0.0008* (0.0004)
Wald 检验（χ^2 (5)）	33.79 p=0.00	29.95 p=0.00	34.63 p=0.00

注：样本数为 72，采用 FGLS 估计，括号内数据为标准差，* 和 ** 分别表示 95%和 99%水平显著，方程没有常数项。

资料来源：Federica Sbergami. Agglomeration and Economic Growth：Some Puzzles. HEI Working Paper No. 02/2002.

三、区域范围与制造业地理集中的关系

欧盟产业地理集中度低于美国的经验事实，一方面使人们认为，欧盟统一大市场的形成有利于产业空间集中度的提高；另一方面又使人们担心这种变化的政治和社会成本会抵消经济所得，中心地区的发展以牺牲周边地区为代价，以及国家在应付货币联盟的不对称冲击时变得更加脆弱。

莫里斯和罗尔夫（Marius 和 Rolf，2003）把地理集中分解为国家内部和国家之间集中，他们估计了部门区位模式的中心—外围梯度理论和欧盟成员数对国家内部经济地理的影响发现，尽管定位于中心地区的倾向越来越弱，制造业还是变得更加集中。欧盟一体化对国家内部集中有着强烈的影响。

表 4-5 给出了不同区域范围内制造业地理集中的 γ 指数，结果发现制造业地理集中与所考察的区域大小有较大的正相关性。

表 4-5　2000 年美国制造业集聚分析

γ	均值	标准差	最小值	最大值	相关系数	
					州	县
	2 位数					
州	0.0241	0.0449	0.0017	0.1946	1	
县	0.0099	0.0284	0.0010	0.1300	0.91	1
邮政区	0.0029	0.0088	0.0002	0.0399	0.91	1

续表

γ	均值	标准差	最小值	最大值	相关系数	
					州	县
	3 位数					
州	0.0433	0.0706	−0.0024	0.4078	1	
县	0.0163	0.0416	−0.0002	0.3718	0.78	1
邮政区	0.0082	0.0342	−0.0009	0.3515	0.70	0.87
	4 位数					
州	0.0485	0.0717	−0.0709	0.4993	1	
县	0.0193	0.0379	−0.0131	0.3718	0.82	1
邮政区	0.0101	0.0275	−0.0046	0.3515	0.58	0.73

资料来源：Stuart S. Rosenthal and William C. Strange (2001), "The Determinants of Agglomeration", Journal of Urban Economics 50, 191-229.

表 4-6 表明美国制造业地理集中率每年下降的速度远高于欧盟。表 4-7 中显示，美国制造业地理集中的基尼系数值在各个时期均高于欧盟的平均值，而美国基尼系数值呈下降趋势，欧盟制造业基尼系数在不同时期各有起伏，但总体上也表现出下降的趋势。

表 4-6　美国、欧盟制造业地理集中系数的时间趋势比较

		基尼系数		标准差系数	
		t 统计值	β^0	t 统计值	β^0
美国	增加值	−12.73	−0.512*	−8.91	−0.712*
	就业	−10.28	−0.507*	−8.92	−0.853*
欧盟	增加值	−5.78	−0.297*	−1.11	−0.209
	就业	−3.43	−0.158*	−1.41	−0.712

注：* 表示 99%水平显著。$\beta^0=100^*$ 对时间趋势的 OLS 估计系数：$\ln(\text{Gini})_t=\alpha+\beta^* t+\varepsilon$，t 从 1987 年到 1996 年（美国），1995 年（欧盟增加值）和 1998 年（欧盟就业）。β^0 表示年增长率的百分比。

资料来源：K. H. Midelfart-Knarvik，H. G. Overman，S. J. Redding and A. J. Venables. The Location of European Industry. Report prepared for the Directorate General for Economic and Financial Affairs，European Commission.

表 4-7 美国与欧盟制造业地理集中基尼系数比较

	1970～1973 年	1982～1985 年	1988～1991 年	1994～1997 年
美国平均	0.675	0.648	0.636	0.618
欧盟平均	0.591	0.574	0.584	0.577

资料来源：同表 4-6。

表 4-8 给出了美国和欧盟制造业地理集中的基尼系数。表中数据证实了关于美国制造业地理集中度较高的事实。尽管美国制造业平均地理集中度高于欧盟，但并非所有的制造业地理集中度都高于欧盟。在欧盟所有的国家中，递增规模技术产业有着较高的地理集中度，如交通设施和电子电气产业。就美国而言，大部分产业都表现出明显的扩散趋势，如交通设施、造纸和打印、矿产品和其他制造业都表现出较强的扩散趋势；仅仅纺织和服装业变得更加集中；就欧盟而言，在 1992 年以前，所有行业的地理集中度都在增加，然后趋于扩散。矿产品、食物、饮料和纺织服装在整个时期保持着集聚趋势。传统的制造业表现出较强的扩散趋势，并离开了过去发展较好的欧盟地理中心地区。

表 4-8 美国与欧盟制造业地理集中区位基尼系数比较（增加值）

部门	美国			欧盟			欧盟/美国	
	1987 年	1995 年	变化（%）	1987 年	1995 年	变化（%）	1987 年	1995 年
矿产品	0.558	0.537	−3.77	0.44	0.461	4.66	0.788	0.857
化学产品	0.627	0.62	−1.21	0.556	0.554	−0.24	0.886	0.895
金属产品	0.618	0.602	−2.6	0.585	0.558	−4.55	0.945	0.926
机械制造	0.61	0.597	−2.28	0.631	0.596	−5.62	1.035	0.999
电子电气	0.627	0.618	−1.37	0.658	0.622	−5.39	1.049	1.006
交通设施	0.674	0.652	−3.14	0.596	0.586	−1.62	0.884	0.898
食品饮料	0.563	0.56	−0.55	0.423	0.445	5.12	0.751	0.794
纺织服装	0.68	0.687	1.06	0.581	0.593	2.21	0.854	0.863
造纸印刷	0.546	0.519	−5.03	0.551	0.558	1.38	1.008	1.076
各种工艺品	0.517	0.499	−3.51	0.529	0.501	−5.33	1.024	1.004
平均	0.602	0.589	−2.16	0.555	0.547	−1.34	0.922	0.929

资料来源：Wolfgang Leitner. Regional Concentration of Manufacturing in the US and the EU：A Comparative Approach with the Background of New Economic Geography.

四、产业的细分程度与制造业地理集中的关系

制造业地理集中不仅与空间范围大小有正相关，而且与产业规模具有正向关系。表 4-9 提供了 2 位数、3 位数和 4 位数产业的地理集中系数。表 4-9 中数据显示，制造业地理集中指数与产业细分程度正相关。艾力森等（Ellison 和 Glaeser，1997）计算了 459 个 4 位数产业的 γ 指数，发现均值为 0.051，而中数为 0.026，多数产业都在 γ<0.02 这样一个集中度不大的区域，约占总产业数的 43%。

表 4-9　1997 年美国制造业地理集中指数

产业分类	地理集中指数		
	H	G	γ
2 位数	0.007	0.031	0.026
3 位数	0.014	0.056	0.045
4 位数	0.028	0.074	0.051

资料来源：Glenn Ellison and Edward L. Glaeser：Geographic Concentration in U. S. Manufacturing Industries：A Dartboard Approach，Journal of Political Economy，1997，Vol. 105，No. 5.

表 4-10　1997 年美国产业地理集中分类 γ

2 位数产业		4 位产业数	4 位产业个数百分比（%）		
代码	名　称		γ<0.02	0.02<γ<0.05	γ>0.05
20	食品	49	47	18	35
21	烟草	4	0	0	100
22	纺织品	23	9	13	78
23	服饰等纺织品	31	13	42	45
24	木制品	17	29	47	24
25	家具和装置	13	69	8	23
26	造纸	17	53	47	0
27	印刷	14	71	14	14
28	化学产品	31	38	24	38

续表

2位数产业		4位产业数	4位产业个数百分比（%）		
代码	名　称		γ<0.02	0.02<γ<0.05	γ>0.05
29	石油和煤产品	5	60	0	40
30	橡胶和各种塑料产品	15	73	27	0
31	皮革及皮革制品	11	0	36	64
32	玻璃制品	26	58	27	15
33	初级金属产品	26	39	35	27
34	金属制造	38	61	32	8
35	工业机械和装置	51	49	26	26
36	电子和其他电器	37	41	46	14
37	交通设施	18	28	33	39
38	器具及相关产品	17	47	41	11
39	其他制造业	18	44	22	33

资料来源：Glenn Ellison and Edward L. Glaeser：Geographic Concentration in U. S. Manufacturing Industries：A Dartboard Approach，Journal of Political Economy，1997，Vol. 105，No. 5.

表4-10给出了每个2位数制造业中的4位数产业的地理集中情况。γ<0.02表示集中度低，γ>0.05表示集中度较高。从表中可见，高地理集中度的制造业主要是烟草、纺织、皮革，而在造纸、橡胶和塑料、精密金属制品业集中度较低。

五、政府政策对制造业地理集中的影响

政府政策是影响制造业地理集中的一个重要因素。20世纪60～70年代，印度产业是受到高度的管制和保护的，进口控制和关税保护使得印度产业远离国外的竞争。而始于80年代的印度改革在1991年以后逐渐占据了主导地位，印度产业也就逐步放松管制，并面临国内和国外的市场竞争。阿瑟伊和卡普（Athreye和Kapur，2003），通过研究印度1970～1999年12个制造业部门产业集中的演化来考察经济自由化对集中的影响，发现由于政府强硬产

业政策的规制一直延续到80年代中期，大多数产业的市场结构是政府政策的产物。并认为，随着规制的减弱，地理集中模式将由产业的技术特征和正常的市场竞争之间的相互作用所决定。莎利兹和德克曼（Shalizi 和 Deichmann，2001）分别从公司、产业和区域层面研究了集聚对生产率的影响，结果发现，通过提高区域内部基础设施是决定公司水平生产率的重要因素，而位于城市密集区的好处不能抵消相关成本。表4-11给出了印度制造业地理集中情况。由就业份额计算的基尼系数表明制造业在行政区之间的分布是不均匀的，表中各制造业的基尼系数集中在0.55～0.75，这意味着印度放松产业管制政策直接推动了制造业向少数地区集中。

表4-11　1994～1995年印度制造业地理集中

SIC产业分类	名　　称	区域个数	工厂个数	基尼系数
22	饮料烟草和相关产品	164	2051	0.681
23	棉纺产品	159	2480	0.545
28	造纸印刷出版	149	2434	0.631
29	皮革制品	50	899	0.741
30	化学制品	182	3527	0.559
32	非金属矿产品	253	3816	0.675
33	基本金属及合金产品	167	2657	0.646
35	机器装置制造	140	3093	0.55
36	电子计算机制造	128	2455	0.65
37	运输设备制造	97	1917	0.629
39	资本品维修	142	1352	0.637

资料来源：Somik Lall，Zmarak Shalizi，and Uwe Deichmann . Agglomeration Economies and Productivity in Indian Industry，2001.

六、国外研究对我国制造业地理集中研究的启示

从各国产业地理集中的经验事实中，我们可以总结出关于产业地理集中的一些一般性特征。

（1）制造业地理集中表现出明显的阶段性特征。在不同的时期，制造业地理集中度会出现上升或下降趋势。目前，欧美等发达国家的制造业地理集中度都处于下降的阶段。

（2）产业集聚与经济增长之间相互促进，但在经济发展的不同阶段，集聚对经济增长的作用是相反的。产业地理集中程度过高则会不利于经济的增长。

（3）制造业地理集中程度与空间规模和产业规模都有关系。空间范围越大，地理集中度越高；产业规模越小，地理集中度越高。因此，对制造业地理集中度的衡量应考虑空间和产业规模。

（4）政策因素对制造业地理集中有着重要的影响。政府规制的弱化使得制造业地理集中取决于产业本身的特征。区域间生产要素的自由流动最终决定了制造业的地理集中状况。

第四节 中国制造业地理集中的统计描述

新贸易理论认为，制造业地理集中通常表现出U型曲线的趋势（Brulhart 和 Torstensson，1996），即随着市场规模的扩大，中等水平贸易成本的产业地理集中率是下降的；而当市场规模进一步扩大时，产业地理集中率则是上升的。一些经济学家对这一观点进行论证，结论并不明显，甚至与这一观点相悖。雷特纳（Leitner，2001）考察了美国和欧洲制造业产业结构的变化，发现统一市场并不会增加产业的地理集中，传统高度集中的产业在小地区的份额有所增加，中心和外围产业结构的完全分化不可能出现。艾根格和巴法佛梅尔（Aiginger 和 Pfaffermayr，2001）通过对欧洲统一市场后期数据的分析发现，产业地理集中率在20世纪90年代下降了，产业地理集中模式及其演变证实了新经济地理，新贸易理论和产业组织理论的假设。布鲁哈特和川格（2003）描述了西欧1975～2000年经济部门分布发现，制造业变得更加集中，而向中心地区集中的趋势减弱。但是，这些研究的一个共同的出发点是：考察了统一市场的形成对产业地理集中的影响。无论是对美欧的比较和加入欧盟的东欧国家，还是南方共同市场的制造业地理集中的分析，都是用不同国家和地区的数据对新贸易理论所提出的这种观点的证伪。

而我国自从改革开放以来，打破了计划经济时期的内向型发展战略，市场一体化程度随着政府的退出、经济现代化和对外开放政策的实施而不断提高，产品和要素市场逐步建立，并进一步向金融中介市场化的方向推进。这些变化来源于对自给自足的计划经济低效率和资源浪费的认识，并希望通过市场竞争机制的引入、经济开放程度的提高和生产结构基于比较优势的重新定位，使经济具有动态的竞争优势，使产业的区位选择方式从政府计划逐步过渡到市场自主选择上来。因此，在市场化程度不断提高的条件下，分析我国产业地理集中的特征及演变就显得尤其重要，同时也使得我国的产业地理集中与西方国家的产业地理集中研究有了可比之处。也就是说，我们可以采用西方学者研究产业地理集中的方法来研究我国的产业地理集中，并进行比较。

一、数据

1. 研究的方法与指标体系

根据前面对衡量产业地理集中指标的分析，我们认为这些指标都只是反映了产业地理集中的某一方面特征，而影响产业地理集中的因素是多方面的，因此必须采用多指标体系来进行比较全面的衡量。综合指标特征和数据的可得性，本书采用如下的指标体系：标准差系数；地区集中率；基尼系数；相对集中率；空间分散度。

2. 数据来源

产业是指从事相同经济性质的经济活动的所有经济单位的集合。根据中国《国民经济行业分类和代码》(2002)，经济活动可分为门类、大类、中类和小类四个等级。本书主要研究工业行业中 29 个制造业的地理集中情况（见表 4-12）。

表 4-12　2007 年中国 29 个制造业行业情况　　单位：%

序号	代码	行　业	总产值占制造业的比重	增加值占制造业的比重	就业占制造业比重
1	C13	农副食品加工业	4.96	4.95	3.87
2	C14	食品制造业	1.72	1.98	1.97
3	C15	饮料制造业	1.44	2.01	1.48
4	C16	烟草制品业	1.07	3.11	0.27
5	C17	纺织业	5.31	5.24	9.14
6	C18	纺织服装、鞋、帽制造业	2.15	2.41	6.05
7	C19	皮革、毛皮、羽毛（绒）及制品业	1.46	1.58	3.75
8	C20	木材加工及竹、藤、棕、草制品业	1.00	1.10	1.55
9	C21	家具制造业	0.69	0.69	1.33
10	C22	造纸及纸制品业	1.79	1.86	2.02
11	C23	印刷业和记录媒介的复制	0.60	0.74	1.06
12	C24	文教体育用品制造业	0.59	0.59	1.74
13	C25	石油加工及炼焦业	5.06	3.30	1.18
14	C26	化学原料及化学制品制造业	7.59	7.82	5.55
15	C27	医药制造业	1.80	2.44	2.01
16	C28	化学纤维制造业	1.17	0.86	0.66
17	C29	橡胶制品业	0.98	1.02	1.28
18	C30	塑料制品业	2.30	2.28	3.27
19	C31	非金属矿物制品业	4.41	5.17	6.55
20	C32	黑色金属冶炼及压延加工业	9.55	9.60	4.44
21	C33	有色金属冶炼及压延加工业	5.11	4.77	2.28
22	C34	金属制品业	3.24	3.21	3.99
23	C35	普通机械制造业	5.22	5.44	6.14
24	C36	专用设备制造业	3.00	3.27	3.75
25	C37	交通运输设备制造业	7.69	7.43	5.97
26	C39	电气机械及器材制造业	6.81	6.45	6.56
27	C40	电子及通信设备制造业	11.11	8.45	8.58
28	C41	仪器仪表及文化、办公用机械制造业	1.22	1.24	1.56
29	C42	工艺品及其他制造业	0.96	0.98	2.00

资料来源：2007 年中国统计数据支持系统。

本书数据来源于各年《工业统计年报》（地区册）、1985 年和 1995 年工业普查数据、《中国工业统计年鉴》以及各年《中国统计年鉴》，鉴于统计数据的局限，本书所考察的产业地理集中的地区维度按照行政区划，具体到省一级的产业地理分布情况。

二、中国制造业地理集中的特点

采用中国 31 个省（区、市）1980～2005 年制造业行业数据进行分析，可以发现中国制造业地理集中呈现出以下五大特点。

1. 中国制造业表现出明显的地理集中现象

按照制造业地理集中指数对制造业分布情况进行分类可以发现，我国制造业表现出明显的地理集中现象。1980 年，中国制造业地理集中的区位基尼系数是 0.48，到了 2005 年，区位基尼系数则达到 0.58，提高了 20.71%。从具体行业来看，中国制造业地理集中度均表现出明显的空间集中特征。第一，按标准差系数分类。2005 年，标准差系数值在 1.0 以下的行业只有 2 个（C27 和 C33），实现工业总产值为 12188 亿元，占全部制造业的 3.65%；而系数值在 1.5 以上的制造业个数为 17 个，占全部制造业数的 58.62%，实现总产值为 112990 亿元，占制造业总量的 51.94%；而系数值在 1.0～1.5 的产业数为 10 个，占制造业总数的 34.48%，总产值为 92363 亿元，占总量的 42.46%。第二，按 CR_3 分类。前 3 位地理集中率在 35%以下的制造业个数只有 4 个（C25、C27、C33、C37），实现总产值为 39904 亿元，占全部制造业的 18.34%；而前 3 位地理集中率在 45%以上的制造业个数为 17 个，实现工业总产值 118735 亿元，占制造业产值总量的 54.58%。第三，按照区位基尼系数分类。系数值在 0.50 以下的产业只有 2 个（C27 和 C33）；而系数值在 0.60 以上的产业数达到 18 个，占制造业总数的 62.07%，实现工业总产值 110288 亿元，占制造业总量的 50.70%。

2. 制造业绝对地理集中与相对地理集中现象并存

在分析产业地理集中时，不能忽视所考察的地理单元的规模大小。通过对绝对集中指数和相对集中指数进行排序，我们将制造行业分为绝对集中行业和相对集中行业，分别用 AC 和 RC 表示。制造业行业的绝对地理集中趋势和相对地理集中趋势差异较大，有的行业甚至出现完全相反的趋势。我们对三种技术类型的制造行业分别计算了绝对地理集中度和相对地理集中度，结果发现：对于28个两位数制造业行业来说，在1995～2005年，大多数行业的绝对地理集中和相对地理集中变化趋势一致，均表现为绝对地理集中指数变化幅度大于相对地理集中变化幅度。对于低技术制造行业而言，11个行业中有10个行业的地理集中度均有不同程度的提高，其中相对绝对地理集中指数增长幅度大于绝对地理集中指数增长幅度的行业有4个（C13、C14、C15、C23），这些行业表现出明显的地理集中趋势。只有木材加工及竹、藤、棕、草制品业（C20）的绝对地理集中指数和相对地理集中指数呈反向变化，绝对地理集中度上升，而相对地理集中度下降，也就是说，该行业在这一时期表现出分散趋势；对于高技术行业来说，所有7个高技术行业中，只有医药制造业（C27）和石油加工及炼焦业（C25）的相对地理集中指数增长幅度大于绝对地理集中指数增长幅度，从而表现出较强的地理集中势头。而专用设备制造业（C36）的相对地理集中指数负增长，整个行业表现出分散的趋势；对于中等技术水平的制造业而言，除了文教体育用品制造业（C24）表现出分散趋势外，其他行业地理集中水平均有提高，其中化学纤维制造业（C28）、非金属矿物制品业（C31）和黑色金属冶炼及压延加工业（C32）则也表现出较强的地理集中趋势（见表4-13）。

表4-13 制造业绝对地理集中与相对地理集中的变化趋势（1995～2005年）

技术类型	行业个数	同向变化		反向变化
		绝对>相对	绝对<相对	
低技术	11	烟草业、纺织业、服装及其他纤维制品制造业、皮革、毛皮、羽绒及其制品业、家具制造业、造纸及纸制品业	食品加工业、食品制造业、饮料制造业、印刷业、记录媒介的复制	木材加工及竹、藤、棕、草制品业
中间型	10	橡胶制品业、塑料制品业、有色金属冶炼及压延加工业、金属加工业、电气机械及器材制造业	化学纤维制造业、非金属矿物制品业、黑色金属冶炼及压延加工业	文教体育用品制造业、交通运输设备制造业
高技术	7	化学原料及化学制品制造业、普通机械制造业、电子及通信设备制造业、仪器仪表及文化、办公用机械制造业	医药制造业	石油加工及炼焦业、专用设备制造业

资料来源：《工业统计年报》（1995～2005）。

3. 制造业地理集中存在明显的政策导向特征

在一个大国经济中，往往形成层级不同的中心地区，如高级中心、低级中心等。克里斯塔勒（1933）认为，中心地的空间分布形态受市场因素、交通因素和行政因素的制约，形成不同的中心地系统空间模型。在三种因素当中，市场原则是基础，交通原则和行政原则则被看成对市场原则形成的中心地系统的修改。考察中国制造业前3位地理集中地的变化发现：改革开放以来，中国经济的市场化程度逐步提高，市场原则对地区经济中心的形成起着主要的推动作用。但是，由于我国的改革开放是一个逐步开放的层次推进过程，开放的过程带有明显的政策性倾斜，因此，我国区域经济中心的形成具有较强的行政性色彩。对于低技术的传统制造业来说，在1985年曾经是一些传统的制造业基地，如北京、东北三省、湖北和河南等，到2005年都退出了前三强，江苏、浙江、广东和山东等沿海城市纷纷成为行业的主要生产基地；对于高技术制造业来说，上海在1985年曾经是绝对的高技术制造业中心，到2005年，上海的高技术中心地位已经被广东、江苏和山东等地取代。这其中尽管有上海发展战略改变的原因，但沿海开放战略的实施无疑降低了上海作为高技术信息集散地的作用。对于中等技术水平的制造业来说，在1985～2005年，生产中心也不同程度地发生了从内地向沿海的迁移。

4. 制造业地理集中在空间上严重“东倾”

东部沿海是我国改革开放的前沿，这一独特的地理优势使其成为近年来产业集聚的中心地区。从制造业整体的发展过程来看，1980年东部沿海地区制造业工业生产总值所占份额为51.69%，2005年则达到71.48%；而在其他三大地区所占制造业份额均有不同程度的减少。东部三大地带在1980年制造业工业总产值分别为环渤海（包括辽宁）（28.69%）、长三角（26.60%）和珠三角（4.41%），而在2005年，这三个地区制造业占全国份额分别为26.31%、30.84%和15.01%。在我们考察的28个两位数制造业中，1985～2005年，除了烟草制造业（C16）、印刷业、记录媒介的复制（C23）、石油加工及炼焦业（C25）、医药制造业（C27）、有色金属冶炼及压延加工业（C33）和交通运输设备制造业（C37）在东部地区比重有所下降外，其他 22 个制造业都存在幅度不同的向东部地区集中的趋势。第一，京津鲁冀地区制造业份额增长的行业有 20 个，长三角地区制造业份额增长的行业有 16 个，在珠三角制造业份额增长的行业为 22 个，而在福建等其他沿海地区制造业份额增长的行业则达到 25 个。第二，作为老工业基地的东北地区有 25 个制造行业工业总产值所占份额出现下降，中部地区和西部地区各有 23 个制造行业的工业总产值份额出现下降趋势。这种制造业工业总产值份额的大面积的增长与下降说明了中国区域经济的空间格局在改革开放以后发生了严重的“东倾”现象。

5. 制造业地理集中呈现出较强的“增量”集中特征

改革开放以来，中国制造业获得了快速发展，尤其是沿海地区，利用地理优势，通过各种形式大量吸引外资，形成了长江三角洲、珠江三角洲和环渤海地区三大制造业基地，大有成为“世界工厂”的趋势。从中国各个地区来看，制造业产值的绝对值都是增加的。但是，从各地区制造业产值的份额来看，各地区之间则表现出“增量”地理集中的特征：第一，京津鲁冀地区制造业集中度增长幅度较小，增长明显的制造业数量不多。主要有黑色金属冶炼及压延加工业（C32）增长 193.29%、食品加工业（C13）增长 129.89%、橡胶制品业（C29）增长 116.50%等。第二，长三角地区制造业地理集中度增长幅度较为明显。主要有化学纤维制造业（C28）增长 195.33%、文教体育用品制造业（C24）增长 158.70%等。第三，制造业在珠三角地区地理集中度增长幅度较大，集中趋势强烈的制造行业数量较多。1985～2005 年，增长幅度最大的是电子及通信设备制造业（C40）增长 1116.76%、非金属矿物制品业（C31）增长 643.43%和塑料制品业（C30）增长 416.38%，其他增长幅度较大的还有家具制造业（C21）增长 373.91%，文教体育用品制造业（C24）增长 286.83%，服装及其他纤维制品制造业（C18）增长 265.78%，金属加工业（C34）增长 250.99%，皮革、毛皮、羽绒及其制品业（C19）增长 241.55%。

表 4-14　不同类型工业行业前三位集中地变化

分类	工业行业	代码	1985 年	1995 年	2005 年
低技术	食品加工业	C13	江苏、四川、广东	山东、广东、江苏	山东、河南、广东
	食品制造业	C14	四川、浙江、山东	广东、山东、江苏	山东、广东、河南
	饮料制造业	C15	河南、云南、山东	山东、广东、江苏	山东、四川、广东
	烟草制品业	C16	江苏、上海、广东	云南、湖南、山东	云南、湖南、上海
	纺织业	C17	江苏、上海、湖北	江苏、浙江、山东	江苏、浙江、山东
	服装及其他纤维制品制造业	C18	江苏、上海、山东	广东、江苏、浙江	江苏、广东、浙江
	皮革、毛皮、羽绒及其制品业	C19	黑龙江、上海、吉林	广东、浙江、福建	浙江、广东、福建
	木材加工及竹、藤、棕、草制品业	C20	广东、江苏、山东	广东、江苏、黑龙江	山东、江苏、浙江
	家具制造业	C21	辽宁、上海、四川	广东、山东、江苏	广东、浙江、山东
	造纸及纸制品业	C22	北京、上海、广东	广东、山东、浙江	山东、广东、浙江
	印刷业、记录媒介的复制	C23	上海、广东、北京	广东、江苏、山东	广东、浙江、上海
中等技术	文教体育用品制造业	C24	辽宁、黑龙江、山东	广东、江苏、上海	广东、浙江、江苏
	化学纤维制造业	C28	上海、山东、辽宁	江苏、上海、广东	浙江、江苏、山东
	橡胶制品业	C29	江苏、浙江、上海	山东、上海、江苏	山东、江苏、浙江
	塑料制品业	C30	江苏、辽宁、山东	广东、江苏、浙江	广东、浙江、江苏
	非金属矿物制品业	C31	辽宁、上海、湖北	广东、江苏、山东	山东、广东、河南

续表

分类	工业行业	代码	1985 年	1995 年	2005 年
中等技术	黑色金属冶炼及压延加工业	C32	上海、辽宁、甘肃	上海、辽宁、河北	河北、江苏、山东
	有色金属冶炼及压延加工业	C33	上海、江苏、辽宁	江苏、辽宁、甘肃	江苏、浙江、河南
	金属加工业	C34	上海、江苏、辽宁	江苏、广东、上海	广东、江苏、浙江
	交通运输设备制造业	C37	上海、江苏、广东	上海、江苏、广东	广东、江苏、上海
	电器机械及器材制造业	C39	江苏、上海、广东	广东、江苏、上海	广东、江苏、浙江
高技术	石油加工及炼焦业	C25	江苏、上海、辽宁	辽宁、山东、广东	辽宁、山东、广东
	化学原料及化学制品制造业	C26	上海、江苏、广东	江苏、广东、山东	江苏、山东、广东
	医药制造业	C27	上海、江苏、天津	广东、江苏、上海	山东、江苏、浙江
	普通机械制造业	C35	上海、江苏、辽宁	江苏、上海、山东	江苏、浙江、山东
	专用设备制造业	C36	湖北、辽宁、上海	江苏、山东、河南	山东、江苏、广东
	电子及通信设备制造业	C40	上海、江苏、浙江	广东、江苏、上海	广东、江苏、上海
	仪器仪表及文化、办公用机械制造	C41	广东、江苏、上海	广东、上海、江苏	广东、江苏、浙江

资料来源:《工业普查》(1985、1995)及《工业统计年报》(2005)。

表 4-15　1985～2005 年各地区制造业工业总产值份额增长率

单位：%

代码	东北	东部					中部	西部		
		京津鲁冀	长三角	珠三角	其他沿海	合计		西北	西南	合计
C13	-16.81	129.89	-42.14	-3.44	13.85	24.55	-17.94	-35.66	-23.63	-27.77
C14	-50.37	95.73	-20.36	89.56	60.18	40.82	-22.98	133.56	-68.82	-26.88
C15	33.93	54.91	47.64	103.94	78.69	61.26	-52.13	26.63	-25.34	-17.21
C16	-54.08	-66.93	-52.99	64.48	237.41	-46.65	54.77	-12.12	468.81	238.74
C17	-80.96	13.03	38.58	147.25	198.99	40.10	-53.62	-48.94	-66.26	-58.56
C18	-77.97	-28.19	85.87	265.78	373.82	68.23	-69.52	-95.51	-93.45	-94.41
C19	-91.17	38.64	96.20	241.55	172.62	107.67	-55.92	-89.60	-61.51	-72.39
C20	-11.12	12.21	56.29	-18.20	65.18	25.24	-24.60	-75.60	-38.70	-54.04
C21	-67.08	5.29	55.71	373.91	72.19	79.12	-69.43	-77.41	-76.10	-76.43
C22	-75.50	56.21	20.98	117.21	97.81	52.26	-29.05	-64.50	-61.71	-62.57
C23	-52.83	-23.23	-37.82	94.61	98.46	-8.78	63.47	105.31	103.70	104.07
C24	-96.82	-1.13	158.70	286.83	27343	135.53	-83.21	-99.51	-85.67	-98.16
C25	38.11	9.38	-30.05	117.89	-42.42	-4.16	-11.95	144.49	-85.29	-8.88
C26	-52.92	34.98	30.74	11.96	18.27	28.47	-29.34	-22.84	-8.88	-13.51
C27	-36.54	57.42	-47.24	49.79	80.76	-16.05	50.76	355.87	216.81	251.66

续表

代码	东北	东部					中部	西部		
		京津鲁冀	长三角	珠三角	其他沿海	合计		西北	西南	合计
C28	−72.59	−63.46	195.33	−54.98	246.59	60.05	−59.87	−74.01	−75.73	−75.25
C29	−46.81	116.50	−22.56	−6.66	45.24	17.93	−24.48	−53.97	−32.69	−39.96
C30	−71.09	−17.72	56.80	416.38	273.10	70.77	−61.22	−74.65	−68.68	−70.99
C31	−73.60	72.96	−7.05	643.43	789.09	62.79	−14.83	−33.71	−27.82	−29.71
C32	−23.16	193.29	10.34	−22.44	255.26	63.13	−27.47	−57.45	−45.52	−51.19
C33	−70.79	−38.89	−22.83	15.20	32.90	−22.46	85.60	106.43	74.17	86.97
C34	−71.31	23.95	31.91	250.99	77.15	56.63	−54.13	−81.48	−73.72	−76.77
C35	−43.43	24.98	56.58	58.94	21.36	45.09	−43.37	−71.33	−49.59	−58.45
C36	−63.83	60.42	62.48	144.51	205.55	72.55	−33.75	−28.88	−47.81	−41.43
C37	11.55	41.90	−25.18	−13.29	76.22	−5.58	5.88	−47.42	40.46	8.96
C39	−47.91	14.82	−9.78	134.48	−30.20	18.56	−13.58	−76.09	−53.87	−64.12
C40	−88.01	13.63	−11.26	1116.76	240.20	57.12	−81.54	−88.73	−84.82	−86.40
C41	−53.67	−45.19	15.59	149.02	−29.59	16.28	−53.81	−49.66	−42.34	−45.01

资料来源:《工业普查》(1985)及《工业统计年报》(2005)。

三、中国制造业地理集中的变化趋势

1. 制造业总体的时间变化趋势

改革开放以来，随着政府放权、国内市场一体化发展和面向国际市场的逐步开放，产业的空间分布表现出区域化的特征。而制造业所受到的冲击最大，其空间分布表现出明显的地理集中趋势（见图 4-1）。

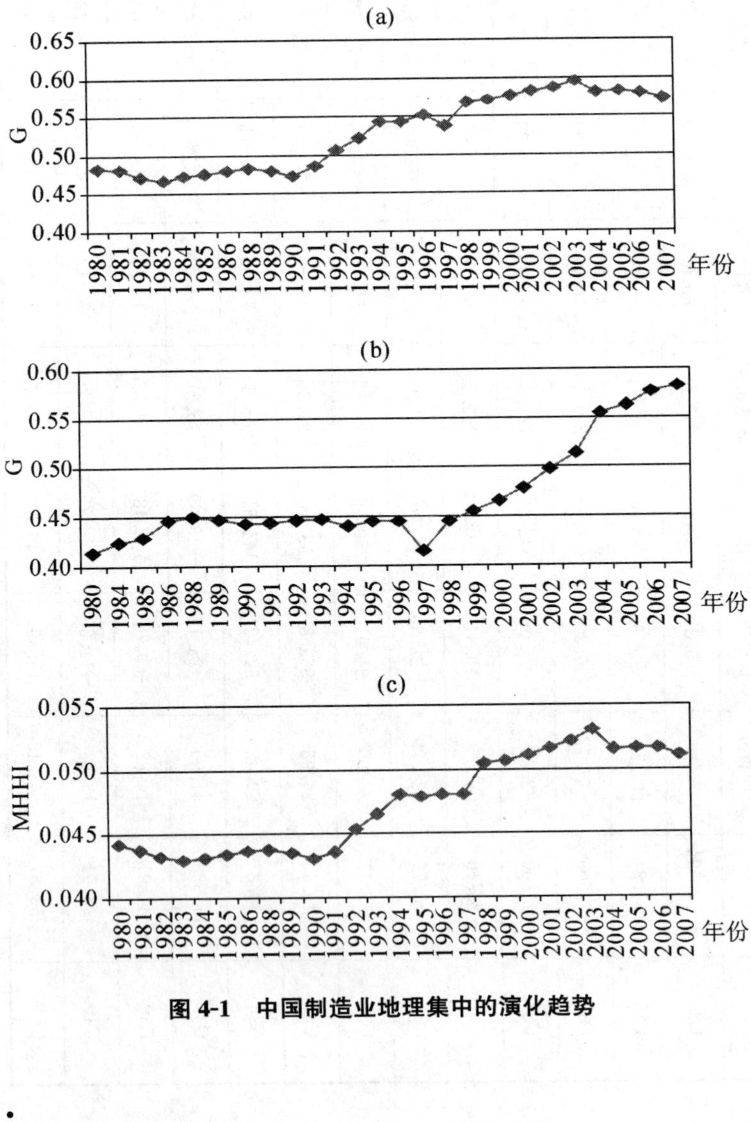

图 4-1 中国制造业地理集中的演化趋势

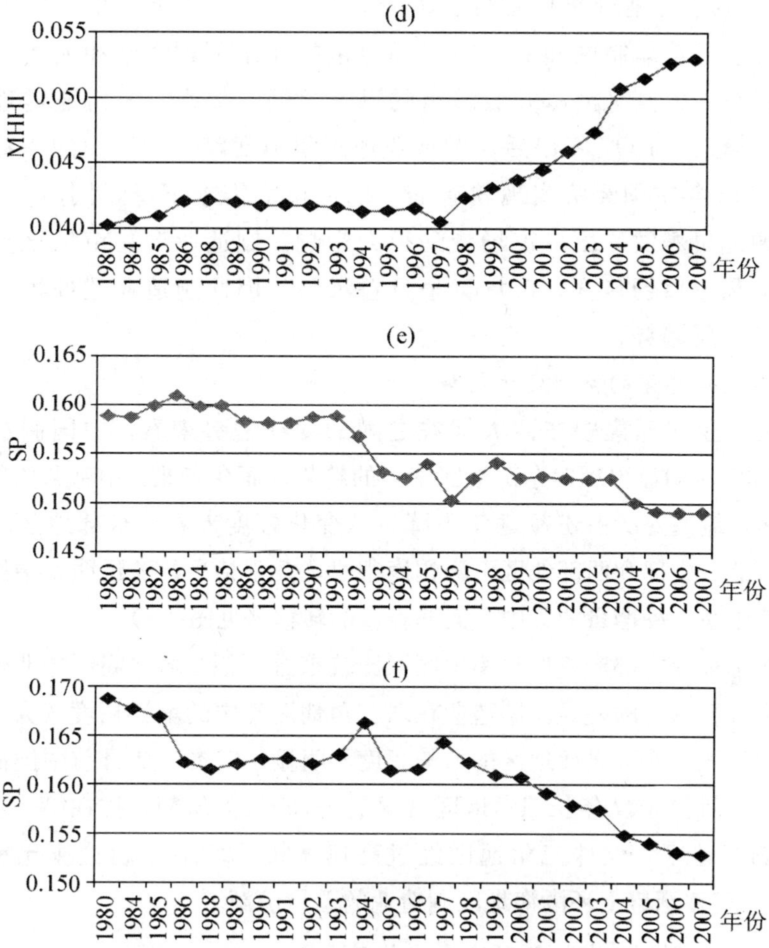

图 4-1　中国制造业地理集中的演化趋势（续）

注：图中（a）、（c）、（e）是使用各年制造业总产值计算得出的；（b）、（d）和（f）是使用各年从业人员数计算得出的。

资料来源：《工业统计年报》（1980～2007）。

从图 4-1 中可以看出，中国制造业地理集中可以划分为三个阶段：第一，1980～1991 年，制造业地理集中度没有明显的变化。在这一时期，传统的计划经济思想还占据主导地位，各地区条块分割比较严重，因此，市场因素对制造业地理集中的推动作用不明显。第二，1992～

1996年，制造业地理集中程度上升比较明显。1992年邓小平南方谈话推动了市场经济体制的建立。在市场力量的作用下，资金和人才的流动性大大提高，尤其是沿海开放城市的迅速发展，加剧了制造业地理集中的程度。第三，1997年以后，制造业地理集中度以一种平稳的趋势逐步提高。1996年中国经济实现软着陆，国内市场需求下降，同时1997年亚洲金融危机爆发，出口市场受到很大影响。制造业产品市场逐步由卖方市场向买方市场转变，市场竞争日益激烈，因此制造业地理集中表现出稳定的发展趋势。

2. 制造业总体的空间变化趋势

从制造业地理集中在四大板块之间的变动趋势来看，中国制造业在1980～2007年明显出现向东部地区集中的趋势，而在东北、中部和西部其他三大地区，制造业所占份额逐年下降。从变化幅度来看，东部地区增幅较大，而东北、中部和西部地区下降幅度很小，几乎持平。这说明，中国制造业地理集中是一种增量的集中，而非存量的转移（见图4-2）。

从东部地区内部产业地理集中区域比较来看，各区域之间制造业份额的增长速度存在明显的差异。制造业在珠三角地区集中的增长幅度较大，其次是长三角地区，而环渤海地区的增长幅度不明显。但是，从目前中国制造业总量比重来看，2007年长三角地区占据了39.12%的份额，排在第一位，其次是环渤海地区，但珠三角地区经过高速增长，2007年制造业比重达到18.76%，已逐渐赶上环渤海地区制造业的总量份额。

3. 不同类型制造行业的时空变化趋势

制造业的空间分布是受多种因素综合决定的，不同类型的制造业的时空分布特征也是各不相同的。另外，由于各地区经济发展水平的不同，其制造业的空间变化也表现出各不相同的分布特点。

第一，根据国家统计局关于高新技术产业的划分标准，我们将28个制造业划分成高技术、中等技术和低技术三类。结果发现，1985～2005年，东部地区三种技术类型的制造业都呈不同程度的增长趋势，其中，东部地区低技术制造业在1985～2005年增长了26.92%；中等技术制造业增长了27.17%；高技术制造业增长了45.33%。这说明了东部地区制造业总量增长的同时，产业结构正逐步升级，高技术产业增长迅速。而同一时期中、西部地区高技术制造业分别下降了 47.97%和 46.31%，东北地区则下降了 52.37%。这进一步说明了改革开放以来，伴随中国制造业向东部沿海地区集中的同时，东部与中西部地区的技术差异也正逐步扩大，东北老工业基地则以更快的速度衰落。

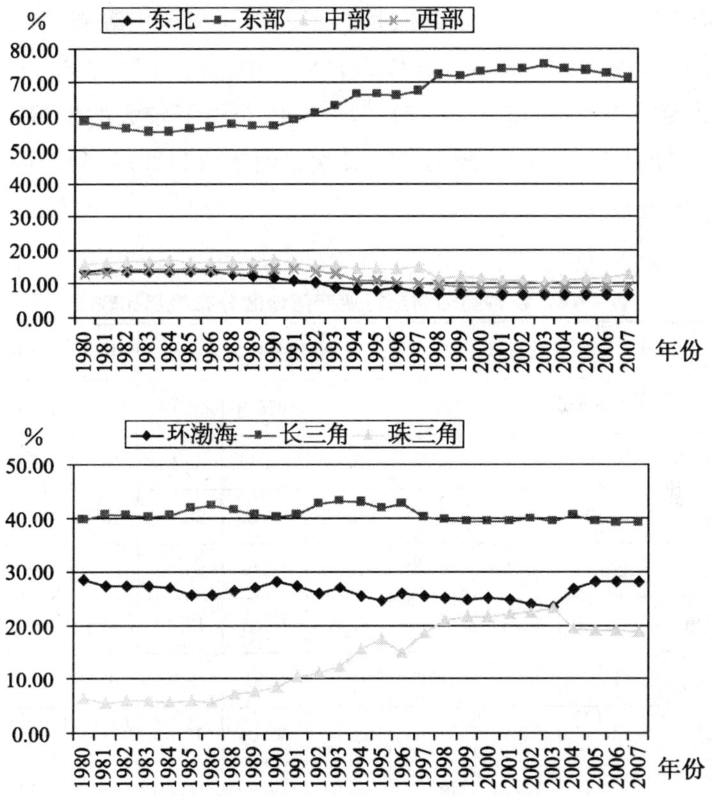

图 4-2 制造业空间变化趋势

第二，以 1985 年和 2005 年的产业集中度数据进行比较，可以将 28 个制造业的集中型式分为以下五类：CC（集中）型产业、CD（集中—分散）型产业、DC（分散—集中）型产业、DD（分散）型产业和 R（其他）型产业。结果发现，从四大板块来看，仍然只有东部地区在五种地理集中类型的制造业都保持增长的势头，东北、中、西部地区都是负增长；具体到各省的区域范围来看，在1985～2005年，CC型制造业在广东（327.33%）和福建（278.21%）增长速度最快，其次是内蒙古（95.78%），云南（27.42%）和山西（20.50%）也获得一定程度的发展，东北地区均为负增长；DD型制造业增长最快的地区是山东（221.65%），其次是广东和浙江，河南（25.47%）和西藏（70.99%）在这一时期获得较大的增长；CD型制造业增长最快的是新疆（307.87%），其次是广东、浙江和福建等省，东北地区黑龙江和辽宁则分别增长了45.60%和7.11%，中部的山西（36.65%）、西北地区的宁夏（42.32%）和甘肃（31.57%）也获得了较大的发展；DC型制造业增长最快的是山东（239.45%），其次是河南（117.31%），内蒙古地区（59.45%）发展较快。

表 4-16　各种类型制造行业产值地区分布趋势比较　　单位：%

地区		低技术			中等技术			高技术		
		1985年	1995年	2005年	1985年	1995年	2005年	1985年	1995年	2005年
东北		9.98	6.80	5.22	15.61	10.17	7.48	15.60	11.34	7.43
东部	京津鲁冀	18.93	17.88	23.94	16.27	17.20	22.19	18.36	19.60	20.76
	长三角	30.73	27.29	30.37	28.49	29.08	29.21	27.48	27.81	32.93
	珠三角	4.88	12.14	11.98	6.74	11.27	13.10	4.49	12.38	18.79
	其他	1.91	4.36	5.37	1.54	2.51	2.93	1.56	2.37	2.93
	合计	56.45	61.67	71.66	53.04	60.06	67.43	51.89	62.16	75.41
中部		19.37	17.57	12.88	17.04	16.99	14.60	17.74	14.98	9.23
西部	西北	5.27	3.95	3.27	5.77	4.24	3.52	5.44	4.43	3.73
	西南	8.82	10.02	6.97	8.56	8.52	6.96	9.33	7.09	4.20
	合计	14.09	13.97	10.24	14.33	12.76	10.48	14.77	11.51	7.93

资料来源：《工业普查》（1985～1995）及《工业统计年报》（2005）。

表 4-17 各大经济区产业地理集中度的变化趋势

分类	行业名称	代码	东北	京津鲁冀	长三角	珠三角	其他沿海	东部	中部	西北	西南	西部
低技术	食品加工业	C13	∨	+	∨	∧	∧	∨	∧	−	∧	∧
	食品制造业	C14	−	∨	−	+	+	+	−	+	−	−
	饮料制造业	C15	+	+	+	+	+	+	−	∨	−	∨
	烟草制品业	C16	−	−	−	∨	+	−	+	∨	+	+
	纺织业	C17	−	∨	∨	+	+	∨	−	−	∧	∧
	服装及其他纤维制品制造业	C18	−	−	+	+	+	+	−	−	−	−
	皮革、毛皮、羽绒及其制品业	C19	−	∨	+	+	+	+	∧	−	−	−
	木材加工及竹、藤、棕、草制品业	C20	∧	∨	+	∧	+	+	−	−	−	∧
	家具制造业	C21	−	∧	+	+	+	∧	−	−	∨	∨
	造纸及纸制品业	C22	−	+	+	+	+	+	−	∨	−	−
	印刷业、记录媒介的复制	C23	−	∨	−	+	+	∨	+	+	+	+
中等技术	文教体育用品制造业	C24	−	∨	+	+	+	+	−	−	−	−
	化学纤维制造业	C28	−	−	+	−	+	+	−	−	−	−
	橡胶制品业	C29	∧	∨	−	∨	+	∨	−	−	−	−
	塑料制品业	C30	−	∨	∧	+	+	+	−	−	−	−
	非金属矿物制品业	C31	−	+	∧	+	+	∧	∧	∨	∧	−

续表

分类	行业名称	代码	东北	京津鲁冀	长三角	珠三角	其他沿海	东部	中部	西北	西南	西部
中等技术	黑色金属冶炼及压延加工业	C32	—	+	∧	—	+	∧	∨	—	∧	—
	有色金属冶炼及压延加工业	C33	∧	—	—	∨	∧	—	+	+	+	+
	金属加工业	C34	∨	∨	∨	+	+	∧	∧	—	∧	∨
	交通运输设备制造业	C37	∧	∧	∨	∨	+	∨	∧	—	∧	∨
	电气机械及器材制造业	C39	—	∨	∨	∧	—	∨	∧	∨	∨	∨
高技术	石油加工及炼焦业	C25	+	∧	—	+	—	∨	∨	+	—	∨
	化学原料及化学制品制造业	C26	∨	+	∨	∨	∨	∨	—	—	∧	∧
	医药制造业	C27	∨	∨	—	+	+	∨	+	+	+	+
	普通机械制造业	C35	∨	+	∧	∨	∧	∨	—	—	—	∧
	专用设备制造业	C36	—	∧	+	+	+	+	∧	—	—	—
	电子及通信设备制造业	C40	—	∧	∨	+	+	∧	—	∨	∧	∨
	仪器仪表及文化、办公用机械制造	C41	—	—	∧	+	—	∨	∧	—	—	—

注：①表中"+"、"—"、"∨"、"∧"分别表示"递增"、"递减"、"U型"、"倒U型"产业空间变化趋势。②表中产业趋势判断所使用数据来自1985年、1995年和2005年各地区28个制造业行业工业生产总值数据。

第三，随着市场经济改革的进一步深化，1985～2005 年中国制造业集中度呈现出不同程度的加深趋势。我们把产业集中随时间的演化趋势分为四种类型：递增、递减、U 型和倒 U 型。从四大板块来看，东北地区以递减型制造业为主，有 17 个制造行业呈递减趋势，递增的行业只有饮料制造业（C15）和石油加工及炼焦业（C25）；东部地区有 10 个行业为递增趋势，11 个行业为 U 型趋势，而递减趋势的行业只有烟草业（C16）和有色金属冶炼及压延加工业（C33）；中部地区则有 14 个行业为递减趋势，只有 4 个行业为递增趋势，分别为烟草业（C16），印刷业、记录媒介的复制（C23），医药制造业（C27）和有色金属冶炼及压延加工业（C33）；西部地区有 12 行业为递减趋势，4 个递增行业与中部地区相同。从三大主要经济区来看，京津鲁冀地区有 11 行业为 U 型趋势、7 个行业为递增趋势，倒 U 和递减趋势行业各为 5 个；长三角地区递增行业有 9 个，U 型趋势和递减趋势的行业各有 7 个；珠三角地区有 17 个行业为递增趋势，只有化学纤维制造业（C28）和黑色金属冶炼及压延加工业为递减趋势（C32），另有 6 个行业为 U 型趋势。上述的统计分析也印证了前文关于制造业总体变化趋势的判断：东部地区表现出较强的集聚趋势，而在东部三大经济区中，又以珠三角地区制造业地理集中的趋势最强。

四、对制造业地理集中现象的经验解释

马歇尔（1890）最早对产业集聚现象进行理论解释，他认为产业集聚是由三个方面原因引起的：第一，促进专业化投入和服务的发展；第二，为具有专业化技能的工人提供了集中的市场；第三，使公司从技术溢出中获益，即正的外部性、规模经济和范围经济等三个方面。马歇尔以后的学者对产业集中理论的研究主要集中于三个方面，即新古典理论、新贸易理论和新经济地理理论。克鲁格曼等经济学家（Krugman，1993；Overman，Redding 和 Venables，2000）把经济活动空间模式的解释因素分为两大类：第一自然因素，也就是自然地理和自然资源禀赋；第二自然因素，也就是经济主体间的地理距离。他认为，新古典理论强调第一组因素的作用；新

贸易理论综合了两类因素的作用；新经济地理理论则集中于第二类自然因素的讨论。

我国的市场经济长期处于转型时期，或者可以说，我国是一种政府主导型的市场经济，在这种经济条件下所出现的产业地理集中现象，一方面是由于产业内生的集聚因子所决定；另一方面，我们不能忽视非市场经济因素所起的重要影响。随着对外开放程度的提高，规模经济、外部性和产业关联等因素必然成为推动我国集聚经济形成的主要力量。就目前我国制造业地理集中的特点和趋势来看：

1. 市场机制的形成是促使我国制造业向优势地区集中的重要条件

在计划经济体制下，行政区划的分割使得制造业地理集中缺乏企业迁移的微观基础。政府投资行为使得各地区形成大而全、小而全的产业结构，低效率的重复建设导致各地区产业结构的严重趋同。在这一时期，制造业地理集中趋势不明显。改革开放实际上是市场机制主导地位的逐步确立，在制造业区位选择上，政策因素逐渐弱化，市场力量的导向作用日益明显。西方国家工业化过程中出现的制造业地理集中现象在我国逐步显现出来。我国东部沿海地区由于政策、地理位置等区位因子的影响，成为工业发展的优势地区，而集聚因子的作用加强了这一优势，进一步导致了我国制造业的向沿海优势地区的集中。因此说，市场机制的确立，尤其是买方市场的形成是促使我国产业转移的重要条件。

2. 外商投资是影响我国制造业向沿海地区集中的主要因素

中国的对外开放是率先从东部沿海地区开始的，沿海地区因区位条件、基础设施和经济技术基础较好，吸引了进入中国的绝大部分外商直接投资。2007 年，东部地区吸引外商直接投资 1.63 万亿美元，占全国总量的 78.93%，其中，环渤海（京津冀鲁辽）地区占 19.62%，长江三角洲地区占 38.04%，珠江三角洲地区占 17.00%。大规模的外商直接投资不仅给东部地区带来了资金、技术和管理经验，带动了东部沿海地区工业的迅速发展，同时也使得中西部地区的资金、劳动力和人才迅速向沿海集中。可以说，在东部地区工业迅速崛起、中西部工业地位衰落的工业化过程中，外商投资的导向作用是影响我国制造业地理集中的主要因素。

3. 东部地区优越的产业配套环境构成了工业地理集中的拉力因素

产业配套环境是指投资后企业成长过程中，与企业生产、经营、销售过程具有内在经济联系的上游和下游的相关产业、产品、人力资源、技术资源、消费市场主体等支撑条件。随着我国全方位开放格局的逐步形成和全国范围内公平竞争市场准入制度的不断完善，投资者对投资环境的关注正在从税收优惠转向产业配套环境。东部地区经过改革开放以来的快速发展，无论从产业规模、产品数量、产品品种，还是从企业和劳动力素质、技术条件和融资环境、购买能力和市场容量上都是中西部地区所无法比拟的。东部地区优越的产业配套环境日益成为吸引工业投资重要的拉力因素，拉动我国制造业向东部沿海地区的高度集中。

4. 产业竞争环境的变化进一步推动制造业行业在地理上向沿海集中

随着中国经济的高速增长，产业的国际竞争日益成为中国经济发展的主要特征。一般来讲，产业竞争表现在三个层面，即投入要素的竞争、生产技术的竞争和产品销售的竞争，这三个层面的产业竞争又表现为以下三个阶段：比较优势向竞争优势的转化阶段、规模经济向范围经济的转化阶段和水平竞争向垂直竞争的转化阶段。目前，我国产业发展水平参差不齐，总体表现为三个阶段的共同作用。因此，我们认为产业竞争环境的变化是影响我国制造业地理集中的主要因素。第一，产业参与国际竞争的资源优势逐步减弱，以产销能力为代表的竞争优势逐渐占据产业竞争的主导地位。资本、技术、规模、人力资本投资、管理、生产方式等因素的差异性加强了我国工业向优势地区的地理集中。第二，在资本竞争向技术竞争时期，规模经济与范围经济相辅相成，共同推动了中国制造业向具有较大市场容量的地区集中。第三，产业集群中产业关联效应是吸引中国制造业进一步集中的重要因素。

5. 政府能力及政策因素是制造业地理集中的一个重要影响因素

东部地区经济的迅速发展是和国家在改革开放初期的政策倾斜分不开的。国家从财力、资源和物资等方面支持东部沿海地区的工业发展，而中西部地区在这一过程中只是充当资金、能源、原材料的提供者，为沿海地区加工业提供了大量的能源和原材料，结果是中西部工业发展丧失了必要的基础，使得东西部地区工业发展水平的差距进一步拉大。另外，政府的能力也是影响制造业向东部地区集中的一个重要因素。东部地区对外开放较早，受市场机制观念的深入影响，政府职能机构办事效率高，行政管理能力较强，这些直接影响到国内外工业资本的投资决策，促使工业企业向沿海地区集中，从而间接形成了制造业向东部地区的集中的局面。

第五章　产业地理集中的影响因素

产业地理集中现象是一个复杂的产业空间运动形式，根据前面的分析，本书将其决定因素分成两类：由市场机制所产生的一般性因素和由政府收支及对外贸易所引起的外在因素。在分析每一种因素的影响时，本书将使用一个产业特征和地区特征相互作用的计量经济模型对产业地理集中的决定因素进行分析。

第一节　变量选取及含义

一、被解释变量

本书首先使用 1997～2007 年 29 个制造业工业生产总值、就业和增加值指标计算了区位基尼系数（G）、绝对地理集中指数（MHHI）、相对地理集中指数（HKMT）、空间分散度指数（SP）和熵指数（GE）。其次，本书计算了 2002～2007 年制造业工业总产值数据集的区位商指数。从表 5-1 中可以看出，区位基尼系数和其他各个地理集中指数的相关性较大，而 EG 指数与其他指数的相关性较小，而且方向不确定。表 5-2 分别也说明了这几个指数的统计属性，方差最大的是熵指数，高达 0.3，区位基尼系数的方差较大，为 0.1，其他的指数方差均在 0.01～0.02，因此，在后面的分析当中，本书较多地使用区位基尼系数，相对地理集中指数和空间分散度指数。

表 5-1　产业地理集中指数的相关系数

	G	HKMT	MHHI	SP	GE	EG
G	1.0000					
HKMT	0.4600	1.0000				
MHHI	0.9663	0.5797	1.0000			
SP	−0.6652	−0.1780	-0.6448	1.0000		
GE	0.9857	0.5221	0.9846	−0.6609	1.0000	
EG	−0.1647	0.2050	−0.1278	0.2867	−0.1181	1.0000

资料来源：作者计算。

表 5-2　产业地理集中指数的统计特征

	Mean	Median	Maximum	Minimum	Std. Dev.	Obs
G	0.633938	0.628650	0.832070	0.402050	0.103711	319
HKMT	0.028172	0.026405	0.063443	0.011223	0.010471	319
MHHI	0.057873	0.056806	0.087551	0.039936	0.010663	319
SP	0.145187	0.146510	0.259030	0.096484	0.019504	319
GE	0.783480	0.721900	1.510700	0.276610	0.302060	319
EG	0.114525	0.088637	0.525840	0.024791	0.083038	319

资料来源：作者计算。

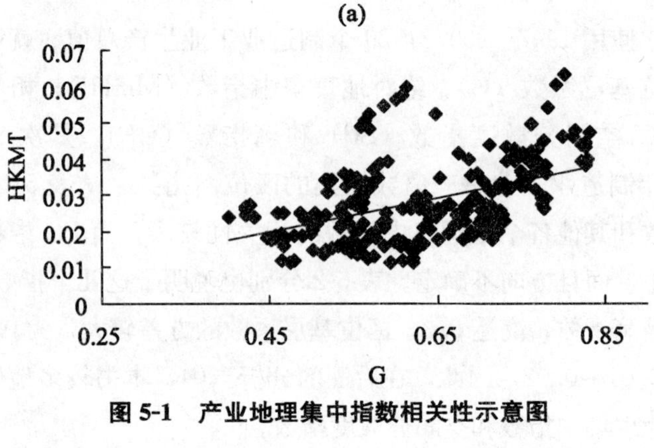

图 5-1　产业地理集中指数相关性示意图

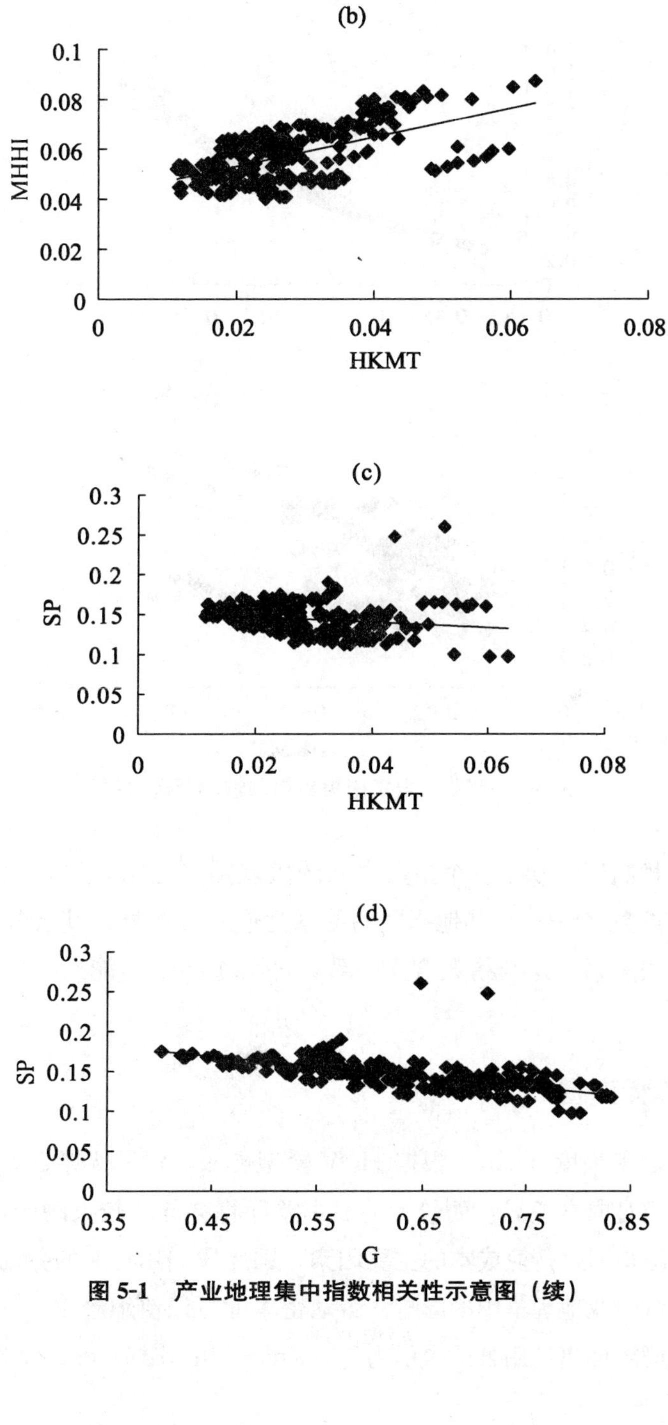

图 5-1　产业地理集中指数相关性示意图（续）

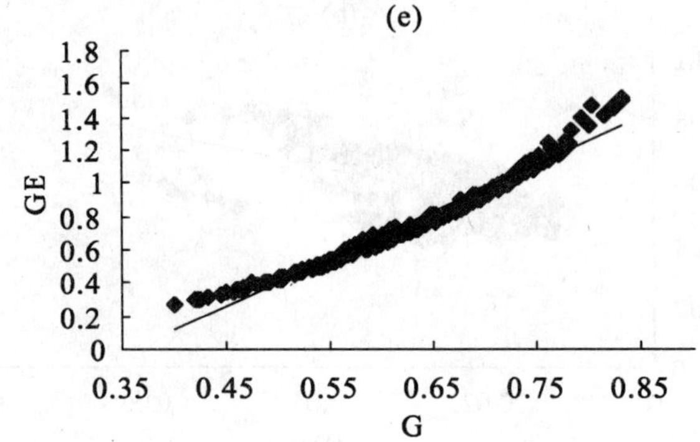

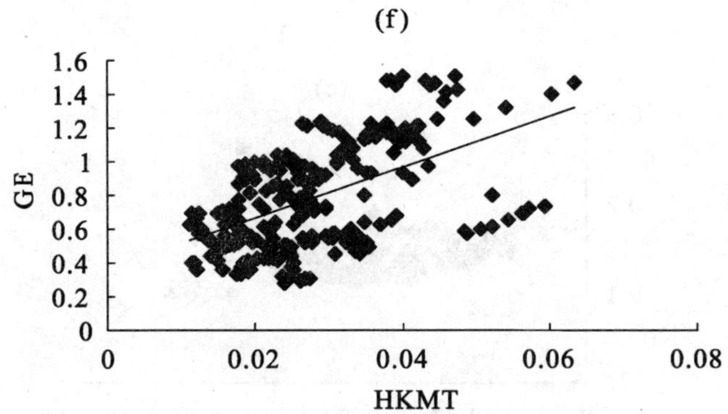

图 5-1　产业地理集中指数相关性示意图（续）

同时，我们还绘制了各个指数之间的散点图（见图 5-1），我们发现，除空间分散度指数（SP）与其他指数的关系为递减方向外，其余各个指数之间均呈正向相关关系。这与指数含义一致，即各个指数均能反映地理集中的基本规律。

二、解释变量

（1）劳动密集度（lab）。根据 HOV 模型可知，贸易伙伴之间的要素禀赋差异会导致相对成本差异，而较大的成本差异将会导致较大的产业相对集中。而劳动力资源是影响行业成本的主要因素，因此我们用行业的劳动密集度来说明比较优势对产业地理集中的影响。劳动密集度可以使用产业单位产出就业对样本平均的绝对偏离，用公式表示为（Traistaru 和 Martincus，2003）：

$$lab_k=\left|\frac{\sum_{i=1}^{N}L_{ik}}{\sum_{i=1}^{N}VA_{ik}}-\frac{\sum_{i=1}^{N}\sum_{k=1}^{M}L_{ik}}{\sum_{i=1}^{N}\sum_{k=1}^{M}VA_{ik}}\right| \quad (5\text{-}1)$$

其中，lab_k 表示行业 k 的劳动密集度，衡量了行业 k 的劳动力投入方面的特征，L_{ik}和 VA_{ik}分别表示地区 i 行业 k 的就业人数和增加值的比重。

（2）技术密集度（tech）。产业竞争归根到底是技术的竞争，不同的产业对技术的要求也不一样，对生产要素的投入需求也不相同。按要素投入的需求，可以将产业分为劳动密集型、资金密集型和技术密集型产业。可见，技术的可得性则是影响产业地理集中的重要因素，其计算公式如下（Traistaru 和 Martincus，2003）：

$$tech_k=\sqrt{\frac{1}{N}\sum_{i=1}^{N}\left[\frac{VA_{ik}/L_{ik}}{(1/N)\sum_{i=1}^{N}VA_{ik}/L_{ik}}-\frac{\sum_{k=1}^{M}VA_{ik}/L_{ik}}{(1/N)\sum_{i=1}^{N}\sum_{k=1}^{M}VA_{ik}/L_{ik}}\right]^2} \quad (5\text{-}2)$$

其中，$tech_k$ 为行业 k 技术密集度，衡量了行业 k 的技术方面的特征，L_{ik}和 VA_{ik}同上，N 为地区个数。

（3）规模经济（scal）。克鲁格曼（1993）在分析产业区的形成时提出，产业的规模经济是引起产业集聚的主要因素，并进一步导致新产业区的形成。新贸易理论认为，规模经济与产业绝对集中度有较强的关联性。对于规模经济的衡量，国外有很多的衡量方法，本书基于数据的可得性，采用如下计算方法（Traistaru 和 Martincus，2003）：

$$scal_k=\frac{L_k}{EST_k} \quad (5\text{-}3)$$

其中，$scal_k$ 表示行业 k 的规模经济特征，L_k 表示行业 k 的就业比重，EST_k 表示行业 k 基础设施的数量，这里用行业 k 的固定资产余额的比重代替。

（4）产业规模（mark）。使用这个指标主要是为了衡量范围经济因素对产业集中的影响。我们认为，大市场的需求多样性对企业生产方式提出了新的要求，即由大规模复制式的生产转向柔性化、多样的生产方式，同时企业的生产组织也变得扁平化，以适应市场的要求。因此，我们用市场规模的大小来衡量范围经济的效应。其计算公式如下（Traistaru 和 Martincus，

2003)：

$$mark_k=\sqrt{\frac{1}{N}\sum_{i=1}^{N}\left(\frac{E_{ik}}{\sum_{i=1}^{N}E_{ik}}-\frac{\sum_{k=1}^{K}E_{ik}}{\sum_{i=1}^{N}\sum_{k=1}^{K}E_{ik}}\right)^2} \tag{5-4}$$

其中，$mark_k$ 表示行业 k 的市场规模特征，这里用来衡量范围经济的对产业地理集中的影响，E_{ik}表示对行业 k 产品的需求，在书用产品销售收入的比重来替代。

(5) 产业内关联（link）和产业间关联（other）：总产值中中间品投入的份额。新经济地理理论认为，投入产出联系会影响产业的区位集中。由于企业面对低成本的投入市场和较大的产品市场，在递增的规模收益和运输成本条件下，投入产出联系会导致产业集中。由于各年的产业中间投入产出数据无法得到，而《中国统计年鉴》中投入产出表也只是五年公布一次，并且所计算的行业有限。因此，本书使用 2002 年投入产出表中的本行业的中间投入和其他行业的中间投入除以各年的工业生产总值分别表示产业内关联和产业间关联。其计算公式如下：

$$link_k\ (other_k)=\frac{\sum_{i=1}^{N}M_{ik}}{\sum_{i=1}^{N}X_{ik}} \tag{5-5}$$

其中，$link_k$（$other_k$）表示行业 k 与其他产业间的产业内（间）关联，M_{ik}表示行业 k 来自本行业的中间投入（其他行业的中间投入），X_{ik}表示各年行业 k 工业生产总值。

(6) 市场潜力（MP）。哈里斯（Harris，1954）提出一个公式，他认为，市场潜力与该地区的购买力成正比，与该地区到其他地区的距离成反比。

$$MP_j\ (Harris)=\sum_i \frac{PP_j}{dist_{ij}} \tag{5-6}$$

(7) 产业应交增值税（TEX）、补贴收入（TIE）、营业利润（REV）、外商资本金（FOR）、出口交货值（OUT）等描述产业外在特征的指标均数据来源于中国统计应用决策支持系统数据库。

(8) 地区总人口（PEO）、人力资本（HUM）、固定资产投资额（FIX）、铁路资源（RAIL）、地区增值税（VA）、财政补贴指出（SID）、地方财政收支（DEF）、外商投资（FDI）、地区出口总额（EX）等描述地区特征的数据均来自中经网数据库。

第二节　计量模型

将一个大国经济分为 i 个地区（如我国东、中、西部地区或按照行政区划分为 31 个省和直辖市）、k 个产业部门和 m 种基本生产要素。所有产业是完全竞争并有固定规模收益，产业使用基本要素和中间品作为投入。每个产业生产一定数量的差异产品，我们用 n_i^k 表示地区 i 产业 k 生产的产品种类，并假设由模型外生决定。商品是可贸易的，但运输成本取决于产业特性和运输地间的距离。用 t_{ij}^k 表示产业 k 产品从 i 地区运到 j 地区的成本。

模型中每个地区、每个产业的产品价值就由要素供给、中间品价格和需求的地理分布决定。当不同产品是完全替代的，该模型就退化为一个纯要素禀赋模型，并拥有这个贸易模型的所有其他性质。产品差异的存在意味着要素价格不再独立于禀赋，存在着生产结构的决定问题。

一、技术

产业 k 生产的 n_i^k 种产品是对称的，即面对相同的成本和需求函数。地区 i 的投入价格用向量 v_i 表示，地区 i 产业 k 的成本由单位成本函数 $c(v_i:k)$ 表示，假设出厂价等于单位成本，则：

$$p_i^k = c(v_i:k) \tag{5-7}$$

假设产品 k 从地区 i 到 j 的运输成本为 (t_{ij}^k-1)，则产业 k 的产品在 j 地区的销售价为 $c(v_i:k)\,t_{ij}^k$。

二、需求和销售

假设 j 地区对产业 k 产品的总消费量为 e_j^k，运用 CES 函数对不同产品进行加总，得到一个 j 地区产业 k 的价格指数：

$$G_j^k=[\sum_i n_i^k(c(v_i:k)\ t_{ij}^k)^{1-\eta}]^{1/(1-\eta)} \tag{5-8}$$

这里，η 是不同产品的替代弹性，并假设在不同产业间保持不变。因此，在地区 i 生产而在地区 j 销售的某一产品的需求价值为 $(c(v_i:k)\ t_{ij}^k)^{1-\eta}e_j^k(G_j^k)^{\eta-1}$。加总所有 j 个市场上的 n_i^k 种产品，可得到地区 i 生产的产业 k 产品的价值 z_i^k，

$$z_i^k=n_i^k c(v_i:k)^{1-\eta}\sum_j(t_{ij}^k)^{1-\eta}e_j^k(G_j^k)^{\eta-1} \tag{5-9}$$

对总价值单位化得，$\sum_i\sum_k z_i^k=1$，因而 z_i^k 也就表示地区产业得生产份额。我们也可以界定地区 I 在总产品中的份额 s_i（$s_i=\sum_k z_i^k$）和产业 k 的总份额 s^k（$s^k=\sum_i z_i^k$）。产品品种是外生的，取决于产业和地区的规模，并存在误差项 ε_i^k，则有：

$$n_i^k=s_i s^k\exp(\varepsilon_i^k) \tag{5-10}$$

如果产业是垄断竞争的，那么每一种产品（公司）的产出规模则由零利润决定，并且 n_i^k 的值将由自由进入和退出内生地决定。

三、投入价格

投入是由基本要素和一种中间产品组成，分别用价格 w_i 和 q_i 表示，因此，$v_i=[w_i,q_i]$。基本要素的价格 w_i 是由市场出清决定，可以表示为：

$$L_i=\sum_k x_i^k c_w(w_i,q_i:k) \tag{5-11}$$

这里，L_i 是地区 i 的要素禀赋向量，$c_w(w_i,q_i:k)$ 是产业 k 的单位成本函数对基本要素价格的偏导数，地区 i 产业 k 的产出水平为 $x_i^k=z_i^k/p_i^k$。

中间品是由不同产业产品通过 Cobb-Douglas 总量函数得到的，每一种产品的价格指数为 G_i^k。因此，地区 i 的中间品价格为：

$$q_i=\prod_k(G_i^k)^{\varphi^k},\ \sum_k\varphi^k=1 \tag{5-12}$$

这里，φ^k 是产业 k 的中间品份额。

四、消费

对每个产业的消费 e_i^k 主要包括最终消费和中间品需求，前者是地区收入 y_i 的固定份额 α^k；后者是地区 i 总的中间品价值（产业成本函数的 Shephard

引理）乘以部门 k 的份额 φ^k。

$$e_i^k=\alpha^k y_i+\varphi^k q_i \sum_k x_i^k c_q (w_i, q_i : k) \tag{5-13}$$

五、估计方程

用 r_i^k 表示产出，则有：

$$r_i^k \equiv z_i^k / s_i s^k = c(v_i : k)^{1-\eta} \sum_j^N (t_{ij}^k)^{1-\eta} e_j^k (G_j^k)^{\eta-1} \exp(\varepsilon_i^k) \tag{5-14}$$

其中，z_i^k 表示地区 i 行业 k 的生产份额，s_i（$s_i=\sum_k^K z_i^k$）表示地区 i 在总产出中的份额，s^k（$s^k=\sum_i^N z_i^k$）表示行业 k 的总份额，地区 i 行业 k 的成本由单位成本函数 $c(v_i : k)$ 表示，用 t_{ij}^k表示产业 k 产品从 i 地区运到 j 地区的成本，j 地区对产业 k 产品的总消费量为 e_j^k，j 地区产业 k 的价格指数为 G_j^k（$G_j^k=[\sum_i^N n_i^k (c(v_i : k)\ t_{ij}^k)^{1-\eta}]^{1/(1-\eta)}$），这里 η 是不同产品的替代弹性，并假设在不同产业间保持不变。产品品种 n_i^k 是外生的，取决于产业和地区的规模，并存在误差项 ε_i^k，故 $n_i^k=s_i s^k \exp(\varepsilon_i^k)$。

由于求和符号后的项表示需求效应，我们称之为地区 i 产业 k 的市场潜力，用 $m(u^k : i)$ 表示为：

$$m(u^k : i) \equiv \sum_j^N (t_{ij}^k)^{1-\eta} e_j^k (G_j^k)^{\eta-1} \tag{5-15}$$

市场潜力函数 $m(u^k : i)$ 是一个地区 i 和产业特征向量 u^k 的指数函数，这表明产业特征和需求的空间分布（如贸易成本）相互作用。方程（5-14）可表示为：

$$r_i^k=c(v_i : k)^{1-\eta} m(u^k : i) \exp(\varepsilon_i^k) \tag{5-16}$$

这说明产出是由两种因素决定：一是投入价格变量，出现在单位成本函数中；另一个是需求变量，出现在市场潜力中。

为了对方程进行估计，我们对方程（5-16）取对数并线性化。由于存在一个投入价格向量 $\bar{v}$ 和一个产业特征向量 $\bar{u}$，分别对所有产业和所有的地区，使 $c(\bar{v} : k)=1$ 和 $m(\bar{u} : i)=1$。这样就可以找到一个参考的地区和国家，在这个参照点附近对方程进行线性化：

$$\Delta r_i^k=(1-\eta)\ \gamma(\bar{v} : k) \cdot \Delta v_i+\mu(\bar{u} : i) \cdot \Delta u^k+\varepsilon_i^k \tag{5-17}$$

这里 $\Delta(\cdot)=\mathrm{dln}(\cdot)$ 表示微分变化；$\gamma(\bar{v}:k)\equiv \mathrm{dln}\ c(v_i:k)/\mathrm{dln}\ v_i$ 表示产业成本对投入价格的弹性向量，也即成本中每一种投入的份额；$\mu(\bar{u}:i)\equiv \mathrm{dln}\ m(u^k:i)/\mathrm{dln}\ u^k$ 表示市场潜力对产业特征的弹性。

由于 r_i^k 表示产出的份额，必须满足一个加性条件 $\sum_i^N\sum_k^K z_i^k\triangle r_i^k=0$，将此式代入（5-17）得：

$$\Delta r_i^k=(1-\eta)\left[\gamma(\bar{v}:k)-\sum_i^N\sum_k^K z_i^k\gamma(\bar{v}:k)\right]\cdot\Delta v_i+\left[\mu(\bar{u}:i)-\sum_i^N\sum_k^K z_i^k\mu(\bar{u}:i)\right]\cdot\Delta u^k+\varepsilon_i^k \tag{5-18}$$

由于双求和项并不随行业和地区而变化，因此：

$$\Delta r_i^k=(1-\eta)\left[\gamma(\bar{v}:k)-\bar{\gamma}\right]\cdot\Delta v_i+\left[\mu(\bar{u}:i)-\bar{\mu}\right]\cdot\Delta u^k+\varepsilon_i^k \tag{5-19}$$

方程（5-19）右边是以微分形式表示的地区和行业的产出。第一项是地区投入价格乘以行业投入份额（成本对投入价格的弹性）；第二项是行业特征乘以市场潜力对这些特征的弹性。

本书的目的在于考察我国制造业集中的影响因素，也就是从产业和地区特征的相互作用层面来进行分析。因此，本书提出以下计量模型：①

$$\ln(r_i^k)=\alpha+\textstyle\sum_j\beta[j](x_i[j]-\bar{x}[j])(y^k[j]-\bar{y}[j])+\varepsilon_i^k \tag{5-20}$$

展开得到

$$\ln(r_i^k)=\alpha+\textstyle\sum_j(\beta[j]x_i[j]y^k[j]-\beta[j]\bar{y}[j]x_i[j]-\beta[j]\bar{x}[j]y^k[j])+\sum_i\mu_i+\sum_k\nu^k+\varepsilon_i^k \tag{5-21}$$

其中，r_i^k 表示地区 i 产业 k 的区位商，μ_i 表示地区禀赋固定效应，ν^k 表示产业特征固定效应，α 为常数，$\beta[j]$ 为相互作用 j 的系数，$x_i[j]$ 表示地区禀赋，$y^k[j]$ 表示产业特征，$\bar{x}[j]$ 表示地区禀赋均值，$\bar{y}[j]$ 表示产业特征均值。

本书使用的数据来源于 1997～2007 年《工业统计年报》和中国统计

① Karen Hwlene Midelfart-Knarvik，Henry G. Overman and Anthony J. Venables（2001）构造了一个包含新古典理论和新经济地理理论因素完全竞争模型。

应用数据支持系统中 2002～2007 年数据，在对制造业地理集中的一般性因素的分析，本书使用了前一组数据，在对政府和对外开放因素进行分析时，本书使用了后一组数据，但两组数据所计算的指标口径均保持一致。在估计方法上，本书分两种情况分别适用不同的估计模型。在对产业和地区特征相互作用效果进行估计上，本书使用双重固定效应的 OLS 模型，目的在于区分异方差的两种来源：不同产业和不同地区之间的差异性。在对不同产业的区位差异进行估计时，本书通过对不同产业进行 Hausman 检验，以确定使用固定效应模型或随机效应模型，对固定效应模型，本书使用组内估计方法；在对随机效应模型进行估计时，本书则使用 GLS 模型进行估计。

表 5-3　模型中变量的相互作用表

分类	序号	地区特征 $x_i[j]$	产业特征 $y^k[j]$
市场因素	j=1	地区总人口（PEO）	劳动密集度（LAB）
	j=2	人力资本（HUM）	技术密集度（TECH）
	j=3	固定资产投资（FIX）	规模经济（SCAL）
	j=4	铁路资源（RAIL）	产业规模（MARK）
	j=5	市场潜力（MP）	产业内关联（LINK）
	j=6	市场潜力（MP）	产业间关联（OTHER）
政府影响	j=7	地区财政增值税收入（VA）	本年应缴增值税（TEX）
	j=8	政策性补贴支出（SID）	补贴收入（TIE）
	j=9	地方财政赤字（DEF）	营业利润（REV）
对外开放	j=10	外商直接投资（FDI）	外商资本金（FOR）
	j=11	出口总额（EX）	出口交货值（OUT）

资料来源：作者整理。

第三节 产业特征与制造业地理集中

一、产业内在特征对制造业地理集中的影响

对于制造业地理集中程度的衡量，我们使用了不同的数据（工业总产值、就业和工业增加值）分别计算了区位基尼系数、相对地理集中指数、绝对地理集中、空间分散度和熵指数。这样，我们可以比较产业特征对使用不同数据和方法计算的影响差异。在回归过程中，我们计算了 Hausman 指数，从而确定所选择的回归模型是固定效应还是随机效应。在对固定效应模型进行估计时，为了消除异方差问题的存在，我们使用截面加权广义最小二乘法（EGLS）进行估计，并对方程进行 White 检验，同时给出 R^2 和 F 统计值；在对随机效应模型进行估计时，我们使用广义最小二乘法（GLS），并报告 R^2 和 WALD 统计值。由于面板数据中较小的时间维度所产生的非稳定性问题可以被较大的截面维度所吸收，并避免虚假回归问题（Philips 和 Moon，1999），因此，本书假设所使用的面板数据估计的参数值在时间维度上具有稳定的一致性。对于估计结果，我们做如下判断：

（1）行业特征差异对制造业地理集中度影响显著。我们发现，绝大多数模型都通过了强估计（Robustness Test）条件下的 Hausman 检验，并选择固定效应模型，从而表明行业地理集中度差异的显著性。

（2）中国制造业地理集中主要由产业的市场规模所决定。从我们所估计的方程来看，无论是以工业总产值，还是以就业或工业增加值所计算的产业地理集中指数为被解释变量，产业的市场规模系数都在1%的水平上显著为正。这说明，市场性原则对中国制造业地理集中起主要推动作用，市场的后向关联效应较为明显。这与中国改革开放以来中国制造业向沿海高度集中的事实相符。

（3）劳动密集度对制造业地理集中度的影响为负，而技术密集度对中国制造业地理集中的影响为正。中国是一个人口大国，劳动密集型产业发展较

快。国内市场的开放导致了劳动力的大迁徙，劳动力的集聚反过来又进一步推动了劳动密集型产业向东部地区集中。产业的集聚推动了地区产业结构的升级，技术的外溢效应又吸引更多的产业资本的流入，加强了产业的空间集中。产业地理集中的同时又造成劳动力成本的上升，阻止产业集中度的进一步提高。可以说，产业地理集中地区的劳动力成本优势正逐步丧失，技术外衣的推动作用日益明显。

表 5-4　产业内在特征回归结果

	(1)	(2)	(3)	(4)	(5)	(6)
C	0.640478 (20.35066***)	0.618981 (25.70742***)	0.562763 (31.69499***)	0.548698 (28.31686***)	0.541274 (28.61119***)	0.544631 (30.77652***)
LAB	0.107818 (3.885211***)	−0.05337 (−0.93867)	−0.16036 (−3.58816***)	—	—	—
TECH	0.178193 (2.108197**)	0.199239 (3.781692***)	0.282285 (5.574229***)	0.294409 (5.389736***)	0.306821 (5.684575***)	0.29653 (5.900807***)
SCAL	−0.423379 (−12.20636***)	−0.2044 (−3.55211***)	—	—	—	—
MARK	0.750602 (3.53503***)	0.234761 (2.243232**)	0.317892 (2.70656***)	0.35979 (2.660814***)	0.368009 (2.655749***)	0.33507 (2.783164***)
LINK	−0.035211 (−2.277788**)	0.006588 (0.36212)	0.023368 (1.315826)	0.009841 (0.516271)	−0.01122 (−0.66502)	—
OTHER	−0.009062 (−2.458688**)	−0.00568 (−1.06873)	−0.00951 (−1.83818*)	−0.00862 (−1.77896*)	—	—
AR (1)	—	0.661355 (16.01474***)	0.587178 (15.83083***)	0.569468 (13.69826***)	0.606965 (15.50547***)	0.618205 (19.09662***)
R^2	0.998239	0.998448	0.998533	0.998663	0.998656	0.99857
F	3767.549	3603.225	3942.759	4482.227	4621.924	4506.53
产业固定效应	是	是	是	是	是	是
观测值	319	290	290	290	290	290

注：①本表的样本区间为 1997～2007 年，估计结果由 Eviews 软件包给出。②每个解释变量的系数估计值下面括号内的数字，是估计系数的 t 统计值。***、**、* 分别表示系数的 t 统计值在 1%、5%、10%的水平上显著。

（4）规模经济对中国制造业地理集中的影响为负。从方程中可以看到，规模经济对我国制造业地理集中趋势起着抑制作用，并且效果非常显著。这与国际经验相悖。中国制造业经过改革开放已经获得长足的发展，但是中国制造业还主要依靠低成本的劳动投入，还难以形成规模经济和范围经济的优势。产业地理集中必然推动投入要素成本的上升，而产业的过度集聚往往抑制了规模经济作用的发挥，从而阻止沿海产业地理集中地区产业结构的优化升级。我们认为，中国制造业的规模不是过渡而是不足，需要进一步讨论。

（5）产业关联效应对产业地理集中度影响不明显。从表 5-4 中结果可以发现，产业内关联效应方向不确定，而产业间关联系数为负。这说明产业关联对中国制造业地理集中影响较小。

二、产业外在特征对制造业地理集中的影响

产业外在特征对产业空间集中的影响是通过产业内在特征起作用的。在对产业内在特征进行判断的基础上，本书选择劳动密集度、技术密集度和产业市场规模作为控制变量对产业外在特征的影响进行判断。分析结果如下：

表 5-5 产业外在特征回归结果

	(1)	(2)	(3)	(4)
C	0.592907 (13.89436***)	0.59215 (14.80049***)	0.584146 (15.89503***)	0.586363 (16.35339***)
LAB	−0.04736 (−0.84256)	−0.06142 (−1.16189)	−0.06488 (−1.2103)	−0.049949 (−0.921310)
TECH	−0.0656 (−0.59842)	−0.04512 (−0.41446)	−0.02939 (−0.26168)	−0.057984 (−0.559395)
MARK	1.728594 (5.869653***)	1.804558 (6.385991***)	1.813593 (6.54234***)	1.742776 (6.265128***)
TEX	−0.12517 (−0.46477)	−0.05544 (−0.24974)	—	—
TIE	0.012056 (0.373491)	—	0.001496 (0.061739)	—
REV	0.244613 (2.022098**)	0.200693 (4.698154***)	0.202313 (2.58816***)	0.192639 (6.686225***)

续表

	(1)	(2)	(3)	(4)
FOR	0.205168 (0.839418)	—	—	0.191071 (0.895128)
OUT	0.665723 (2.760421***)	0.637661 (3.808877***)	0.657349 (3.626951***)	0.726542 (4.860508***)
AR (1)	0.184595 (7.868881***)	0.179123 (6.36548***)	0.177852 (6.05216***)	0.182687 (8.860579***)
R^2	0.999939	0.999957	0.99994	0.999946
F	21753.73	33541.69	24324.61	27117.58
产业固定效应	是	是	是	是
观测值	145	145	145	145

注：①本表的样本区间为2002～2007年，估计结果由Eviews软件包给出。②每个解释变量的系数估计值下面括号内的数字，是估计系数的t统计值。***、**、*分别表示系数的t统计值在1%、5%、10%的水平上显著。

（1）产业的营业利润和出口交货值对产业地理集中有显著的正向效应。在四个方程中，产业市场规模控制变量的系数始终为正，并且在1%的水平上显著，而劳动密集度和技术密集度的系数都变为负值，但t值不显著。这说明由于出口带来的产业利润增长对产业地理集中的作用比较明显。

（2）产业税收支出对产业地理集中的影响效果为负，产业的补贴收入对产业地理集中有正效应，但效果不显著。中国税制体制改革进一步增大了地方政府发展经济的动力，各地方政府纷纷推出不同的税收优惠和各种补贴措施，以吸引产业资本的流入。地方政府的税收竞争有利于产业的空间集中。

（3）产业的外资比重对产业地理集中有正效应。中国的改革开放吸引了大量国际产业资本的进入，外商投资成为推动中国经济增长的主要动力。外商投资的空间集聚造成了制造业在沿海地区的高度集中，而外商投资的产业分布特征也决定着不同产业地理集中程度的高低。从这个意义上来说，产业获得的外商投资是影响产业地理集中的因素之一。但遗憾的是，模型中外资系数都不显著，这也需要进一步的深入讨论。

第四节 产业特征、地区禀赋与制造业地理集中

一、市场性因素分析

在对产业和地区特征相互作用效果进行检验时，本书对每一年的数据分别进行估计，通过系数的对比，我们可以得出不同年份之间各个变量影响的变化。由于我们的数据包含了两个截面维度，OLS 估计均可能产生异方差问题。而且我们不能确定哪一种异方差更重要，因此，我们用 White 一致性标准误差对所有假设进行检验。

1. 不考虑地区和产业固定效应的情况

首先，我们将 11 年数据混合一起进行估计，结果见表 5-6 第 2 列：从方程的效果来看，R^2 和 F 统计值都令人满意。产业规模经济因素与地区固定资产投资相互作用对产业地理集中起着主要作用，结果在 1%的统计水平上显著，产业劳动密集度和地区人口因素相互作用以及市场潜力和产业内关联效应的相互作用与产业地理集中程度都是正相关，但其统计效果没有通过显著性检验。而技术密集度与地区人力资本的相互作用和产业间关联效应与市场潜力相互作用与产业地理集中程度之间负相关，但统计结果也不显著。由于混合数据的估计实际上是假设参数值不随时间变化，然而地区禀赋和产业特征随着时间的推移会发生改变，因而参数值也会发生变化。因此，我们又对每一年分别进行检验，结果如下：

（1）规模经济效应与地区固定资产投资的相互作用是推动产业地理集中的主要因素。无论是各年混合数据，还是单独对各年数据进行估计，规模经济相互作用的系数始终为正，并在 1%的统计水平上显著。这说明，影响产业地理集中的主要因素来源于两个方面：产业自身的规模效应和地区的产业环境。从产业转移的国际经验看，当地的产业配套水平对一个地区承接国际

产业转移至关重要。这个规律实际上也支配着我国东西部地区之间的产业的转移。

（2）产业的市场规模对产业的地理集中度影响为负。按照国际经验，影响产业空间分布主要有市场原则、运输原则和行政原则。也就是说，市场因素对产业地理集中的影响应该是主要的，而我们的数据检验结果不符，但统计不显著，需要做进一步的判断。

（3）传统的比较优势层面的相互作用因素对产业地理集中的影响为负。从混合数据结果看，劳动密集度的相互作用对产业空间集聚的影响为负，技术密集度的相互作用的影响为负。从各年数据结果看，2000 年以前劳动密集度对产业地理集中的影响为正，2000 年以后均为负值。这说明，产业集聚地区的劳动成本优势正逐渐丧失。而技术密集度的相互作用系数始终为负，这说明，我国产业技术水平以及各地区的技术禀赋较差，制约了产业的空间集聚。但方程数据统计结果不显著，有待于后文做进一步的检验。

表 5-6 市场因素回归结果 1

	pool	1997 年	2000 年	2003 年	2005 年	2007 年
C	1.127793 (15.3373***)	1.3174 (7.1755***)	1.2049 (5.1834***)	1.1439 (5.8924***)	1.2634 (6.1420***)	1.3132 (6.3616***)
PEO* LAB	1.1305 (0.1037)	6.0674 (0.5496)	8.6625 (0.4341)	−13.9942 (−0.4837)	−32.8462 (−1.2492)	−31.9246 (−1.0314)
HUM* TECH	−5.5642 (−1.1419)	−11.7860 (−1.8348)	−12.1222 (−1.9965**)	−6.0016 (−1.0734)	−5.3354 (−0.8910)	−7.6874 (−1.2062)
FIX* SCAL	17.1462 (4.1188***)	17.9135 (3.9306***)	26.8371 (5.1231***)	32.0125 (4.5778***)	26.8909 (4.0425***)	26.7531 (2.9719***)
RAIL* MARK	−48.5729 (−0.8689)	−5.2852 (−0.0415)	−26.6680 (−0.4405)	−46.6297 (−0.4135)	0.8275 (0.0078)	50.3671 (0.4162)
MP* LINK	3.111519 (1.3958)	1.1964 (0.3148)	2.6063 (0.8164)	4.6741 (1.3736)	6.8150 (1.6877**)	5.7096 (0.8297)
MP* OTHER	−1.3322 (−3.1152***)	−1.4583 (−2.0130**)	−1.3215 (−2.1058**)	−2.2755 (−3.6186***)	−2.9662 (−4.1337***)	−4.3898 (−4.1293***)

续表

	pool	1997年	2000年	2003年	2005年	2007年
加权R^2	0.2680	0.2970	0.2720	0.2622	0.2453	0.2062
F统计值	164.1809	20.6545	18.2703	17.3752	15.8908	12.6980
未加权R^2	0.0369	0.0227	0.0392	0.0306	0.0388	0.0480
观测值	9889	899	899	899	899	899

注：①本表的样本区间为1997～2007年，估计结果由Eviews软件包给出。②每个解释变量的系数估计值下面括号内的数字，是估计系数的t统计值。***、**、*分别表示系数的t统计值在1%、5%、10%的水平上显著。③由于篇幅限制，表中删除了1998年、1999年、2001年、2002年、2004年和2006年检验值。

（4）新经济地理理论强调的产业关联因素与我国制造业统计结果相悖。我们将产业关联分为产业内关联效应和产业间关联效应，我们的数据结论是，产业内关联与市场潜力的相互作用对产业地理集中度起推动作用，但统计结果显著性较差，而产业间关联效应与市场潜力的相互作用对产业地理集中度的影响为负，并且统计结果均在1%水平上显著。我们认为，我国市场经济脱胎于计划经济，产业的条块分割现象比较严重，尽管改革开放以来，经济的市场化程度不断提高，但产业的纵向联系远大于产业的横向联系。从区域层面看，行政区划对我国市场经济一体化水平的提高还起着明显的制约作用。

2. 方程的稳定性问题

在上述对方程进行估计时，我们忽略了不同地区和产业所导致的异方差的存在，而对一个较长的时期而言，地区禀赋和产业特征的变化往往对产业的空间布局造成较大的冲击。因此，我们在方程的估计中，必须考虑产业固定效应和地区固定效应对方程效果的修正。从方程修正的结果来看，方程的稳定性有了较大的改善。

（1）方程的解释力有了较大的提高。方程的R^2值从24%左右上升到30%左右，而各种相互作用对产业空间分布的影响变化不大。方程的D.W.统计值在2左右，表明方程不存在序列自相关问题。F统计值都在95%的水平上显著，也表明了方程的解释力较强（见表5-7）。

表 5-7　市场因素回归结果 2

	pool	1997 年	2000 年	2003 年	2005 年	2007 年
C	3.7711 (1.0622)	51.3173 (0.8311)	172.2545 (1.9502*)	144.4697 (1.6172)	27.4477 (0.2347)	131.3513 (1.1162)
PEO* LAB	−8.5791 (−0.6210)	20.1619 (1.1900)	12.1107 (0.4259)	−45.9369 (−1.3619)	−67.4146 (−2.3885**)	−92.3888 (−2.4322**)
HUM* TECH	−310.7638 (−0.9941)	−6265.6750 (−1.9459)	−7562.2000 (−1.8603)	−5755.3880 (−1.5775)	−1748.4690 (−0.4233)	−5211.5040 (−1.4076)
FIX* SCAL	51.0163 (4.5036)	37.6359 (3.0404***)	69.0948 (5.1557***)	79.4370 (4.6323***)	67.4063 (5.2147***)	81.7123 (4.6531***)
RAIL* MARK	−105.2764 (−1.7256*)	−417.1453 (−1.4935)	−207.8525 (−1.3576)	−111.2151 (−0.4622)	−183.0983 (−0.6742)	−120.6897 (−0.5132)
MP* LINK	5.0658 (1.0313)	5.7955 (0.7532)	6.6797 (1.1357)	10.3186 (1.4112)	8.5032 (0.9426)	9.7727 (0.6599)
MP* OTHER	−0.6383 (−0.6547)	−0.5665 (−0.5805)	0.5888 (0.6091)	−0.5825 (−0.3639)	−2.0166 (−1.1627)	0.1527 (0.0435)
产业固定效应	是	是	是	是	是	是
地区固定效应	是	是	是	是	是	是
加权统计						
R^2	0.2992	0.2724	0.3196	0.3176	0.3075	0.3095
调整 R^2	0.2699	0.2052	0.2567	0.2546	0.2435	0.2457
F 统计值	10.2314	4.0500	5.0800	5.0348	4.8037	4.8484
D.W. 统计值	1.9579	1.9151	1.9839	1.9512	1.9462	1.8903
非加权统计						
R^2	0.1278	0.0966	0.1226	0.1460	0.1405	0.1647
D.W. 统计值	2.0680	1.9059	2.1029	2.0794	2.0988	2.0688
观测值	9889	899	899	899	899	899

注：①本表的样本区间为 1997～2007 年，估计结果由 Eviews 软件包给出。②每个解释变量的系数估计值下面括号内的数字，是估计系数的 t 统计值。***、**、* 分别表示系数的 t 统计值在 1%、5%、10%的水平上显著。③由于篇幅限制，表中删除了 1998 年、1999 年、2001 年、2002 年、2004 年和 2006 年检验值。

从表 5-7 双固定效应模型回归结果中，地区固定资产规模与产业规模经济相互作用对产业区位的影响方向为正，并且具有较强的统计显著性。这与非固定效应模型的统计效果相一致。其他五种相互作用中，除了市场潜力与产业内关联的相互作用对产业地理集中区位的影响为正外，其他四种相互作用均为负。五种相互作用对产业地理集中区位的影响中，只有地区人口与劳动力的相互作用对产业地理集中区位的影响具有显著性外，其他各种相互作用均在统计上不显著。这与前述研究结果在统计上具有一致性。

（2）原方程对产业地理集中的解释效果比较稳定。在 2007 年的估计方程中，依次去掉每一种相互作用，并与原方程的结果进行比较，我们发现，各种相互作用的系数变化不明显。从方程的统计效果来看，对方程的解释力影响不大（见表 5-8）。

而从表 5-8 中可以看出，在双重固定效应模型下，我们将全部市场因素对产业地理集中区位的影响分为三类，在相互作用中，地区固定资产与产业规模经济对产业地理集中区位的影响具有较强的正向显著性，地区人口与劳动力相互作用具有显著的负向作用；在产业特征影响中，只有产业间关联对产业区位的影响作用显著，且方向为正；而在地区禀赋影响中，市场潜力的影响为正，并且具有显著性。

在依次剔除各种相互作用的影响后，我们发现：地区人口与劳动力的相互作用和地区固定资产投资规模与产业规模经济的相互作用始终具有显著性，且前者为正，而后者为负。在产业特征影响中，产业间关联的作用较为明显，而在地区禀赋影响中市场潜力的影响较为显著。这些结果显示：在双重固定效应模型下，市场因素对产业地理集中区位的影响结果变化不大。

3. 产业特征与地区禀赋对方程估计效果的影响

同时，在估计方程中可以得出产业特征（Rybczynski）效应和地区禀赋（Heckscher-Ohlin）效应。从估计方程中可以得出产业特征（Rybczynski）效应公式为：

$$R_k \equiv \frac{\partial r_i^k}{\partial x^i(j)} = \beta(j)(y_k(j) - \bar{y}(j)) \tag{5-22}$$

表 5-8 市场因素回归结果 3

		ALL	−PEO* LAB	−HUM* TECH	−FIX* SCAL	−RAIL* MARK	−MP* LINK	−MP* OTHER
C		131.3513(1.1162)	126.5693(0.977)	0.7427(2.5641**)	34.1038(0.2897)	124.9605(1.0373)	133.6908(1.1788)	116.6088(0.8557)
相互作用	PEO* LAB	−92.3888(−2.4322**)	—	−86.725(−2.6077***)	38.0370(1.1576)	−97.5683(−2.8035***)	−93.8081(−2.4507**)	−87.3582(−2.38**)
	HUM* TECH	−5211.5(−1.4076)	−4783.13(−1.1568)	—	642.4708(0.1692)	−4992.97(−1.3662)	−4913.71(−1.3915)	−5164.31(−1.4132)
	FIX* SCAL	81.7123(4.6531***)	64.2452(4.6282***)	70.5072(4.3855***)	—	82.1125(4.7118***)	81.1976(4.7337***)	81.206(4.620***)
	RAIL* MARK	−120.69(−0.5132)	−182.997(−0.8744)	−96.2867(−0.4148)	−150.844(−0.6946)	—	−122.695(−0.5222)	−118.144(−0.5053)
	MP* LINK	9.7727(0.6599)	11.6046(0.7218)	4.5613(0.3187)	4.5224(0.2813)	9.8223(0.6665)	—	10.7803(0.767)
	MP* OTHER	0.1527(0.0435)	0.7017(0.2002)	−0.7860(−0.2413)	1.7624(0.3718)	0.1009(0.0288)	0.8571(0.2619)	—
产业特征	PEO* LAB1	−52.3734(−1.1850)	—	−47.7225(−1.1666)	24.6815(0.5942)	−58.7053(−1.2955)	−50.3342(−1.1179)	−75.2984(−1.3715)
	HUM* TECH1	−5291.88(−0.8999)	−5631.95(−0.9004)	—	−3140.27(−0.5436)	−4952.24(−0.8084)	−5893.96(−1.0011)	−4182.49(−0.5563)
	FIX* SCAL1	−2.3506(−0.2636)	2.8213(0.4508)	−4.3635(−0.4936)	—	−1.5444(−0.1707)	−1.4186(−0.1608)	13.45431(1.0397)
	RAIL* MARK1	−81.0619(−0.3245)	−67.619(−0.2695)	−76.9483(−0.3015)	−117.945(−0.4647)	—	−65.2307(−0.2793)	−99.8922(−0.4498)
	MP* LINK1	−12.6462(−1.4484)	−12.7897(−1.4973)	−15.5599(−2.1426**)	−13.6653(−1.4292)	−12.7516(−1.4760)	—	3.1267(0.1639)
	MP* OTHER1	17.9091(11.4596***)	17.8821(12.5694***)	17.3629(10.2346***)	18.7341(11.9573***)	17.4470(11.3663***)	17.0967(10.2811***)	—
地区禀赋	PEO* LAB2	−57.9905(−0.8263)	—	−32.4215(−0.3927)	7.9459(0.2390)	−66.6674(−0.9526)	−59.0997(−0.8307)	−64.467(−0.8616)
	HUM* TECH2	−4370.13(−0.6588)	−2725.24(−0.3649)	—	−740.79(−0.1054)	−4462.7(−0.6643)	−3638.62(−0.5662)	−3961.19(−0.6171)
	FIX* SCAL2	57.6933(1.1709)	26.6231(1.0990)	29.3393(0.4798)	—	62.2453(1.2800)	55.1003(1.1067)	65.745(1.2505)
	RAIL* MARK2	−9.4463(−0.0465)	12.7204(0.0640)	−3.7833(−0.0181)	7.4600(0.0377)	—	−13.7459(−0.069)	−54.1349(−0.2932)
	MP* LINK2MP	30.5850(1.0688)	31.0234(1.0457)	22.5894(0.9484)	26.1301(0.8683)	30.9093(1.1372)	—	40.6963(1.3709)
	MP* OTHER2	9.9496(2.3210**)	10.6333(2.4151**)	8.3742(2.3557**)	10.8360(2.1771**)	10.0976(2.3888**)	12.0633(2.7364***)	—
产业/地区固定效应		是	是	是	是	是	是	是
加权 R^2/F 统计值		0.3095　4.8484	0.3088　5.050	0.3082　5.0345	0.2841　4.4841	0.3125　5.1366	0.3094　5.0622	0.2982　4.8027
未加权 R^2/观测值		0.1647　899	0.1608　899	0.1621　899	0.1413　899	0.1661　899	0.1638　899	0.1558　899

注:①本表的样本为 2007 年的数据,估计结果由 Eviews 软件包给出。②每个解释变量的系数估计值后面括号内的数字,是估计系数的 t 统计值。***、**、* 分别表示系数的 t 统计值在 1%、5%、10%的水平上显著。

地区禀赋效应公式为：

$$H_i \equiv \frac{\partial r_i^k}{\partial y^k(j)} = \beta(j)(x_i(j) - \bar{x}(j)) \tag{5-23}$$

产业特征效应是指各产业产出份额对相应地区禀赋的弹性。如果某一产业的产业特征效应较大，则说明具有该禀赋的地区较容易吸引这类产业向该地区集中。产业特征效应的大小取决于相对应的相互作用的估计系数值。

地区禀赋效应则是指地区产出份额对产业特征的弹性。如果一个地区的地区禀赋效应越大，则具有这种特征的产业倾向于向该地区集中。地区禀赋效应的大小也取决于相对应的相互作用的估计系数值。

从上述产业特征效应表中可以得出如下结论：

（1）多数制造业容易向人口密集的地区集中。从表 5-9 中第一栏可以看到，全部 29 个制造业中有 19 个制造业的人口禀赋特征值为正。而最容易向人口密集地区集中的制造业包括食品制造业、电器机械及器材制造业、造纸及纸制品业、交通运输设备制造业、化学纤维制造业、普通机械制造业和仪器仪表文化及办工用机械设备制造业。

（2）人力资本对制造业的吸引力普遍较低。从表 5-9 第三栏可以看到，人力资本的产业特征效应值普遍在 0.01 以下，最大的是烟草制品业为 0.0176，其次是黑色金属冶炼及压延加工业和石油加工及炼焦业。这些产业对地区人力资本的要求较高。

（3）地区固定资产存量对制造业的影响较大。从表 5-9 第四栏可以看出，地区固定资产存量的产业特征效应值的差异较大，最大是皮革、毛皮、羽绒及其制品业，为 8.51，其次是文教体育用品制造业，为 6.23，最小的是石油加工及炼焦业，为－3.19。

（4）交通条件对制造业地理集中影响效果不明显。从表 5-9 第四栏可以看出，铁路资源对化学纤维制造业的影响较大，其次是烟草总计和电子及通信设备制造业。

（5）市场潜力对制造业地理集中的影响不明显。受市场潜力影响最大的制造业是烟草总计、木材加工及竹藤棕草制品业、化学纤维制造业和医药制造业，但前两个产业在不同的产业特征作用下显示的符号相反（见表 5-9 第五、九行）。

表 5-9 产业特征效应

行业名称	代码	PEO	HUM	FIX	RAIL	MP1	MP2
食品加工业	C13	0.8833	−0.0043	−0.8397	0.4463	−0.1974	−0.8517
食品制造业	C14	1.6028	−0.0060	−0.9757	−0.1888	0.9649	−7.6731
饮料制造业	C15	0.7353	−0.0012	−2.0267	−0.3158	−0.3067	0.5764
烟草制品业	C16	−1.3993	0.0176	−3.0840	0.8795	−0.1969	1.9286
纺织业	C17	−0.9051	−0.0037	0.3503	0.2897	0.2846	0.5806
服装及其他纤维制品制造业	C18	−2.8635	−0.0032	6.9845	−0.1165	−0.4397	−0.2650
皮革、毛皮、羽绒及其制品业	C19	−2.8185	−0.0129	8.5140	0.4278	0.6311	0.6413
木材加工及竹、藤、棕、草制品业	C20	−0.2900	−0.0006	0.3599	−0.6157	1.4593	−0.6823
家具制造业	C21	−0.9943	0.0012	2.4421	0.0607	−0.4838	−0.7159
造纸及纸制品业	C22	1.2933	0.0022	−2.2249	−0.2641	0.6261	0.6220
印刷业、记录媒介的复制	C23	0.3052	−0.0002	−1.3200	−0.1258	−0.1886	−1.3451
文教体育用品制造业	C24	−4.3141	−0.0022	6.2330	0.3885	−0.3798	−0.4206
石油加工及炼焦业	C25	−0.5055	0.0071	−3.1907	0.1265	−0.4058	0.5536
化学原料及化学制品制造业	C26	0.7673	0.0033	−2.3259	−0.7427	−0.0503	0.5549
医药制造业	C27	0.8719	−0.0046	−1.9042	−0.5635	0.1459	1.0435
化学纤维制造业	C28	1.1002	0.0030	−2.8489	1.6995	0.0100	1.1176
橡胶制品业	C29	0.6470	−0.0019	−0.7999	0.1772	−0.2297	0.2405
塑料制品业	C30	0.3177	−0.0022	−0.5895	−0.2488	0.7864	−0.2066
非金属矿物制品业	C31	0.1630	−0.0007	−1.3050	−0.4159	−0.3606	0.5715
黑色金属冶炼及压延加工业	C32	−0.1154	0.0093	−2.7657	0.1950	−0.3099	0.7614
有色金属冶炼及压延加工业	C33	0.4589	−0.0044	−2.4063	−0.2295	−0.2798	0.6910
金属加工业	C34	0.7090	−0.0007	0.6222	−0.6051	0.0744	−0.2992

续表

行业名称	代码	PEO	HUM	FIX	RAIL	MP1	MP2
普通机械制造业	C35	1.0963	0.0018	0.2385	−0.3514	0.0560	0.3753
专用设备制造业	C36	0.7428	0.0022	−0.1287	−0.6819	−0.2108	−0.0535
交通运输设备制造业	C37	1.2329	0.0020	−1.4876	−0.2833	0.0630	0.7688
电气机械及器材制造业	C39	1.5759	−0.0017	0.3183	−0.2960	−0.3476	0.7354
电子及通信设备制造业	C40	0.7487	0.0022	−1.1659	0.8378	−0.1836	0.9007
仪器仪表及文化、办公用机械制造	C41	1.0561	0.0007	0.8206	0.4197	−0.3175	0.4840
其他制造业	C42	−2.1019	−0.0017	4.5060	0.0966	−0.2130	−0.6341

注：本表样本是通过 2007 年的《工业统计年报》数据计算整理得出。

从地区禀赋效应值来看则可以得出如下结论：

(1) 中西部地区对劳动密集型制造业的吸引力较大，明显超过了东部沿海地区。从表 5-10 第二栏可以看到，西藏、海南、青海和宁夏等西部地区对劳动密集型产业的地区禀赋值都在 0.8 以上，超过了北京、天津和上海等地。

(2) 中西部地区对技术密集型产业的吸引力也大于东部地区。从表 5-10 第三栏可以看到，西藏、青海、宁夏、海南和新疆等地对技术密集型制造业的吸引力大于全国其他各省。

(3) 东部地区制造业正逐步向规模经济阶段发展。从表 5-10 第四栏可以看到，山东、江苏、浙江和广东等省对具有规模经济效应的产业的吸引力较大。

(4) 中部地区的市场对制造业区位影响较大。从表 5-10 第五栏可以发现，内蒙古、黑龙江、河北、辽宁和河南等地市场对制造业的吸引力较大。

(5) 东部地区对具有较强内在关联性的吸引力较大。从表 5-10 第六栏可以看到，山东、江苏、广东和浙江等产业集聚区对内在关联性产业的地区禀赋值较大。

(6) 产业间关联性较强的制造业倾向于在西部地区集中。从表 5-10 第七栏可以看到，海南、西藏、青海、宁夏、新疆、甘肃和贵州等地对产业间关联的地区禀赋值较大。

表 5-10　地区禀赋效应

地区	LAB	TECH	SCAL	MARK	LINK	OTHER
北京	0.6472	−0.0219	0.0054	−0.8899	0.0865	−0.0665
天津	0.7703	0.0848	−0.4037	−1.1571	−0.0808	0.0622
河北	−0.6746	−0.1330	0.4086	1.5148	0.1182	−0.0909
山西	0.1952	0.0477	−0.3019	0.5128	−0.0448	0.0345
内蒙古	0.4362	0.1343	−0.0510	2.5168	−0.0825	0.0634
辽宁	−0.0203	−0.0766	0.4272	1.1809	0.0221	−0.0170
吉林	0.3541	0.0475	−0.3282	0.7800	−0.0981	0.0754
黑龙江	0.0795	−0.0182	−0.3294	2.1829	−0.0875	0.0673
上海	0.5875	0.0301	0.2151	−1.4243	0.0580	−0.0446
江苏	−0.8298	−0.3229	1.6452	−0.5560	0.3447	−0.2650
浙江	−0.1887	−0.0726	1.1398	−0.7564	0.2031	−0.1562
安徽	−0.4927	−0.0420	−0.0874	−0.0216	−0.0175	0.0135
福建	0.1504	0.0477	−0.1514	−0.5560	−0.0185	0.0142
江西	−0.0427	−0.0700	−0.1944	−0.0216	−0.0614	0.0472
山东	−1.2709	−0.3285	1.9958	0.5797	0.4062	−0.3123
河南	−1.3038	−0.1713	0.4614	1.1141	0.1690	−0.1299
湖北	−0.3907	−0.2505	−0.0409	0.0452	0.1178	−0.0906
湖南	−0.5440	−0.1236	−0.0554	0.3125	0.0500	−0.0384
广东	−1.2575	−0.1826	1.2804	−0.1551	0.3573	−0.2747
广西	−0.1295	0.0815	−0.3527	0.1789	−0.0876	0.0673
海南	0.8238	0.2135	−0.7502	−1.6247	−0.1710	0.1315
重庆	0.3337	0.0838	−0.2692	−0.7564	−0.0882	0.0678
四川	−1.0132	−0.1337	0.2383	0.3793	0.0344	−0.0265
贵州	0.1019	0.1462	−0.5564	−0.2888	−0.1400	0.1077
云南	−0.0773	0.1226	−0.3170	−0.0883	−0.1185	0.0911

续表

地区	LAB	TECH	SCAL	MARK	LINK	OTHER
西藏	0.9609	0.2386	−0.8073	−1.6247	−0.1814	0.1395
陕西	0.1044	−0.0803	−0.2849	0.4460	−0.0455	0.0350
甘肃	0.3845	0.1350	−0.5957	−0.0883	−0.1386	0.1066
青海	0.8947	0.2318	−0.7617	−0.8899	−0.1738	0.1336
宁夏	0.8816	0.2240	−0.7269	−1.0904	−0.1718	0.1321
新疆	0.5298	0.1585	−0.4517	0.2456	−0.1597	0.1228

注：本表的样本是通过 2007 年《工业统计年报》的数据计算整理得出。

二、财政收支因素分析

根据本书的指标设计，产业应缴增值税与地方政府增值税收入之间的相互作用（VA* TEX）衡量了产业和地区之间的税收关系，税收与产业地理集中之间的关系应该是相反的，也就是说一个地区的税收水平与产业在该地区的地理集中程度负相关；地方财政补贴支出水平与产业的补贴性收入的相互作用（SID* TIE）则衡量了地方政府对产业的支持力度，该指标是影响产业地理集中的一个重要因素，与产业地理集中程度正相关；而地方政府的财政状况对产业地理集中程度有着重要的影响。地方财政状况较好的地区往往比较注重当地投资环境的改善，并为相应的投资项目提供较好的配套条件。因此，我们认为，地方政府的财政收支与产业的营业利润水平（DEF * REV）影响着产业的地理集中程度。根据本书所选取的指标进行统计分析，我们可以得到如下判断：

（1）地方政府的增值税水平与产业应缴增值税的相互作用对产业地理集中程度起着负面影响。从影响的方向上看，该指标与经验判断相符，但在影响效果上没有通过显著性检验。从方程的整体检验效果看，加权 R^2 均保持在 0.29 左右，F 统计值也通过显著性检验。在对所有因素的综合判断中，该指标则通过了 5%或 10%的显著性检验。这说明税收水平对产业地理集中的影响比较大，而且各个地区具有明显的差异性。

（2）财政补贴性支出与产业所获得的补贴性收入相互作用指标对产业

地理集中起着促进作用，但是，该指标的统计结果不显著。这说明，财政对产业地理集中程度具有一定的推动作用，但是，产业地理集中主要取决于规模经济和产业内关联，也就是产业的前后向关联效应的推动，财政补贴的影响效果有一定的局限。

（3）地方政府的财政收支状况与产业营业利润相互作用指标对产业地理集中程度的影响不明确。在控制产业内在特征相互作用指标的情况下，对财政收支因素的考察发现，其对产业地理集中水平影响为正向，但是，在综合性考察中，则发现其影响方向为反向，而且在统计上没有通过显著性检验。这使得我们无法判断该项相互作用对产业地理集中程度的影响。

表 5-11　财政因素回归结果

Variabl	2002年			2007年		
	(1)	(2)	(3)	(4)	(5)	(6)
C	64.2417 (1.5882)	45.5323 (1.1041)	56.2207 (1.4827)	53.7108 (1.8880*)	49.0392 (1.6876*)	51.1131 (1.9571*)
PEO* LAB	−45.3141 (−1.6307)	−48.2869 (−1.6861*)	−51.0179 (−1.8634*)	−53.3204 (−1.7250*)	−67.2184 (−1.9972**)	−67.5263 (−2.2340**)
HUM* TECH	−5875.252 (−1.5654)	−4141.539 (−1.0826)	−5144.851 (−1.4620)	−5001.375 (−1.8549*)	−4553.551 (−1.6536*)	−4768.245 (−1.9239*)
FIX* SCAL	66.2781 (3.6819***)	72.5397 (3.8653***)	77.8319 (4.6172***)	67.3997 (3.6809***)	70.8041 (3.6736***)	77.3486 (4.2055***)
RAIL* MARK	−171.0412 (−0.9738)	−183.6540 (−0.9561)	−185.7556 (−1.0805)	−124.8834 (−0.7540)	−156.6762 (−0.8152)	−123.8523 (−0.7726)
MP* LINK	6.0601 (0.8217)	7.5228 (0.8042)	8.9585 (1.1622)	5.8747 (0.4269)	7.8497 (0.5287)	10.6554 (0.7577)
MP* OTHER	−0.6873 (−0.3821)	−1.2256 (−0.6820)	0.0925 (0.0471)	0.0559 (0.0167)	−0.8425 (−0.2616)	1.0585 (0.2799)
VA * TEX	−117.4943 (−2.4730**)	−54.1561 (−1.1565)	—	−112.3719 (−1.8661*)	−61.7858 (−1.2603)	—

续表

Variabl	2002 年			2007 年		
	(1)	(2)	(3)	(4)	(5)	(6)
SID* TIE	36.9809 (1.0830)	30.9083 (0.8957)	—	8.9843 (0.6778)	6.4271 (0.4209)	—
DEF* REV	−3.2090 (−0.0311)	29.8319 (0.2820)	—	11.6708 (0.1705)	5.8064 (0.0762)	—
FDI* FOR	52.5167 (2.0960**)	—	24.1686 (0.7906)	20.5150 (0.9588)	—	2.2467 (0.0990)
EX* OUT	23.3181 (2.7634***)	—	27.3778 (2.6911***)	22.7460 (2.6119***)	—	27.7775 (2.7456***)
地区效应 产业效应	是 是	是 是	是 是	是 是	是 是	是 是
加权 R^2	0.3466	0.3243	0.3347	0.3145	0.2998	0.3154
F 统计值	6.3742	5.9514	6.3421	5.5131	5.3113	5.8084
未加权 R^2	0.1479	0.1369	0.1451	0.1651	0.1531	0.1615
观测值	899	899	899	899	899	899

注：①本表的样本区间为 2002～2007 年，估计结果由 Eviews 软件包给出。②每个解释变量的系数估计值下面括号内的数字，是估计系数的 t 统计值。***、**、* 分别表示系数的 t 统计值在 1%、5%、10%的水平上显著。③由于篇幅限制，表中删去了 2003 年、2004 年、2005 年和 2006 年的检验结果。

从具体行业来看，税收相互作用、补贴相互作用和利润相互作用对制造业地理集中具有正向作用。

（1）从高技术行业来看，在 7 个高技术制造业中，税收相互作用系数为负的制造业只有 3 个，但只有专用设备制造业的系数具有显著性；补贴相互作用的系数为负的也有 3 个，其中只有仪器仪表及文化办公用品制造业的系数具有显著性；利润相互作用的系数为负的也是 3 个，只有电子和通信设备制造业的系数具有显著性。

（2）从低技术制造业来看，在所有的 11 个行业中，税收相互作用的系数为负的有 8 个行业，其中有 6 个行业的系数具有显著性；补贴相互作用的系数为负的行业有 6 个，其中有 4 个行业具有显著性；利润相互作用系数为正的行业有 6 个，并且全部具有显著性。由此可见，对于低技术制造业来说，税收作用具有明显的负作用，补贴作用的效果也为负，利润作用的影响明显为正。

(3) 从中等技术水平的制造业来看，在全部 10 个制造行业中，税收作用的系数为负的行业有 6 个，但只有有色金属冶炼及压延加工业和电气机械及器材制造业的系数具有显著性；补贴相互作用的系数为正的行业有 7 个，其中有 4 个行业的系数具有显著性；利润相互作用的系数为正的制造业有 3 个，其余 7 个行业的系数均为负。这说明，对于中等技术制造业来说，税收的影响为负，补贴的影响为正，利润的影响为负。

三、对外开放因素分析

在对外贸易对产业地理集中的影响方面我们设计了两个指标：一个是各地区所吸引的外商投资水平和产业外资所占比重的相互作用（FDI* FOR）；另一个是地区的出口水平和产业的出口交货比重的相互作用（EX* OUT）。这两个指标分别从投入和产出两个方面衡量了对外开放对国内产业的空间布局所造成的影响。根据指标设计，这两种相互作用因素与产业地理集中之间都应该是正向关系，也就是说，引进外资和对外贸易促进了国内产业在空间上的集聚。从统计结果上看，我们也可以得出如下结论：

(1) 对外贸易相互作用是推动我国产业地理集中的主要影响因素。改革开放以来，东部沿海地区利用区域优势，大力发展出口加工贸易，国外市场需求推动了国内的生产要素不断向沿海集聚。加工贸易的发展也东部地区工业的升级积蓄了资金和技术，从而进一步推动制造业在东部沿海地区的地理集中。从对外贸易影响方程中可以看出，2002～2007 年该项相互作用的影响系数均为正值，而且在 1%的水平上统计显著。在综合影响方程中，该指标仍然保持 1%的统计显著水平，从而进一步证实了该项结论。

(2) 外商投资也推动了我国产业地理集中水平的提高。改革开放以来，东南沿海地区作为对外开放的前沿阵地，吸引了大量的外商投资，外资的进入进一步导致了中西部地区的劳动力和资金向东部地区集中，从而使东南沿海地区的制造业份额急剧上升。表中数据统计结果也证明了这一经验事实。在2002～2007年，地区出口总额与产业出口交货值的相互作用项对产业地理集中的影响为正，但是统计结果没有通过显著性检验。我们认为，随着对外开放的进一步深入，东部地区的劳动力、土地等生产成本因素的价格上升，而中西部地区逐步加大开放的力度，外商投资出现分散趋势，因而对产业地理集中的影响减弱。

从不同类型的行业来看，出口因素和外资因素对多数制造业部门的地理集中度的影响具有显著的正向效应，也就是说，这两种相互作用因素有利于制造业地理集中，但在具体行业表现出较大的差异性。

(1) 对于高技术制造业来说，多数行业所利用外资与地区引进外资水平的相互作用，以及行业出口交货值与地区出口水平的相互作用都对产业的地理集中水平具有显著的正向效应，但对少数行业具有负效应：外资相互作用对专用设备制造业和仪器仪表及办公用品制造业的地理集中度的影响为负；出口因素对石油加工及炼焦业、化学原料及化学制品制造业和普通机械制造业的地理集中影响也为负，并且都在统计上具有显著性。

(2) 对于低技术的传统制造业来说，外资相互作用和出口相互作用对制造业区位的影响均为正。在11个低技术制造业中，外资相互作用系数为正的行业有5个，系数为负的则有6个，但负向作用除了服装及其他纤维制品制造业的系数具有显著性外，其他5个行业均没有通过显著性检验；而出口相互作用系数为正的有11个，系数为负的只有4个。其中有5个行业的正向作用通过显著性检验。因此，总体来说，外资相互作用和外贸相互作用有利于低技术制造业的空间集中。

(3) 对于中技术水平的制造业来说，外资相互作用对制造业地理集中的影响为正，而出口相互作用的影响为负。在10个中等技术水平的制造行业中，外资相互作用系数为负的只有3个，而且只有黑色金属冶炼及压延加工业的系数通过显著性检验；而出口相互作用系数为负的行业有7个，其中有3个行业的检验值通过显著性检验，这说明，出口因素的负作用不是十分明显。

表 5-12 高技术产业回归结果

行业	石油加工及炼焦业	化学原料及化学制品制造业	医药制造业	普通机械制造业	专用设备制造业	电子及通信设备制造业	仪器仪表及文化、办公用机械制造
代码	C25	C26	C27	C35	C36	C40	C41
C	0.9025 (2.4124**)	1.1813 (5.9791***)	3.3123 (5.898***)	0.3354 (3.0231***)	1.3281 (7.661***)	0.5561 (4.4861***)	0.6002 (2.2914**)
PEO* LAB	−315.914 (−2.0061**)	127.7938 (0.4519)	−694.411 (−0.8621)	121.2543 (5.4744***)	145.2583 (6.1732***)	23.5965 (2.011**)	123.4851 (2.2438**)
HUM* TECH	32.9075 (0.6259)	−33.6217 (−1.6113)	−49.0158 (−1.4709)	11.1825 (1.8518*)	−26.2196 (−14.3668***)	−6.4299 (−0.8824)	18.473 (1.0228)
FIX* SCAL	−1290.63 (−1.1669)	13.9982 (0.1704)	91.6252 (0.6686)	−35.9949 (−5.2292***)	22.5164 (1.9481*)	−0.464 (−0.0147)	−8.1368 (−0.8526)
RAIL* MARK	1333.082 (2.0984**)	−252.044 (−0.6297)	−2662.85 (−1.3792)	76.945 (0.5297)	−480.149 (−3.3926***)	−67.803 (−1.3591)	−106.58 (−0.9309)
MP* LINK	3018235 (1.0874)	−104502 (−3.5780***)	−437762 (−0.6654)	−44763.2 (−1.0946)	1030868 (22.7275***)	−119753 (−1.2968)	173442.2 (0.8573)
MP* OTHER	−157115 (−1.0874)	21768.11 (3.5787***)	178799.5 (0.6655)	10347.63 (1.0944)	−105382 (−22.7334***)	22350.75 (1.2971)	−15157.6 (−0.85765)
VA* TEX	574.6226 (1.2867)	−44.8659 (−1.1132)	−1163.19 (−1.5794)	344.4714 (9.6257***)	−294.767 (−7.4679***)	51.5145 (2.0286**)	465.0878 (1.0317)
SID* TIE	−38.9843 (−0.9461)	13.5648 (0.468)	833.1542 (2.0656**)	−99.9753 (−1.0349)	30.6526 (0.4287)	7.1998 (1.2875)	−223.379 (−2.3715**)

续表

行业	石油加工及炼焦业	化学原料及化学制品制造业	医药制造业	普通机械制造业	专用设备制造业	电子及通信设备制造业	仪器仪表及文化、办公用机械制造
代码	C25	C26	C27	C35	C36	C40	C41
DEF* REV	−83.3939 (−0.6868)	55.8044 (0.5164)	1247.402 (1.0652)	14.2229 (0.675)	57.175 (0.8468)	−99.0888 (−4.0924***)	−196.867 (−0.6874)
FDI* FOR	156.1707 (0.411)	35.2598 (1.7862*)	147.1805 (0.9251)	64.6594 (18.8607***)	−78.6969 (−3.6845***)	6.9956 (2.1471**)	−107.861 (−3.0011***)
EX* OUT	−509.842 (−1.9901**)	−69.1563 (−1.6545*)	302.762 (1.3581)	−205.763 (−19.1634***)	311.5264 (2.9936***)	14.2214 (10.2981***)	141.4862 (4.6065***)
R^2	0.2504	0.0859	0.2544	0.2204	0.9928	0.3617	0.1997
F统计值	3.4013	0.9565	3.4741	2.878	274.998	5.7694	2.5411
Hausman	5.18	7.36	5.53	10.87	33.43	5.03	8.68
p值	0.8792	0.6908	0.8529	0.3675	0.0002	0.6565	0.5629
模型	RE	RE	RE	RE	FE	RE	RE
观测值	186	186	186	186	186	186	186

注：①本表的样本区间为2002～2007年，估计结果由Eviews软件包给出。②每个解释变量的系数估计值下面括号内的数字，是估计系数的t统计值。***、**、*分别表示系数的t统计值在1%、5%、10%的水平上显著。

表 5-13 低技术产业回归结果

行业名称	代码	C	VA* TEX	SID* TIE	DEF* REV	FDI* FOR	EX* OUT	R^2/F 值	Hausman /p 值	模型/观测值
食品加工业	C13	0.7394 (4.4749***)	−279.535 (−1.8032*)	−40.513 (−0.8043)	135.5734 (11.466***)	73.3744 (5.0359***)	−39.6307 (−3.3140***)	0.1876 2.3509	4.21 0.9371	RE 186
食品制造业	C14	0.7710 (2.3405**)	−246.567 (−1.042)	−999.663 (−1.9698*)	−463.702 (−6.6505***)	−4.8747 (−0.1071)	−52.4718 (−0.7252)	0.1858 2.3234	12.03 0.283	RE 186
饮料制造业	C15	2.5014 (3.8656***)	−1250.21 (−1.9645**)	727.6541 (1.0704)	1283.25 (2.4971**)	−78.7085 (−1.2562)	1706.467 (1.3227)	0.2593 3.5648	8.78 0.4581	RE 186
烟草制品业	C16	2.4941 (39.1805***)	41.03223 (2.5709***)	−24.1059 (−2.6124***)	−120.555 (−4.1919***)	3192.45 (17.1793***)	−1998.8 (−8.2515***)	0.9987 1490.517	53.3 0.00	FE 186
纺织业	C17	0.3927 (6.8713***)	−232.3 (−9.2173***)	49.7041 (8.1885***)	109.7334 (12.5951***)	8.5075 (0.8616)	28.1831 (5.9252***)	0.9982 1128.733	87.11 0.00	FE 186
服装及其他纤维制品制造业	C18	−0.1034 (−0.9181)	−225.429 (−4.7875***)	−74.5651 (−5.2607***)	90.9342 (10.3217***)	−48.2535 (−3.3869***)	30.72634 (19.5215***)	0.9837 120,9778	23.16 0.0102	FE 186
皮革、毛皮、羽绒及其制品业	C19	0.5738 (1.1091)	210.6864 (0.9450)	−259.96 (−1.1578)	−1579.29 (−1.3332)	−78.4368 (−0.9908)	21.73401 (0.4371)	0.3270 4.9473	12.18 0.1432	RE 186
木材加工及竹、藤、棕、草制品业	C20	1.3521 (5.5682***)	−2443.79 (−2.2826**)	1035.686 (2.8890***)	4352.147 (2.2332**)	1742.761 (2.0029**)	−311.947 (−1.9411*)	0.1751 2.1609	7.59 0.6692	RE 186
家具制造业	C21	0.9155 (2.5185**)	898.4122 (0.8656)	3202.564 (3.3208***)	−2744.91 (−3.6072***)	−287.108 (−0.9588)	306.933 (6.6214***)	0.2505 3.4026	3.01 0.9812	RE 186
造纸及纸制品业	C22	0.7176 (5.1040***)	−536.738 (−2.4092**)	40.44384 (1.1694)	−274.662 (−1.4861)	65.50691 (2.4938**)	227.3382 (1.6791*)	0.1258 1.4656	7.13 0.7132	RE 186
印刷业、记录媒介的复制	C23	1.5422 (11.3411**)	−716.286 (−1.2371)	−666.005 (−1.8731*)	2106.445 (1.6451*)	−471.864 (−1.5594)	1068.981 (1.8179*)	0.2624 3.6226	3.04 0.9806	RE 186

注：①本表的样本区间为 2002～2007 年，估计结果由 Eviews 软件包给出。②每个解释变量的系数估计值下面括号内的数字，是估计系数的 t 统计值。***、**、*分别表示系数的 t 统计值在 1%、5%、10%的水平上显著。③由于篇幅限制，表中删除了产业内在特征相互作用的检验值。

表 5-14　中等技术产业回归结果

行业名称	代码	C	VA* TEX	SID* TIE	DEF* REV	FDI* FOR	EX* OUT	R^2/F 值	Hausman /p 值	模型/观测值
文教体育用品制造业	C24	0.1658 (5.1177***)	367.961 (3.1086***)	−48.8653 (−1.8058*)	−69.6914 (−0.6260)	−21.5406 (−0.5711)	−36.9172 (−1.3439)	0.9957 459.7758	54.89 0	FE 186
化学纤维制造业	C28	0.6190 (2.5546**)	313.91 (0.5406)	761.1518 (3.6692***)	−2659.13 (−2.7588***)	382.7045 (4.4298***)	−704.807 (−1.5941)	0.2162 2.8090	11.9 0.2193	RE 186
橡胶制品业	C29	1.3404 (2.3617**)	−506.458 (−1.2279)	827.3516 (1.5798)	−2199.14 (−1.1318)	130.0323 (1.4720)	−333.629 (−2.0654**)	0.1295 1.5146	7.26 0.7008	RE 186
塑料制品业	C30	0.3852 (2.6356***)	214.5378 (4.1058***)	−7.6585 (−0.1390)	153.7665 (1.1639)	18.2105 (1.0161)	46.9589 (1.6169)	0.1222 1.4174	8.3 0.6	RE 186
非金属矿物制品业	C31	2.0444 (2.3847**)	−730.85 (−1.5654)	51.3873 (0.5082)	1672.665 (2.473**)	177.3756 (2.4679**)	−70.9747 (−0.6792)	0.2577 3.5356	3.4 0.9462	RE 186
黑色金属冶炼及压延加工业	C32	1.4768 (15.4852***)	−12.1822 (−0.9629)	33.3236 (1.8826*)	−61.3354 (−2.2938)	−10.2407 (−2.7520***)	−13.5727 (−29.5272***)	0.9725 70.7792	17.57 0.0626	FE 186
有色金属冶炼及压延加工业	C33	3.5987 (2.5179**)	−874.876 (−3.0648***)	−384.076 (−3.8834***)	−64.6079 (−0.1089)	1238.395 (1.5378)	−102.087 (−0.4633)	0.2518 3.4260	3.65 0.9617	RE 186
金属加工业	C34	0.6678 (6.5358***)	−12.5634 (−0.4265)	37.5049 (0.5689)	−141.954 (−4.9323***)	28.8172 (1.7470*)	54.9652 (3.2339***)	0.2343 3.1156	11.51 0.2425	RE 186
交通运输设备制造业	C37	1.3717 (16.9243***)	30.8462 (4.6237***)	20.4561 (2.2405**)	−23.6214 (−3.6006***)	14.1426 (2.1914**)	−102.492 (−3.2602***)	0.9945 363.2412	21.83 0.0052	FE 186
电气机械及器材制造业	C39	0.6480 (17.7271***)	−123.421 (−13.1207***)	9.5624 (1.7043*)	64.9673 (8.6375***)	−6.9294 (−1.4397)	10.1527 (1.2687)	0.9981 1061.781	18.9 0.0416	FE 186

注：①本表的样本区间为 2002～2007 年，估计结果由 Eviews 软件包给出。②每个解释变量的系数估计值下面括号内的数字，是估计系数的 t 统计值。***、**、* 分别表示系数的 t 统计值在 1%、5%、10%的水平上显著。③由于篇幅限制，表中删除了产业内在特征相互作用的检验值。

第六章　中国制造业区位变迁：地理集中与地区专业化

第一节　产业区位变迁

一、产业区位变迁相关概念的界定

产业转移是一个普遍的经济现象，产业集聚为产业转移指明了方向。导致产业转移的因素较多，既有经济 原因又有政治原因。在经济全球化快速发展的今天，因资源禀赋的比较优势而发生的产业转移越来越少，取而代之的是由集聚经济所推动的产业转移现象，即生产同一类型产品的龙头企业、为龙头企业配套的零部件企业、为这些生产企业提供服务的企业，以专业化分工协作的方式，高密度集聚在同一区域，从而显著降低生产和交易成本。一方面，产业集聚效益使集聚区的产品长期成本曲线下移，获得绝对成本优势；另一方面，由于产业集聚具有网络结构、技术扩散能力强、供应链灵活和具有区域品牌等特点，可以快速提高产量、降低成本，获得相对成本优势。

产业集聚的形成和发展都离不开产业转移，产业集聚本身就包含产业转移的因素，产业集聚是产业转移的结果。一方面，由于某地区资源或劳动力等方面的优势，分散在附近的同类企业，为了追逐外部规模经济逐步转移至该地区，形成产业集聚；另一方面，依据本地区的比较优势，进行招商引资，使国外或其他地区产业转移到本地，发展本地优势产业，进而形成产业集聚。随着集聚的发展，集聚区经济快速增长。但是，由于产业竞争日益激烈，一方面，沿海地区原有的技术含量较低，劳动密集型集聚产业发展到一定程度后，由于供给和需求结构变化以及成本过高等因素会出现集聚不经济的现象；另一方面，产业结构不断优化和升级，势必导致一些技术相对落后的集聚产业发展缓慢，一定程度上阻碍了集聚区的经济发展，由此形成产业向其他经济欠发达地区的转移现象。

可见，产业转移与产业集聚日益成为一种共生现象，两者共同解释了产业的区位变迁。本书将产业区位变迁定义为地区之间产业所占份额的相对变化。产业区位变迁应包括“变”和“迁”两个方面的含义：一方面是指由地区生产力的变化导致经济的增长，从而引起区域产业份额的变化；另一方面是由于区域之间产业的转移所引起的区域产业份额变化。

二、产业区位变迁过程中的扩散与集聚

在区域经济发展中，最常见的分析方法就是二元结构的分析方法，即“中心—外围”理论。近年来兴起的新经济地理学家们也基本上延续了这种“中心—外围”的分析模式。该理论认为，一个相对完整的区域经济系统通常拥有一个或几个核心地区，并以其为顶点，形成多层空间结构。如果着眼于一个特定的区域经济，经济发展的长期过程实际上是一个“成长”和“衰退”以及与此相对应的“集聚”和“扩散”现象交替出现的过程，表现在产业发展上是某个产业或产业群的衰退，或者被新的具有更高生产效率的产业或产业群体所替代。而在新空间经济学的分析框架下，产业区域转移实际上是区域经济集聚和扩散中的一个主要环节。广义的运输费用变动后，原来的集聚中心的土地价格和劳动成本上升，运输费用较低的产品的生产活动，开始向周边地域集聚。如果运输费用更进一步下降，产业生产活动就会呈“雁型状态”从核心地区向周边地域顺次移动。

国际贸易与投资优化了全球资源配置，促进了国际产业扩散与生产力的发展。而与此并行的现象则是全球不同区域各具特色的专业化产业群的迅速

崛起。扩散与集聚是全球产业空间整合重组中两个并行不悖的动态过程（刘俊杰，2005）。一方面，信息网络技术以及现代交通、物流技术的发展，促进了国际直接投资拉动的全球性产业扩散。由于快速运输、远程信息技术及计算机网络技术的发展，世界正日益变成一个“零距离”的集合体，产业得以在全球范围实现资源配置及重组，极大地促进了国际间产业结构转型步伐及实际要素价格的收敛。另一方面，规模收益递增、溢出效应和资源共享则加速了产业在局部地域的向心集聚，地域文化和习俗等非正式制度维系和强化了这种集聚态势。产业在局部空间的网络集聚效应也日益增强，特别是传统制造业及部分新兴产业的“集聚”性竞争优势日益突出。

知识和技术创造、传播与共享方式的剧烈变革，使产业在全球范围的价值链及分工体系重新整合。在这个过程中，跨国公司在全球范围扩散、控制其价值活动，形成全球生产分工体系的同时，“学习效应”、“知识溢出效应”和规模收益递增等因素造成的区域性产业集聚特征日益凸显出来。从全球化的视角来看，跨国公司的发展将推动全球经济一体化，而且将最终消除区域差别，形成全球经济的趋同。但全球化进程中的大量特征性事实表明，产业全球化与区域“黏性”化并非互相排斥的两个孤立过程，外国直接投资在向全球扩散的同时，对东道国创新网络的形成给予促进和外部强化的刺激作用。也就是说，产业的全球化扩散与局部集聚是国际产业空间整合过程并行的两个方面。因为现代运输与信息传递成本的下降产生两种效果：一方面，它促使生产定位于成本最低或学习效应明显的区位，如资源指向性、市场指向性；另一方面，规模收益递增，也会促使生产集中于某个“结点”，该“结点”可能是技术与先进制度指向性区域，也可能仅仅是由某个偶然事件导致的初始状态和路径依赖形成的结果。产业集聚一旦建立起来，将会形成不断进化的自组织系统而长期维持下去。

三、产业扩散的决定因素

1. 全球战略、规模经济与产业扩散

跨国投资与国际贸易是产业全球扩散的两种形式。产业扩散的诱因与动力，首先取决于一个国家的比较优势和资源禀赋。跨国公司为了获得长期、

稳定的全球竞争优势，从全球观点出发，利用不同国家和地区的区位比较优势，把价值链上的各个环节和职能加以分散和重新配置，使它们有机地结合起来，实行一体化经营，利用全球不同区位的低成本协同效应，降低生产经营总成本，以期实现最大化的全球效率。全球战略的重点是守住企业总部或产业簇群根据地活动的创新优势，同时又把其他活动扩散至不同地点，以争取低成本要素和进入外国市场的机会（波特，2000）。其次，规模报酬递增也是导致产业全球扩散的动力。克鲁格曼（2000）认为，规模经济导致国际分工以及产业扩散的原因在于，由于受当地特殊市场需求、特殊区位甚至某个“历史事件”影响，会诱使某个产业向某特定国家集聚，集聚导致报酬递增与规模经济。所以在各国要素禀赋相同的情况下仍可以形成国际分工，而且由要素集中产生的规模经济必然进一步导致贸易的发生。由此可以解释要素禀赋与经济增长阶段相同的发达国家与新型工业化国家之间长期大量存在的贸易及相互投资的内在原因。

2. 地区禀赋、区位竞争与产业扩散

在某个区位上竞争的企业，其竞争力受当地产业环境的重大影响。开放程度、文化背景、信息基础设施、科研院所、产业政策、法律体系以及已有资本存量和专业化程度等都会对产业发展造成影响。环境的稳定程度、同质还是异质、集中还是分散、简单还是复杂、动荡的程度以及组织所需资源的可获得量等，都会形成企业发展的不确定性。不确定性增加了组织行动失败的风险，并使决策成本上升和成功概率减小。为应对环境变化，提高经济绩效，跨国公司将会对其产业链及空间布局进行调整。一般而言，环境差异性越大，对公司空间活动的限制性越明显；环境越复杂多变，获取信息的成本就越高，制定管理决策的不确定性也大为增加。因此，采用有弹性、多元化或横向一体化的产业结构能够应对不确定性风险。相反，面对较为确定的环境，则采用相对稳定的布局结构。

四、产业集聚的决定因素

1. 产业集聚、成本及国内配套能力

如果企业的生产成本随着行业总产量的提高而降低，就会出现集聚经济。

集聚经济的优势在于中间投入品生产的规模经济和外部性、劳动力市场共享和知识溢出。需求效应、成本联系和投资国厂商的配套能力共同构成企业跨国投资活动中空间选址的主要决策变量。一般而言，只要存在运输成本，在企业的空间决策中，市场的外在性必然激励上游产业、下游产业及不同产业之间发生集聚，以减少分散型市场可能存在的机会主义以及由于市场环节松散而导致的运输成本。而集聚的稳定性既依赖于世界市场对产品的最终需求以及贸易成本的大小，也依赖于集群内部产业的配套能力和关联效应。由于发展中国家缺乏高水平中间产品和相关服务的提供者，那些已经前来的跨国公司会引导、鼓励、支持其原先在海外的配套企业前来投资，形成外资拉动型产业集聚。工业化国家之间的产业扩散中，投资区位选择的集聚效应也是十分明显的。

2. 产业特征、空间竞争与产业集聚

产业集聚是不同产业在激烈的空间竞争条件下的一种表现形式，是产业应对空间竞争而在产业组织形式上的一种改变，是现代产业竞争力的重要来源和集中体现。波特（2002）认为，经济集聚的本质是规模经济、范围经济和外部经济共同作用的过程，规模经济导致经济集聚产业点，再加上范围经济产生集聚产业区，规模经济、范围经济和外部经济共同作用产生经济集聚核心区。单个厂商的收益递增可能是内生的，但并不是所有的规模经济都存在于厂商内部，收益递增也可能是完全外在于厂商的。某种行业在一个或几个地点集中生产从而降低了该行业的成本，而行业中的单个厂商的规模仍可能很小，这时规模经济存在于行业内而不是单个厂商内部。这源于厂商决策的相互影响而导致的外部经济。当技术变得越来越重要时，外部经济也变得越来越重要，外生的收益递增也越来越普遍。无论是内生的还是外生的，只要存在收益递增，就会刺激厂商的集中。

因此，对产业区位变迁的分析必须从地区禀赋与产业特征两个方面来说明地区产业结构变化和产业空间竞争力的提高。本章试图通过对制造业地区产值的变化进行分解，从地区禀赋和产业特征相互作用来说明产业区位变迁的结构效应和空间效应，从而对产业区位变迁进行解释。

第二节 “克鲁格曼假说”的提出

近年来，经济一体化如何影响经济活动的空间结构问题引起了经济学家的广泛兴趣，各种贸易理论、经济地理理论和增长理论模型纷纷被用来解释经济活动的空间结构问题。欧洲经济一体化对该地区经济活动的空间结构效应成为分析该问题的一个典型案例，克鲁格曼（1991，1993）在此基础上提出了一个假说：地区专业化水平提高的同时，经济活动也将在地理上变得更加集中。这个著名的假说成为分析空间经济结构的出发点。

从理论研究的发展来看，尽管贸易理论和区位理论非常接近，构成了一个硬币的两面（Isard，1956），但是，长期以来，它们被看做经济学的两个分支。直到20世纪90年代，经济学家才开始研究贸易理论的空间维度。尤其是克鲁格曼（1991）的研究将国际经济理论和区域经济理论结合在一起，并形成了一个包含贸易理论、经济地理理论和城市经济理论的产业区位理论框架。从目前研究的发展来看，经济一体化对地区专业化和产业活动区位的影响可以归结为三类模型。传统的贸易理论用生产率（或技术）差异（Ricardo，1817）和国家（或地区）之间的要素禀赋差异（Heckscher，1919；Ohlin，1933）形成生产成本的比较优势来解释专业化的模式。新贸易理论则强调企业之间的相互作用在产品市场上形成递增收益，并用国家（或地区）商品市场的易接近程度来解释专业化模式和产业活动的区位（Krugman，1979，1980，1981；Helpman 和 Krugman，1985；Krugman 和 Venables，1990）。而新经济地理模型则认为，大市场的优势是内生的，专业化模式是经济活动空间集聚的结果（Krugman，1991a，1991b；Krugman 和 Venables，1995；Venables，1996）。在对产业空间结构的不同解释中，这三种理论方法都将专业化水平的提高看做贸易自由化和经济一体化的结果。不同的是，传统的贸易理论是基于生产率和地区禀赋差异来解释地区专业化；而新贸易理论和新经济地理模型强调生产的收益递增、集聚经济和累积过程作为对经济活动在某一国家或地区集中的解释。

相对于理论研究的进展而言，经验解释非常有限。现有的研究多数集中于欧洲。布鲁哈特（Brulhart，1996）、布鲁哈特和托斯藤森（Brulhart 和 Torstensson，1996）对欧盟 11 国专业化模式演化的研究结果，是支持在区域一体化和空间集聚之间的 U 型关系曲线的。艾米提（1999）发现，在比利时、丹麦、德国、希腊和新西兰等国的专业化水平在 1968～1990 年有明显的提高；而法国、西班牙和英国等国的专业化水平在 1980～1990 年则出现明显的下降。另外，有一些研究认为，1980～1990 年间欧洲专业化水平有所提高（Hine，1990；Greenway 和 Hine，1991；Aiginger 等人，1999；Midelfart-Knarvik 等人，2000）。然而，根据贸易数据的经验分析，欧盟成员国具有一个多样化而非专业化的制造业出口模式（Sapir，1996；Brulhart，2001）。艾米提（1999）发现，有 17 个产业地理集中程度提高，有 6 个产业地理集中程度下降。布鲁哈特和托斯藤森（1996）发现，在 1980～1990 年欧盟产业规模经济和产业集中与中心地区之间存在正向关联。布鲁哈特（1998）发现那些高度集中于欧洲中心国家的产业明显受到规模经济的影响。迈德法特（Midelfart-Knarvik 等人，2000）则发现，在 1970～1997 年，欧盟产业区位经历了明显的变化，增长缓慢和非熟练劳动密集型产业变得更加集中于外围低工资国家，而在同一时期，一些中高技术产业则变得更加扩散。其他学者对美国制造业空间结构问题进行了一些研究。汉森（1996）发现，集聚与递增收益有关，美国经济的一体化使得墨西哥的产业向容易接近美国市场的地区集中。埃利森和格莱泽（1997）研究美国制造业的地理集中时发现，所有的产业都有本地化的倾向，然而，多数产业集中程度并不明显，集中的产业与自然优势有关。

欧盟国家间水平的经验证据倾向于认为欧盟处于一个更加集中和专业化的阶段，因而证明了克鲁格曼假设（Aiginger 和 Leitner，2002）。一些研究描述了欧盟内部专业化与地理集中，但是，由于数据的可得性和质量等问题，很多研究者采用了国家层面的数据（Aiginer Pfaffermayr，2004；Brulhart，2001；Midelfart-Knarvik 等人，2000，2003；Amiti，1999；Haaland 等人，1999），而对欧盟范围内区域层面的研究非常少。现有关于欧盟的文献研究都支持一个同样的结论：就是欧盟国家从1970年后就变得更加专业化。然而，这些地区专业化和产业地理集中现象都具有两面性：一方面是专业化水平和地理集中程度的提高；另一方面则出现非专业化和产业分散现象。如艾金格等人（Aiginger和Leitner，2002）指出，欧盟的区域经济活动处于一个非集中的过程。因此，库姆斯等人（Combes和Overman，2004）和克里格（Krieger-Boden，2000）认为区域层面的研究必须谨慎。

目前，国内的研究主要是从三个方面展开：一是对地区专业化的研究。蔡昉等（2002）检验了中国经济整体、工业经济和农业经济地区专业化分工的趋势。樊福卓（2007）发现，中国工业的地区专业化水平自20世纪80年代中后期以来有了较大程度的提高。二是对地理集中的研究。高飞（2002）探讨了产业地理聚集的原因，并指出自然优势聚集力、外溢聚集力和人文凝聚力是产业地理集中的基本动力；王业强、魏后凯（2007）分析了制造业地理集中的影响因素。三是将这两个方面综合考虑。范剑勇（2005）认为，中国仍处于“产业高集聚、地区低专业化”的状况；冼国明、文东伟（2006）研究发现，1985年以来，中国产业地方化和地区专业化程度都在加深；陈良文、杨开忠（2006）认为，1993～2003年我国各省份的专业化水平呈显著上升趋势，制造业大部分行业集中程度提高，整个制造业集聚程度上升。在研究方法上，现有的研究都沿袭克鲁格曼（1991）的研究路径。但是，上述对地区专业化和产业地理集中的各种研究都没有明确识别出两者的差异，也没有将这两种影响明确加以区分。

第三节　分析方法与模型

某一个部门的地区专业化和某一产业集中于某一个地区是两个相互关联的经济现象。一般来说，地区产业结构专业化是指少数产业贡献了该地区总产值的大部分，表现出较强的结构效应，由此形成专业化水平高的地区和专业化水平低的地区，本书将地区专业化定义为经济一体化的结构效应。而产业的地理集中则是指产业的大部分产出活动集中在少数几个地区，说明该产业在空间上具有集聚效应，由此形成中心地区和外围地区，本书将地理集中定义为经济一体化的空间效应。估算地区专业化和产业地理集中的计算公式很多，但在现有的经验文献中，实际上是对同一产业活动矩阵的不同计算方法（矩阵的行表示地区，列表示行业）。从地区角度计算出的指数衡量了专业化水平，而从行业角度计算的指数则表示了地理集中程度（Krugman，1991；Midelfahrt-Knarvik 等人，2000；Amiti，1999；Brulhart，2001；Glaeser 等人，1992）。

除了上述两种统计方法之外，一些学者用偏离份额分析法对产业活动矩阵进行分解，并得出了一些新的结论（Dunn，1960；Hewings，1976；Nazara 和 Hewings，2004；Mayor 和 Lopez，2007）。偏离份额分析作为一种统计分析工具被广泛运用于区域增长的分析。在偏离份额分析中，区域经济增长可以分解为三个分量：第一个分量是指基期某产业按照国家所有产业的增长速度发展所增加的量，衡量了经济增长的共性部分，是所有地区所有产业发展的基础；第二个分量是指按照该产业的实际增长与全国所有产业平均增长率的差值发展所增加的量，反映了地区产业结构不同所带来的经济发展差异，即结构效应，如果全国某产业增长超过全国经济平均增长率，该分量就为正；第三个分量是指按照特定区域该产业的实际增长率与全国该产业的实际增长率差值发展所增加的量，这个分量反映了区域整体经济之间的竞争，即空间效应。

杜恩（1960）认为，经典偏离份额分析法的主要目标是用于地理空间变化的量化，而空间依赖和空间差异却很少被考虑。经典的偏离份额分析方法只考虑了地区经济随国家经济发展的整体效应，而忽略了地区单元之间的联系。休因斯（1976）提出了一个包含空间相互作用的偏离份额模型。如果地区经济向国家经济收敛，与此同时，在一个不受外部影响的经济体中，各地区之间相同的产业部门相互独立，那么在经典公式中就可以分离出空间相互依赖的影响。

在偏离份额分析模型中引入空间依赖因素通常有两种相互替代的方法：一是对经典分析模型进行扩展，对空间权重矩阵进行定义并引入偏离份额模型；二是基于回归模型（随机偏离份额分析）并引入空间独立和剩余依赖变量，对变量数据进行过滤。艾萨德（1960）认为，任何空间单元都受到其相邻单位的影响。纳扎拉和休因斯（2004）对空间结构赋予更大的权重。结果，由于相似结构的地区也被看做相邻区域，并影响经济增长，因此识别的效应并不独立。

一、经典偏离份额模型

用 X_{ij} 表示 j 地区 i 部门经济活动的初始值，X'_{ij} 表示同一指标的最终值，那么两个时期该经济活动的变化可用公式表示为：

$$X'_{ij}-X_{ij}=\Delta X_{ij}=X_{ij}r+X_{ij}(r_i-r)+X'_{ij}(r_{ij}-r_i) \tag{6-1}$$

其中，$r=\frac{\sum_{i=1}^{S}\sum_{j=1}^{R}(X'_{ij}-X_{ij})}{\sum_{i=1}^{S}\sum_{j=1}^{R}(X_{ij})}$；$r_i=\frac{\sum_{i=j}^{R}(X'_{ij}-X_{ij})}{\sum_{j=1}^{R}(X_{ij})}$；$r_{ij}=\frac{X'_{ij}-X_{ij}}{X'_{ij}}$

那么，公式（6-1）中等式右边分别表示国家分量（$NE_{ij}=X_{ij}r$）、产业结构效应（$SE_{ij}=X_{ij}(r_i-r)$）和空间竞争效应（$CE_{ij}=X_{ij}(r_{ij}-r_i)$）。国家分量反映了按照国家所有产业增长速度增长所增加的量，除了国家分量外，第二项反映了产业生产超过或低于平均水平给经济增长带来的专业化结构效应，第三项则反映了某一地区的产业部门相对于国家该部门的空间竞争效应。对式 1 两边同除以 ΔX_{ij}，可得：

$$1=\frac{r}{\Delta X_{ij}/X_{ij}}+\frac{r_i-r}{\Delta X_{ij}/X_{ij}}+\frac{r_{ij}-r_i}{\Delta X_{ij}/X_{ij}} \tag{6-2}$$

式（6-2）右边第一项表示国家经济整体对经济增长的贡献率；第二项表示产业结构效应对经济增长的贡献率；第三项则表示产业空间效应对经济增长的贡献率。

但偏离份额分析存在一定的缺陷。一方面，权重选择不能随生产结构变化而改变；另一方面，分析的结果与产业部门的总体规模有关，并且，经济增长对部门结构效应没有从空间效应中分离出来，造成部门和地区之间相互依赖。除了这些问题之外，丁克等人（1998）认为，部门和地区之间的空间依赖使问题变得更复杂，因而，应在模型中加入反映空间相互作用的项。埃斯特班（Esteban-Marquillas，1972）在模型中引入“同位变化”（Homothetic Change，X^*_{ij}）。他认为，如果地区部门结构与国家部门结构一致，那么，“同位变化”就能表示产业规模。

$$X_{ij}^{*}=\sum_{i=1}^{S}X_{ij}\frac{\sum_{j=1}^{R}X_{ij}}{\sum_{i=1}^{S}\sum_{j=1}^{R}X_{ij}}=\frac{\sum_{i=1}^{S}X_{ij}}{\sum_{i=1}^{S}\sum_{j=1}^{R}X_{ij}}\sum_{j=1}^{R}X_{ij}$$

那么，经典的偏离份额模型就写成：

$$\Delta X_{ij}=X_{ij}r+X_{ij}(r_i-r)+X_{ij}(r_{ij}-r_i)+(X_{ij}-X_{ij}')(r_{ij}-r_i) \tag{6-3}$$

上式第三项表示净竞争效应（NCE），表示每一个地区相对于整体经济的优势或劣势。当 $X_{ij}\neq X_{ij}^{*}$ 时，第四项称为区位效应（LE），用于衡量产业在某地区的集中程度。

二、空间依赖模型

纳扎拉和休因斯（2004）采用空间权重对增长率进行了修正。在此基础上，梅耶和罗普兹（2005）提出了一个替代的方法来测算一个地区被相邻地区影响的程度，这种方法类似于埃斯特班（1972）在模型中引入的“同位变化”（X_{ij}^{v}），不同之处在于他将区域环境影响纳入了模型。可用公式表示如下：

$$X_{ij}^{v}=\sum_{i=1}^{S}X_{ik}\frac{\sum_{k\in v}X_{ik}}{\sum_{i=1}^{S}\sum_{k\in v}X_{ik}}$$

在这种情况下，经济规模被定义为相邻地区经济活动的函数，因而，同位变化的概念被空间效应值的概念所替代，根据空间结构的权重可以有效地计算出地区和部门相互作用的经济活动值。那么，偏离份额模型可写成：

$$\Delta X_{ij}=X_{ij}r+X_{ij}(r_i-r)+X_{ij}^{v*}(r_{ij}-r_i)+(X_{ij}-X_{ij}^{v*})(r_{ij}-r_i) \tag{6-4}$$

式中：

$$X_{ij}^{v*}=\sum_{k\in v}w_{jk}X_{ik}$$

v 表示地区 j 的临近区域集合；w_{jk}则表示空间地理单元 j 和 k 之间的经济依赖程度，如果两个地区相邻，则 $w_{jk}=1$；其他情况下 $w_{jk}=0$（Moran，1948；Geary，1954）。但是，上式一个明显的缺点是导致了 $\sum_{i,j}X_{ij}^{v*}\neq\sum_{i,j}X_{ij}$，为了解决这个问题，可以采用修正的部门权重概念，即 $\frac{\sum_{j=1}^{R}X_{ij}^{v*}}{\sum_{i=1}^{S}\sum_{j=1}^{R}X_{ij}^{v*}}=\frac{X_i^{v*}}{X^{v*}}$，因而得到一个空间同位效应值：

$$X_{ij}^{v**}=X_j\frac{X_i^{v**}}{X^{v*}}$$

新的修正值满足 $\Sigma'_{i,j} X_{ij}^{v**} \neq \Sigma_{i,j} X_{ij}$，因而，替代模型可表示为：

$$X_{ij} r + X_{ij}(r_i - r) + X_{ij}^{v**}(r_{ij} - r_i) + (X_{ij} - X_{ij}^{v**})(r_{ij} - r_i) \quad (6\text{-}5)$$

上式中第三项为空间净竞争效应(SNCE)，第四项则为空间区位效应(SLE)。

三、空间过滤模型

空间过滤模型是一种处理回归过程中空间自相关现象的替代方法，通过变量过滤消除空间相互影响。对于一个具有 n 个子区域的地区，$G_i(d)$ 表示在 i 地区距离为 d 的范围内子区域经济值之和与除地区 i 之外的所有区域经济值之和的比值，即

$$G_i(d) = \frac{\sum_{j=1}^{n} w_{ij}(d)\, x_j}{\sum_{j=1}^{n} x_j};\ i \neq j$$

为了消除空间依赖的影响，可以采用如下过滤变量：

$$\tilde{x}_i = \frac{x_i\left(\frac{\sum_{j=1}^{n} w_{ij}(d)}{n-1}\right)}{G_i(d)}$$

最著名的过滤方法是由葛提斯（Getis，1990，1995）提出来的。梅耶（2008）则提出了三个模型来加以分析。

模型一：经过变量过滤，则能够得到综合考虑空间或非空间变量的传统偏离份额分析模型。但所得到的结果并不严格与初始数据相关，这是因为初始时期和最终时期采用不同的过滤程序，并且在每一种情况下增长率也是不同的。过滤变量（$\tilde{X}$）的增长率分别表示如下：

$$\tilde{r} = \frac{\tilde{X}^t - \tilde{X}^{t-k}}{\tilde{X}^{t-k}},\quad \tilde{r}_i = \frac{\tilde{X}_i^t - \tilde{X}_i^{t-k}}{\tilde{X}_i^{t-k}},\quad \tilde{r}_{ij} = \frac{\tilde{X}_{ij}^t - \tilde{X}_{ij}^{t-k}}{\tilde{X}_{ij}^{t-k}}$$

那么，可对偏离份额进行如下分解可得到过滤的结构效应（FSE）和过滤的竞争效应（FCE）：

$$\Delta \tilde{X}_{ij} = \tilde{X}_{ij} \tilde{r} + \tilde{X}_{ij}(\tilde{r}_i - \tilde{r}) + \tilde{X}_{ij}(\tilde{r}_{ij} - \tilde{r}_i) \quad (6\text{-}6)$$

模型二：在这个模型中可以得到两种新的效应：过滤的空间竞争效应（FSCE）和过滤的空间区位效应（FSLE）。与埃斯特班的分解方法相似，在该模型中，同位变化被没有空间影响变量的期望值所替代，并且期望值与真实值之间的偏差是由空间外溢效应所引起的。因此，过滤的空间竞争效应和

过滤的空间区位效应由下式给出：

$$FSCE_{ij}=\widetilde{X}_{ij}\ (r_{ij}-r_i)$$
$$FSLE_{ij}=L_{ij}\ (r_{ij}-r_i)\ =\ (X_{ij}-\widetilde{X}_{ij})\ (r_{ij}-r_i) \tag{6-7}$$

由于上述分解是可叠加性的，且满足 FCE＝FSCE＋FSLE，因而过滤竞争的影响与传统模型是严格可比的。

模型三：对过滤后的经济活动值进行分析所得到的结果与由梅耶等人（Mayor 和 Lopez，2005）提出的空间偏离份额模型所得到的结果进行比较，就可以得到一些新的结论。为了定义一个替代的同位变化（Esteban-Marquillas，1972）概念和空间同位效应值（Mayor 和 Lopez，2005），可使用由过滤变量修正的部门权重（没有空间外溢）。空间效应变量由以下过滤值（$\widetilde{X}_{ij}$）替代：

$$\frac{\sum_{j=1}^{R}\widetilde{X}_{ij}}{\sum_{i=1}^{S}\sum_{j=1}^{R}\widetilde{X}_{ij}}=\frac{\widetilde{X}_i}{X}$$

因此，过滤后的同位活动值可以由下式获得：

$$\widetilde{X}_{ij}^{**}=X_j\frac{\widetilde{X}_i}{\widetilde{X}}$$

则有下列分解：

$$\Delta X_{ij}=X_{ij}r+X_{ij}\ (r_i-r)\ +\widetilde{X}_{ij}^{**}\ (r_{ij}-r_i)\ +\ (X_{ij}-\widetilde{X}_{ij}^{**})\ (r_{ij}-r_i) \tag{6-8}$$

从上式可以得到两种不同的效应：一是过滤后的净竞争效应（FNCE），描述了在没有空间外溢的情况下，由国家部门结构变量的预期变化；二是过滤的区位效应（FLE），表示由地区部门专业化与外溢效应所引起的变量期望值与实际变化之间的差异。

第四节　中国制造业区位变迁的统计分析

本书数据来源于 1997～2007 年《工业统计年报》（地区册）、1985 年和 1995 年工业普查数据、《中国工业统计年鉴》以及各年度《中国统计年鉴》。鉴于统计数据的局限，本书所考察的制造业区位的地区维度采用行政区划，具体到省一级的产业地理分布情况。本书将全国31个省、直辖市、自治区划分为四大区域进行分析，其中，东北地区包括辽宁、吉林、黑龙江3省；东部地区包括北京、天津、河北、山东、上海、江苏、浙江、广东、福建、海南10个省市；中部地区包括湖北、湖南、安徽、江西、山西、河南6省；西部地区包括陕西、甘肃、宁夏、内蒙古、青海、新疆、重庆、四川、贵州、云南、广西、西藏12个省市区。通过对制造业总产值的分解分析，可以得到以下结论：

（1）中国四大区域制造业均有不同程度增长，区位变迁的结构效应和空间效应在时间上具有一致性。1985～2005年，东部地区制造业总产值增长26.37倍，中部和西部地区分别增长11.72倍和11.10倍，而东北地区仅增长8.53倍。从中期（1995～2005年）和短期（2000～2005年）看，各地区制造业总产值也有不同程度增长（见表6-1）。按照前述公式进行分解，我们发现，制造业区位变迁的结构效应和空间效应在时间上具有一致性。从表6-1中可以看到，东北地区和东部地区无论在短期还是在中期或长期（1985～2005年），始终具有正的结构效应；中部地区和西部地区则始终具有负的结构效应。东部地区产业结构优化明显，而中部地区产业结构日趋恶化。从空间效应上看，除了东部地区具有正的空间效应外，其他三个地区均表现出空间负效应。西部地区产业在空间上具有明显弱势。对空间效应的进一步分解可以发现，净竞争效应变化趋势与空间效应保持一致，但产业的区位效应则表现出不同的变化趋势，东部地区的区位效应在中、短期为负，在长期也只有微弱的正效应；东北、中部和西部地区则具有正的区位效应，其中，中部地区区位效应优势明显。

表6-1 中国四大区域制造业产值增长效应分解

地区	增长额（亿元）	增长幅度（%）	对增长额的贡献（%）				
			全国分量（NE）	结构效应（SE）	空间效应（CE）	净竞争效应（NCE）	区位效应（LE）
2000～2005年							
东北	8733.4	140.7	132.3	0.3	−32.6	−40.1	7.5
东部	103651.9	206.8	90.0	0.9	9.2	10.4	−1.3
中部	16381.6	164.3	113.2	−0.2	−13.0	−19.6	6.6
西部	11406.4	126.1	147.5	−7.7	−39.8	−40.5	0.7

续表

地区	增长额（亿元）	增长幅度（%）	对增长额的贡献（%）				
			全国分量（NE）	结构效应（SE）	空间效应（CE）	净竞争效应（NCE）	区位效应（LE）
1995～2005年							
东北	10443.6	232.1	151.5	5.7	−57.1	−67.8	10.6
东部	124561.4	426.5	82.4	1.8	15.8	15.8	−0.04
中部	18433.3	232.8	151.0	−12.5	−38.5	−50.0	11.6
西部	14347.7	235.2	149.5	−3.7	−45.8	−52.6	6.8
1985～2005年							
东北	13374.0	852.6	219.2	14.6	−133.7	−134.8	1.1
东部	148147.2	2637.3	70.9	0.8	28.4	28.4	0.001
中部	24279.6	1172.2	159.4	−8.4	−51.0	−60.7	9.7
西部	18759.8	1110.5	168.3	−5.5	−62.8	−64.5	1.7

注：增长额和增长比例按现价计算。

资料来源：作者计算。

（2）各地区产业行业同构[①]现象突出，产业空间优势没有发挥出来。对2000～2005年中国制造业总产值增长进行分解可以发现，各地区近年发展速度较快的制造业行业均集中在黑色金属冶炼及压延加工业、有色金属冶炼及压延加工业、普通机械制造业和家具制造业等资源消耗型产业，高新技术产业普遍增长缓慢。从增长份额分解来看，由于受进口矿石等因素的影响，黑色金属冶炼及压延加工业和有色金属冶炼及压延加工业这些资源消耗大、污染严重的产业在东部地区继续保持较快的增长，而在资源丰富、环境压力小的中西部地区则呈现出负的空间效应，这必将进一步加大资源环境与经济发展之间的矛盾。2000～2005年，东部地区的黑色金属冶炼及压延加工业和有色金属冶炼及压延加工业表现出负的区位效应，正说明了这一点。但东部地区良好的产业发展环境，使得东部地区产业净竞争效应的优势明显，抵消了产业本身的区位劣势，[②] 进而阻碍了产业的空间转移。

① 魏后凯（2007）认为，从某种程度上看，地区行业结构趋同是经济社会发展的必然趋势。

② 这里的区位劣势是一种泛指，主要是指产业集聚带来的不经济性。

表 6-2　2000～2005 年中国各地区制造业增幅前 5 位行业

地区	产业名称	增长额（亿元）	增长幅度（%）	对增长额的贡献（%）				
				全国分量（NE）	结构效应（SE）	空间效应（CE）	净竞争效应（NCE）	区位效应（LE）
东北	普通机械制造业	677.3	267.3	69.6	23.3	7.1	7.1	0.1
	食品加工业	823.0	243.0	76.6	−0.4	23.8	21.6	2.2
	黑色金属冶炼及压延加工业	1441.2	243.0	76.6	69.0	−45.5	−30.0	−15.6
	专用设备制造业	319.8	239.3	77.8	−3.6	25.8	34.9	−9.1
	家具制造业	58.8	228.5	81.4	43.5	−25.0	−29.6	4.6
东部	黑色金属冶炼及压延加工业	10299.2	404.3	46.0	41.4	12.5	15.5	−3.0
	家具制造业	918.8	319.8	58.2	31.1	10.7	9.2	1.5
	有色金属冶炼及压延加工业	2717.0	312.0	59.6	25.0	15.4	25.6	−10.2
	电子及通信设备制造业	18874.6	288.0	64.6	24.8	10.6	8.1	2.5
	普通机械制造业	5760.1	262.3	70.9	23.7	5.3	4.9	0.4
中部	黑色金属冶炼及压延加工业	2939.9	338.0	55.1	49.6	−4.6	−3.3	−1.3
	有色金属冶炼及压延加工业	1591.5	281.9	66.0	27.7	6.3	3.2	3.1
	食品制造业	460.6	222.1	83.8	−10.8	27.0	24.9	2.2
	木材加工及竹、藤、棕、草制品业	180.2	210.2	88.5	−3.7	15.2	15.4	−0.2
	普通机械制造业	693.2	200.4	92.9	31.0	−23.9	−27.8	4.0
西部	食品制造业	415.6	300.1	62.0	−8.0	46.0	57.5	−11.5
	黑色金属冶炼及压延加工业	2057.8	284.7	65.3	58.9	−24.2	−19.0	−5.2
	专用设备制造业	445.0	283.1	65.7	−3.0	37.3	62.5	−25.2
	皮革、毛皮、羽绒及其制品业	92.9	244.3	76.2	−11.7	35.6	151.0	−115.5
	有色金属冶炼及压延加工业	1264.8	213.9	87.0	36.5	−23.5	−10.4	−13.1

注：同表 6-1。

资料来源：作者计算。

（3）不同制造业结构效应差异较大，空间效应则比较平均。对 1985～2005 年不同制造业行业总产值增长进行分析，我们发现，增幅较大的制造业区位变迁的结构效应也较大，负的结构效应往往出现在增幅排名20位以后的制造业。例如，增幅排名前三位的电子及通信设备制造业、石油加工及炼焦业和交通运输设备制造业总产值增幅分别为109.7倍、41.6倍和40.3倍，其结构效应的贡献率分别为83.1%、55.1%和53.7%，但空间效应比较平均，贡献率均在0左右，这与我国制造业空间分布不均衡的客观事实不符。对空间效应进行分解，增幅较大的制造业具有较强的净竞争效应和负的区位效应。而增幅排名较后的制造业则相反，具有较强的结构负效应，如普通机械制造业、食品制造业和专用设备制造业增幅排名靠后，三者结构效应的贡献率分别为－329.9%、－275.9%和－239.4%。

表6-3　1985～2005年中国制造业产值增长效应分解

行业代码	行业名称	增长额（亿元）	增长幅度（%）	增幅排名	对增长额的贡献（%）			
					全国经济增长效应（NE）	结构效应（SE）	空间效应（CE）	
							净竞争效应（NCE）	区位效应（LE）
C13	农副食品加工业	9629.9	977.6	24	192.54	－91.2	6.8	－6.8
C14	食品制造业	3146.5	497.1	27	378.60	－275.9	3.9	－3.9
C15	饮料制造业	2939.4	1960.8	19	95.99	4.7	2.9	－2.9
C16	烟草制品业	2638.5	1304.5	22	144.28	－43.2	－3.1	3.1
C17	纺织业	11615.3	1099.5	23	171.19	－70.0	－14.1	14.1
C18	服装及其他纤维制品制造业	4210.3	550.8	25	341.72	－239.3	－13.5	13.5
C19	皮革、毛皮、羽绒及其制品业	3378.7	4018.1	4	46.15	54.2	－1.7	1.7
C20	木材加工及竹、藤、棕、草制品业	1771.0	3121.5	13	60.30	40.1	20.5	－20.5
C21	家具制造业	1379.9	2914.5	14	64.58	35.9	－3.3	3.3
C22	造纸及纸制品业	4007.5	2604.6	17	72.26	28.3	6.1	－6.1
C23	印刷业、记录媒介的复制	1358.9	1616.9	20	116.41	－15.6	－1.6	1.6
C24	文教体育用品制造业	1444.9	3837.2	8	49.05	51.3	－30.4	30.4
C29	石油加工及炼焦业	11719.1	4164.3	2	45.20	55.1	17.9	－17.9
C30	化学原料及化学制品制造业	15794.8	2796.3	15	67.31	33.2	0.3	－0.3
C34	医药制造业	4123.2	3239.5	11	58.10	42.3	0.3	－0.3

续表

行业代码	行业名称	增长额（亿元）	增长幅度（%）	增幅排名	对增长额的贡献（%）			
					全国经济增长效应（NE）	结构效应（SE）	空间效应（CE）	
							净竞争效应（NCE）	区位效应（LE）
C35	化学纤维制造业	2529.1	3189.4	12	59.01	41.4	−10.9	10.9
C39	橡胶制品业	2058.6	1490.3	21	126.29	−25.4	−2.1	2.1
C25	塑料制品业	4926.7	3489.4	10	53.94	46.4	−11.4	11.4
C26	非金属矿物制品业	8772.5	2075.4	18	90.69	10.0	1.8	−1.8
C28	黑色金属冶炼及压延加工业	20928.4	3857.4	7	48.80	51.6	11.3	−11.3
C31	有色金属冶炼及压延加工业	7741.3	3937.0	5	47.81	52.5	4.7	−4.7
C32	金属加工业	6323.1	2706.5	16	69.30	31.2	−6.3	6.3
C33	普通机械制造业	8626.3	434.8	28	433.01	−329.9	−1.2	1.2
C27	专用设备制造业	5150.2	550.7	26	341.80	−239.4	1.3	−1.3
C36	交通运输设备制造业	15334.8	4034.3	3	46.65	53.7	11.2	−11.2
C37	电气机械及器材制造业	13546.0	3812.8	9	49.37	51.0	−7.5	7.5
C40	电子及通信设备制造业	26750.5	10967.4	1	17.00	83.1	−21.1	21.1
C41	仪器仪表及文化、办公用机械制造	2711.5	3898.1	6	48.29	52.1	−7.9	7.9

资料来源：作者计算。

（4）各地区近期制造业变动幅度较大，产业区位进入大幅调整时期。对1985年、1995年、1997～2005年不同制造业总产值进行差分分解，分析结果显示，20世纪90年代中期以来，中国制造业产业区位进入大幅调整时期，在这一时期，制造业总产值增幅变化较大，产业区位变迁的结构效应和空间效应都具有较大的变化幅度。例如，长期增幅排名前3位的电子及通信设备制造业区位变动幅度较大的时期在2000～2005年、石油加工及炼焦业在1998～2002年区位变化幅度较大、交通运输设备制造业则在2001～2005年区位面临剧烈调整（见图6-1）；排名最后3位的普通机械制造业、食品制造业和专用设备制造业在2001～2005年区位变迁的结构效应和空间效应都面临比以前更大的调整幅度。

（a）电子及通信设备制造业

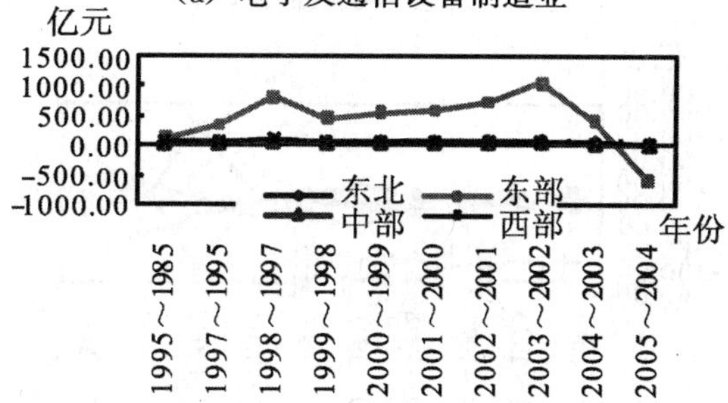

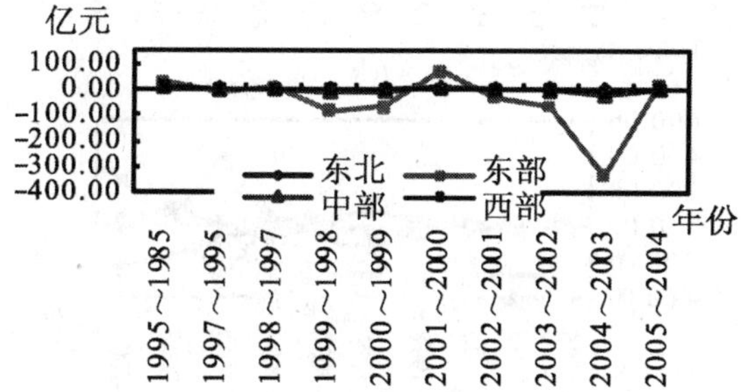

（b）石油加工及炼焦业

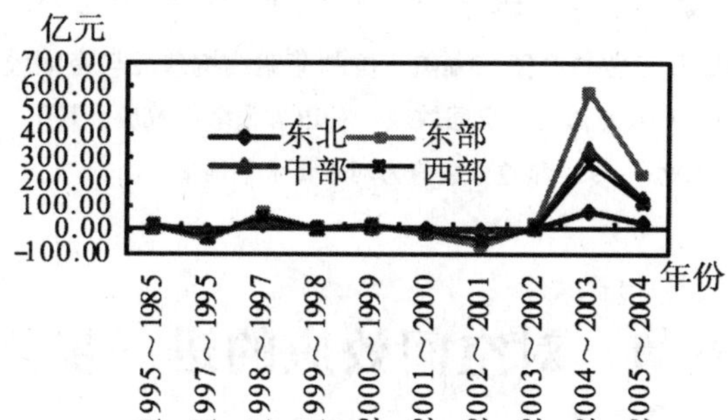

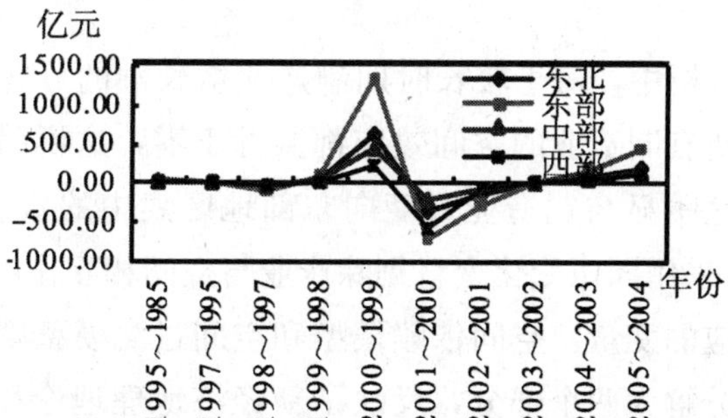

图 6-1　1985～2005 年工业总产值增幅前 3 位制造业结构效应与空间效应变化趋势

(c) 交通运输设备制造业

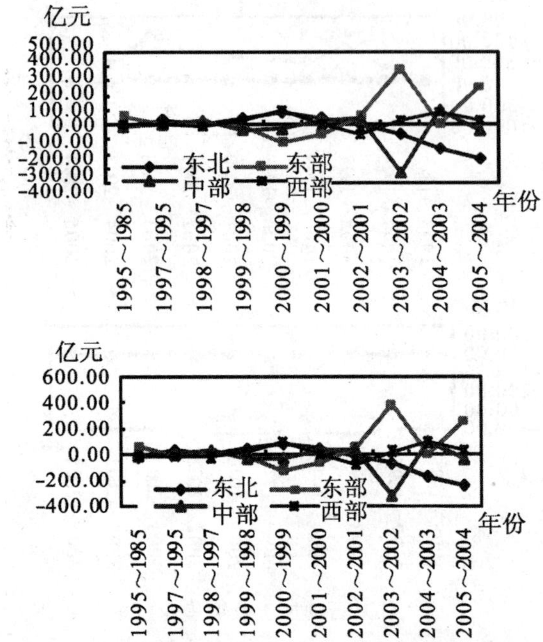

图 6-1　1985～2005 年工业总产值增幅前 3 位制造业结构效应与空间效应变化趋势（续）

注：图（a）、（b）、（c）左边均为空间效应；右边均为结构效应。其中，1985～1995 年差分数值为 10 年算术平均值；1995～1997 年差分数值为两年算术平均值。

第五节　对空间效应的进一步分解

在表 6-3 的分析中，对于较长时期制造业增长额的分解，我们发现一个有趣的现象，即所有制造业的空间效应都接近于零，这说明我国制造业空间效应比较平均，这明显与制造业过度向东部地区集中的事实相悖（王业强、魏后凯，2007）。采用同位变化变量剔除产业与空间相互作用后，则可以得到一个反映空间效应的变量。空间依赖模型和空间过滤模型则是通过引入新的变量将空间效应分解为两个部分，反映了新经济地理理论和内生增长理论中日益重要的空间外部性的作用，从而进一步解释了地区之间的相互作用和空间外溢对区域经济发展的影响。根据不同的模型分解公式，本书对1997～2007年28个制造业工业总产值的增长进行分解得到以下结果。

（1）在地区之间相互影响的条件下，制造业整体结构效应较强。在28个制造业中，有25个产业的结构与空间效应比大于1，结构效应具有明显优势。但结构与空间效应同向变化的只有10个行业，而同时具有正的结构效应和空间效应的行业只有3个，分别是电气机械及器材制造业（C39）、电子及通信设备制造业（C40）和仪器仪表及文化办公用机械制造业（C41），其结构与空间效应比分别为1.3、5.5和3.0，这说明“克鲁格曼假说”在中国不具有普遍性。表6-4中只有9个行业表现出正的结构效应，而有15个行业的空间区位效应为正，说明大部分制造业增长是由空间区位效应带动的，产业结构层次低明显制约了制造业增长。整体结构效应和空间区位效应均为负值，进一步说明我国制造业结构和空间分布均不合理。在除结构与空间效应同时为正的3个行业外，其他25个行业中，具有正的结构效应的行业有6个，如黑色金属冶炼及压延加工业（C32）和有色金属冶炼及压延加工业（C33），其结构效应对经济增长的贡献率分别为41.66%和40.45%。具有正的空间效应的行业有12个，如皮革、毛皮、羽绒及其制品业（C19）和文教体育用品制造业（C24），其空间效应对经济增长的贡献率分别为24.47%和24.45%（见表6-4）。

（2）在对经济变量进行空间过滤后，制造业结构效应进一步增强，而空间效应明显降低（见表6-5）。在28个行业中，结构效应为正的仅7个，但所有制造业的空间效应进一步弱化，表现出较强的结构效应。结构与空间效应同向变化的行业有11个，其中同时为正的只有3个。因此，“克鲁格曼假说”的适用性没有明显变化。结构正效应较强的制造业主要有电子及通信设备制造业（C40）、文教体育用品制造业（C24）、橡胶制造业（C29）和家具制造业（C21），其结构效应贡献率分别为71.00%、65.78%、66.26%和73.96%；而结构负效应更为明显，其中较大的有饮料制造业（C15）、专用设备制造业（C36）、非金属矿物制品业（C31），其结构效应贡献率分别为−952.94%、−310.55%和−272.29%。但过滤前的空间效应贡献率普遍接近于0，其对经济增长的影响几乎可以忽略，需要进一步分解。

表 6-4 空间依赖模型的进一步分解

行业代码	增长额（亿元）	全国经济增长效应（NE）贡献率（%）	结构效应（SE）贡献率（%）	空间效应		
				空间净竞争效应（SNCE）贡献率（%）	空间区位效应（SLE）贡献率（%）	结构/空间
C13	14831.51	148.13	−48.13	−7.10	7.1	−6.78
C14	4981.66	140.14	−40.14	−1.43	1.43	−28.1
C15	3893.07	293.67	−193.67	2.10	−2.1	92.08
C16	2874.28	223.58	−123.58	63.70	−63.7	1.94
C17	14525.44	160.34	−60.34	−20.46	20.46	−2.95
C18	5197.45	157.13	−57.13	−18.06	18.06	−3.16
C19	4128.04	138.87	−38.87	−24.47	24.47	−1.59
C20	2969.64	138.94	−38.94	27.87	−27.87	1.4
C21	2141.61	77.07	22.93	0.72	−0.72	−31.65
C22	5284.67	113.69	−13.69	−1.67	1.67	−8.19
C23	1602.22	176.23	−76.23	−0.76	0.76	−99.79
C24	1645.08	131.65	−31.65	−24.45	24.45	−1.29
C25	16669.26	72.59	27.41	28.79	−29.11	−0.94
C26	22702.99	108.14	−8.14	5.46	−5.46	1.49
C27	4949.27	112.56	−12.56	4.31	−4.31	2.92
C28	3166.39	131.53	−31.53	−20.48	20.47	−1.54
C29	2694.32	147.22	−47.22	−7.07	7.07	−6.68
C30	6723.66	106.03	−6.03	−8.11	8.12	−0.74
C31	12380.07	190.02	−90.02	8.02	−8.02	11.23
C32	31205.22	58.34	41.66	20.60	−20.6	−2.02
C33	16810.26	59.55	40.45	10.03	−10.03	−4.03
C34	7477.74	123.65	−23.65	−6.71	6.71	−3.53
C35	15796.14	96.15	3.85	0.66	−0.66	−5.85
C36	8668.76	137.48	−37.48	20.99	−20.99	1.79
C37	23191.17	94.78	5.22	9.13	−9.13	−0.57
C39	20576.54	85.14	14.86	−11.38	11.38	1.31
C40	34300.48	45.28	54.71	−10.02	10.02	5.46
C41	3665.53	73.30	26.7	−8.95	8.95	2.98

资料来源：根据《工业统计年报》（1997、2007）计算。

（3）在表 6-5 模型二中，结构效应和空间效应同向变化的行业有 10 个，同时为正的行业有 7 个，相对于模型一来讲，“克鲁格曼假说”的适用性有明显改善。模型二对空间效应进一步分解，发现过滤后的空间竞争效应有 25 个行业为正效应，但结构与空间效应比的绝对值小于 1 的只有两个行业，空间效应对经济增长的贡献具有普遍性，但数值不是很大。而在过滤的空间竞争效应明显的行业中，正效应最大的行业是烟草业（C16），贡献率为 68.14%，但其结构负效应也是最大的，为－1243.80%，说明该行业虽然结构层次较低，但在空间布局上具有较强的竞争力；负效应最大的行业是石油加工及炼焦业（C25），为－606.92%，但其结构效应贡献率也明显为负，为－251.44%，说明该行业无论在结构上还是在空间上竞争力都不强。

（4）模型三中空间区位效应明显减弱，结构效应明显增强。在 28 个制造行业中，有 15 个行业具有正的空间区位效应，但这些行业的空间效应值相对于结构效应来讲都明显较弱，只有 5 个行业的结构与空间效应比的绝对值小于 1。结构与空间效应同向变化的行业有 10 个，而其中同时为正的行业只有 3 个，仍无法说明“克鲁格曼假说”在中国具有普遍的适用性。空间正效应最大的行业是文教体育用品制造业（C24），它对经济增长的贡献率为 107.05%，而其结构效应贡献率为负，说明该行业需要增加科技投入，提升产业层次；而空间负效应最大的却是烟草业，与模型二明显相悖，需进一步分析，但其产业结构层次较低却是不争的事实。

表 6-5 空间过滤模型的进一步分解

行业代码	全国经济增长效应（NE）贡献率（%）	结构效应（SE）贡献率（%）	模型一	模型二			模型三		
			过滤的结构效应（FSE）贡献率（%）	过滤的空间竞争效应（FSCE）贡献率（%）	过滤的空间区位效应（FSLE）贡献率（%）	结构/空间	过滤净竞争效应（FNCE）贡献率（%）	过滤的区位效应（FLE）贡献率（%）	结构/空间
C13	384.97	－285.59	0.000195	－20.73	20.73	－13.78	－5.53	5.53	－8.7
C14	295.08	－195	－0.00057	－13.25	13.25	－14.72	－1.01	1.01	－39.68
C15	1052.95	－952.94	－0.00073	17.23	－17.23	55.29	1.31	－1.31	147.82
C16	1343.80	－1243.8	0.000717	－68.14	68.14	－18.25	54.70	－54.7	2.26

续表

行业代码	全国经济增长效应（NE）贡献率（%）	结构效应（SE）贡献率（%）	模型一	模型二			模型三		
			过滤的结构效应（FSE）贡献率（%）	过滤的空间竞争效应（FSCE）贡献率（%）	过滤的空间区位效应（FSLE）贡献率（%）	结构/空间	过滤净竞争效应（FNCE）贡献率（%）	过滤的区位效应（FLE）贡献率（%）	结构/空间
C17	142.58	−42.6	1.05E-05	−11.82	11.82	−3.6	−24.15	24.15	−2.5
C18	72.76	27.18	−0.00066	−11.07	11.07	2.46	−42.15	42.15	−1.36
C19	135.80	−35.81	0.001514	−22.88	22.88	−1.57	−35.56	35.56	−1.09
C20	77.51	22.48	−0.00336	−20.00	20	1.12	41.68	−41.68	0.93
C21	26.04	73.96	0.001395	−7.70	7.7	9.61	0.63	−0.63	−36.12
C22	136.18	−36.19	−0.00011	−26.35	26.35	−1.37	−1.48	1.48	−9.24
C23	250.09	−150.18	−0.00036	−32.64	32.64	−4.6	−0.54	0.54	−140.3
C24	34.23	65.78	0.000872	−10.50	10.5	6.27	−107.05	107.05	−0.3
C25	351.37	−251.43	0.001698	606.92	−606.92	0.41	24.62	−24.67	−1.11
C26	208.00	−108.03	0.000732	−2.77	2.77	−39.03	3.01	−3.01	2.7
C27	369.80	−269.73	0.002805	105.98	−105.98	2.55	2.82	−2.82	4.46
C28	240.24	−140.2	0.001835	−26.93	26.93	−5.21	−39.34	39.34	−0.8
C29	33.81	66.26	−0.00108	−8.54	8.54	7.76	−10.60	10.61	−4.45
C30	164.11	−64.11	0.000429	−29.91	29.91	−2.14	−9.28	9.28	−0.65
C31	372.37	−272.29	−0.00091	−11.36	11.36	−23.98	5.07	−5.07	17.74
C32	157.64	−57.62	0.000216	−14.51	14.51	−3.97	14.02	−14.02	−2.97
C33	146.38	−46.38	−0.00108	−12.90	12.9	−3.6	3.59	−3.59	−11.28
C34	119.28	−19.32	0.001431	−17.23	17.23	−1.12	−5.81	5.81	−4.07
C35	157.14	−57.33	−0.00076	−31.63	31.63	−1.81	0.57	−0.57	−6.74
C36	410.48	−310.55	0.001487	−14.65	14.65	−21.2	15.98	−15.98	2.34
C37	138.14	−38.08	0.000379	−30.26	30.26	−1.26	13.34	−13.34	−0.39
C39	157.64	−57.64	−0.00023	−19.99	19.99	−2.88	−10.88	10.88	1.37
C40	29.14	71	−0.00217	−18.06	18.06	3.93	−14.61	14.61	3.75
C41	91.70	8.3	0.001231	−20.32	20.32	0.41	−10.91	10.91	2.45

资料来源：根据《工业统计年报》（1997、2007）计算。

第六节　小　结

改革开放的过程实质上就是市场的主导地位逐步确立的过程。市场机制对产业区位变迁的影响越来越大，尤其是1992年以后，市场地位的进一步确立，我国制造业表现出明显的集聚趋势。集聚对经济的巨大影响往往使我们忽视产业结构优化的重要性。我们习惯认为，集聚经济自身会带来产业结构的升级，也就是"克鲁格曼假说"所描述的结构与空间同时优化的局面。事实并非如此，一方面，在制造业向沿海地区高度集中的同时，"产业同构"现象日趋严重，附加值较低的加工制造业的高度集聚，往往造成恶性的市场竞争，资源的粗放使用生产方式进一步制约了产业结构的优化升级。另一方面，集聚不经济实际上就是一种空间负效应，它将导致产业在空间上扩散，去寻找更为有利的空间区位。这实际上也就是产业结构的一种优化方式。也就是说，产业的空间效应与结构效应的非同步性。因此，"克鲁格曼假说"的成立是具有阶段性条件的，即在集聚经济的上升期，二者才有可能同时发生，但并非绝对如此。本书所描述的结构效应和空间效应，在本质上与产业集聚和地区专业化问题一样，二者相辅相成，是一个问题的两个方面。我们不能仅看到产业在空间上集聚带来的好处，也要看到集聚的不经济性，只有在产业集聚的同时带来结构的优化升级，这才是产业长期利益的根本所在。本书通过偏离份额模型对我国制造业总产值增长进行分解，考察了我国制造业区位变迁过程中的结构效应和空间效应变化，并采用中国制造业数据检验了"克鲁格曼假说"在中国的适用性。通过分析，我们可以得出如下结论。

（1）制造业区位变迁在结构和空间上具有一致性。从制造业整体看，结构效应与空间效应同时存在，但结构效应要大于空间效应。从分地区的分解结果可以看出，东部地区经济发展水平较高，在结构和空间上都具有正的效应，而中西部地区则同时具有负的结构效应和空间效应。这在某种程度上说明"克鲁格曼"假说在中国具有适用性。

（2）制造业在空间上呈现出明显的“过度错配”的现象。部分高耗能的资源性产业过度集中于东部地区，使得这些产业在具有较大的结构效应的同时，也形成了较大的空间负效应，结果部分抵消了结构效应的优势。而一些轻加工业在东部沿海地区则具有较大的空间效应，但与此同时则存在着较强的负的结构效应。

（3）我国制造业结构效应较强，空间效应则具有普遍性。在模型中引入空间外部性的作用后，我们可以观察到制造业存在较强的结构效应，且普遍具有空间正效应。“克鲁格曼假说”仅在部分产业成立。这说明，改革开放以来，我国制造业的增长效应主要来自于空间上重新配置，大多数制造业在区域经济整体增长之外表现出明显的结构负效应，产业结构有待进一步优化。

第七章　转型时期中国产业政策的调整与过渡

改革开放之前实行的产业区位均衡战略，造成各地区产业结构趋同，自成体系，劳动地域分工和协作无法进行，同时也带来了产业区位的宏观经济效益低下。改革开放以后，受生产力发展的“梯度推进理论”影响，我国首先对沿海地区实行区域倾斜优惠政策，虽然也有了相当的效益，但同时也产生了诸多问题：一是效益背后的不公平。主要是中西部地带经济社会发展的滞后，地区发展水平的不平衡加剧。二是国家宏观产业政策架空。按“八五”计划和十年规划，我国产业政策是加强农业、能源、重要原材料等基础工业和交通、通信及水利基础设施的建设，尤其是对基础工业和基础设施实行投资倾斜。显而易见，这种产业政策倾斜的地区理应以中西部地区为主，因为中西部能源、原材料工业、交通、水利设施更应该加强，而沿海倾斜战略的实施客观上抑制了这种产业结构政策。从因地制宜的原则出发，对产业结构进行区域上的合理分解，是产业政策发展的必然趋势。三是生产力分布偏置和产业结构失衡并存带来了资源的浪费，中西部地区的资源优势无法发挥。因此，有必要对现行产业政策进行调整，通过产业结构政策与产业区位政策的有机结合，实现资源合理配置、充分发挥各地优势；解决分工与协调、公平与效益、全国经济的统一性和区域经济的特殊性之间的矛盾。

第一节 改革开放以来中国的产业政策回顾

一、非均衡发展阶段（1978～1990 年）

在这一阶段，区域发展政策的目标由追求区域平衡，转向以效率目标为主的区域非均衡发展；经济开发的地区重点由中西部向沿海转移，政策工具由单一指令计划下的国家预算投资转向投资主体多样化；地方政府的积极性加强，市场调节和配置资源的作用日益增强。

1. 国民经济调整和“六五”时期的产业政策（1978～1985 年）

积极利用沿海地区的现有基础，充分发挥其特长，带动内地经济进一步发展。同时，努力发展内地经济，继续积极支持和切实帮助少数民族地区发展生产，繁荣经济。国家将一大批重点建设项目设在沿海地区，并在沿海地区率先实施区域开发的制度创新，开放深圳等 4 个经济特区、14 个沿海港口城市和 3 个沿海经济开放区。对这些地区在外资项目审批权限、财税、信贷等方面赋予特殊的优惠政策。对中西部地区重点是对以前形成的部分工业基地和“三线”产业实施调整改造、扩建和提高。

2. “七五”期间的产业政策（1986～1990 年）

“七五”计划根据经济技术水平和地理位置结合的原则，将全国划分为东、中、西部三大经济地带，明确指出三大地带发展上不同的政策梯度，加速东部沿海地带的发展，同时把能源、原材料建设重点放在中部，并积极做好进一步开发西部地区的准备。这期间，国家进一步扩大沿海开放区的范围，设立海南经济特区，做出开发浦东的决定。除继续对“三线”企业调整改造外，加大对中西部的铁路、水运等重要交通干线和通讯设施的建设力度。

二、区域经济协调发展阶段（1991 年以后）

进入 20 世纪 90 年代，国家区域发展政策出现了与 80 年代不同的新特点：在继续强调效率目标的同时，开始重视区域协调发展的目标；区域发展重点虽然仍在东部，但由东南沿海转向中部沿海，并逐步加快中西部地区的经济发展；政策手段更趋多样化，区域发展资金主要取决于自身积累及对外部资金的吸引力。

1. “八五”期间的产业政策（1991～1995 年）

“八五”计划强调了区域经济发展应遵循“统筹规划，合理分工，优势互补，协调发展，利益兼顾，共同富裕”的基本指导原则。1992 年，国务院做出《关于加快发展中西部地区乡镇企业的决定》，明确了中西部的发展政策。在 1994 年的《90 年代国家产业政策纲要》中，提出国家产业区位政策的主要原则是：“在继续发挥经济发达地区优势并加快其发展的同时，积极扶持欠发达地区经济发展，逐步缩小经济发达地区与欠发达地区的差距”；“中西部地区要发挥资源优势和沿边地区对外开放的地理优势，努力发展优势产业和产品。国家将逐步在投资、贷款、项目分布、利用外资等有关经济政策方面，由地区倾斜转为产业倾斜，对中西部地区开发建设中的重大项目给予必要的支持”。“八五”时期，国家的重点建设项目突出加强了基础产业和基础设施建设，在继续考虑沿海发展需要的同时，较多的项目安排在中西部地区。

2. “九五”期间的产业政策（1996～2000 年）

《中华人民共和国国民经济和社会发展第九个五年计划纲要》提出了逐步缩小地区发展差距，促进区域经济协调发展的战略思路。强调要进一步发挥各地区的比较优势，发展各自具有特色的优势产业，明确东部和中西部地区的发展方向，并出台了防止地区差距扩大的六项政策措施。1997 年，党的十五大报告更强调指出：“国家要加大对中西部地区的支持力度，优先安排基础设施和资源开发项目，逐步实行规范的财政转移支付制度，鼓励国内外投资者到中西部投资。进一步发展东部地区同中西部地区多种形式的联合和合作。更加重视和积极帮助少数民族地区发展经济。从多方面努力，逐步缩小地区发展差距。”根据中央方针，国家对中西部地区的发展政策可以概括为五个主要方面：①加强资源性产业和基础设施的建设；②加快对贫困地区的扶贫开发；③扩大中央财政的转移支付；④开展对口援助和地区合作；⑤鼓励外商直接投资和利用国际贷款。

3. “十五”期间的产业政策（2001～2005年）

《中华人民共和国国民经济和社会发展第十个五年计划纲要》明确提出实施西部大开发战略，加快中西部地区发展，合理调整地区经济布局，促进地区协调发展。西部大开发要坚持从实际出发，积极进取、量力而行，统筹规划、科学论证，突出重点、分步实施。力争用五到十年时间，使西部地区基础设施和生态环境建设有突破性进展，西部开发有一个良好的开局。与此同时，一要加快中部地区发展，充分发挥中部地区承东启西、纵贯南北的区位优势和综合资源优势，加快发展步伐，提高工业化和城镇化水平。二要提高东部地区的发展水平，东部地区要在体制创新、科技创新、对外开放和经济发展中继续走在前列，有条件的地方争取率先实现现代化。三要形成各具特色的区域经济，打破行政分割，重塑市场经济条件下的新型地区经济关系。2002年11月，党的十六大报告中提到“积极推进西部大开发，促进区域经济协调发展”。西部大开发要重点抓好基础设施和生态环境建设，争取十年内取得突破性进展。积极发展有特色的优势产业，推进重点地带开发。国家要在投资项目、税收政策和财政转移支付等方面加大对西部地区的支持，逐步建立长期稳定的西部开发资金渠道。中部地区要加大结构调整力度，推进农业产业化，改造传统产业，培育新的经济增长点，加快工业化和城镇化进程。东部地区要加快产业结构升级，发展现代农业，发展高新技术产业和高附加值加工制造业，进一步发展外向型经济。鼓励经济特区和上海浦东新区的制度创新和扩大开放。支持东北地区等老工业基地加快调整和改造，支持以资源开采为主的城市和地区发展接续产业，支持革命老区和少数民族地区加快发展，国家要加大对粮食主产区的支持。加强东、中、西部经济交流与合作，实现优势互补和共同发展，形成若干各具特色的经济区和经济带。

三、当前我国产业政策存在的主要问题

从我国产业政策的内容看，加强农业、基础设施和基础工业，振兴支柱产业，加快发展第三产业，是我国产业结构政策的重心所在；发展企业集团、

追求规模经济，同时发展面广、量大的中小企业，是我国产业组织结构的主要内容；缩小地区经济差别，塑造地区比较优势，是当前及今后一个时期我国产业布局政策的核心；发展高新技术产业，积极采用和推广先进适用技术，加快传统产业的高新技术改造，是产业技术政策追求的目标。

但是，从我国产业政策的实效看，产业政策目标和实际效果之间存在着明显偏差。产业结构层次低、地区产业结构雷同的问题并未从根本上解决。产业组织结构不合理，主要工业行业的集中度在下降，中小企业发展环境不宽松。产业技术进步与发达国家相比有很大差距，引进国外先进技术的吸收、消化、创新能力不强，一些高新技术产业的发展同某些发展中国家相比差距也不小，如IT产业已经和同样是发展中国家的印度形成差距。区域经济发展不平衡的问题仍然十分突出等。处在转轨时期的中国经济，产业政策失效的原因是多方面的，既有体制、机制方面的原因，也有经济发展内部的原因。

我国产业政策的实施涉及三个最基本的利益主体：中央政府、地方政府和企业。中央政府是产业政策的制定者，它的行为可以假设为整体利益最大化或社会福利最大化。地方政府和企业是产业政策的执行者，它们的行为是局部利益最大化或个人效用最大化。地方政府在产业政策中所扮演的实际上是一个双重角色，既是区域政策制定者，把国家产业政策地区化，又是一个“经济人”，维护着地区利益。正是这样一个角色，使得产业政策在实际执行过程中往往出现扭曲，导致产业政策失效。

在我国，地方政府是一个笼统的概念，既有省级政府，也有市级政府，还有县（区）级政府、乡镇政府等。各级地方政府鲜明的行为特征：一是地方利益最大化。基本的追求目标是财政收入的最大化和本地区社会福利的最大化。二是个人利益最大化。地方政府是由形形色色的活生生的人构成，他们也有追求权力、声望、舒适的生活条件、货币收入、晋升提拔等的欲望。在目前的体制下，他们把追求增长最大化（尤其是GDP的增长），作为一种显示信号，以满足自己在提拔、重用等方面的需要。三是机会主义行为。地方政府在某种程度上是中央政府的代理人，按照委托—代理理论，在信息不完备和外部监督乏力的情况下，就会产生委托—代理问题，地方政府和中央政府的决策会缺乏统一性，有损于整体利益的实现。四是利益短期化。在我国现行的政治体制下，“政绩出干部”、“数字出干部”，地方政府追求的地方利益存有短期行为，这有悖于消费理论所说的“经济人较倾向于追求长期利益”的观点。于是，急功近利、重复建设、低水平建设等问题的存在与盛行也就在所难免。地方政府所具有的这些行为决定了他们存在对中央政府政策的“变通”动机。特别是在中央政府缺乏利益补偿机制和“可置信的威胁”，而政策本身又影响到地方或个人利益时，政策“变通”的幅度就更大。江小涓（1996）认为，中央政府执行的产业政策能否有效执行，能否取得良好的绩效，除了政策本身的合理之外，重要的一点还在于该产业政策的执行对地方政府收益和成本的比较，只有当地方政府执行产业政策的利益大于成本时，产业政策才能得到有效执行；反之，产业政策的实施就会受到阻碍。因此，多重利益关系并存，是产业政策失效的重要原因。具体来说，体现在以下几个方面：

1. 地区利益博弈导致产业政策失效

在缺乏产业发展中利益协调机制的前提下，地区利益是导致产业政策失效的根本原因。从中央政府制定、颁布产业政策到产业政策实施和发挥作用的过程，是中央政府与各级地方政府作为利益的不同主体的博弈过程。在中央政府缺乏对各级地方政府在实施产业政策时相应的利益协调机制的前提下，各级地方政府，作为有主动性、适应性的利益主体，必然会根据本地区利益的需要和外界信息刺激不断调整行为与中央政府进行博弈。这种源于地区利益的博弈常常使产业政策的作用失效。

2. 政府行为的有限性制约了产业政策作用的发挥

我国正在建立和完善社会主义市场经济体制，政府行为要体现在做好弥补市场功能缺陷方面，也包括制定和实施产业政策，但要以政府在经济行为中的有限性特征来约束自己的干预范围，否则，必然导致产业政策作用的失效。市场能做到的，政府就不要干预。在产业发展、产业结构的形成和变化中，市场制度本身的功能能够对不合理的产业状况进行自发的调整，资本增值的本性促使产业在市场机制的引导下，总是在不断寻找供需缺口，向供应短缺、高于市场平均利润的行业流动。产业的发展和变化在市场规律的作用下自发实现。而我们的做法是利用政府力量和行政手段去代替市场。结果是，国内的每个产业几乎都有政府的宏观产业政策，但产业结构中的某些问题不但没有减少，反而是愈演愈烈。虽然有人认为这是现行的投资体制以及政府在产业政策的操作性与配套性上存在问题的结果，但从实质上看，造成产业政策失效的深层次原因首先是对政府功能的有限性特征缺乏足够的认识所致。

3. 经济改革不彻底影响了产业政策的实际效果

目前，我国产业政策的作用失效与经济体制改革的进程有关。突出的表现是与产业结构调整战略相配套的体制改革缓慢，如政府体制改革、财税体制、金融投资体制改革等。产业政策的有效实施是建立在高质量的政策主体前提下的，但我国目前的政府管理部门改革，还没有完成这样一个目标，大大降低了产业政策的有效性，在产业政策制定、组织、监督和实施中的科学性很低。如地区经济发展决策体制的滞后所带来的产业政策失效。在现有的体制下，没有哪个政策主体会主动地从国家经济或区域经济的整体布局角度，来研究局部的产业优势与全国或区域产业发展的优势有多少相关性；而且，产业政策的有效实施还必须由相应的财税、金融等体制改革配套才能完成。目前，我国在这些相应的配套改革上还有待深化，不配套的体制改革在很大程度上阻碍了产业政策的有效实施。此外，我国国有企业的改革并没有结束，产业政策中有关企业退出政策还不能真正的实行。

4. 产业政策失效还受到政策作用时效差别的影响

由于产业政策的作用是与市场机制共同在对经济主体产业选择产生影响。所以，在某项产业政策的时效期内，产业调控目标初步实现时，并不意味着产业政策的影响已经结束，此时产业政策作用会诱发市场主体按照市场机制继续进行选择，此时如果缺乏相应的配套调控政策，其结果是又会迎来新的产业结构的不合理和资源配置的低效率。产业政策从颁布实施并对产业结构或资源流动产生影响，到这种影响与市场机制共同作用的前后时效有很大差别。正是这种差别的存在，使得原本已经实现了的产业调控目标又一次失控。例如，这几年国内化学建材由于受到国家产业政策的鼓励和支持，其生产能力和用量呈急速上升之势，但在市场机制的作用下，大发展又带来过度投资现象，生产能力过剩暴露出来的资源配置低效率现象非常突出，从而导致最初的产业政策作用失效。

第二节　实施区域性产业政策的必要性

体制改革前，由于国家在产业区位上实施均衡的发展战略，地区工业自成体系，地区间产业结构趋同，缺乏应有的地域分工和联系，既失去了产业区位的空间效益，又影响了国民经济宏观结构效益。改革开放后，国家在产业区位上又一改过去为均衡而均衡的发展战略，单从效率角度实施区域倾斜的发展战略，把经济建设的重点转移到沿海，并给予一系列特殊优惠政策，使沿海的发展速度和经济效益明显提高。虽然促进了国民经济的增长，但同时也产生了很多矛盾和问题，使区域经济发展不平衡加剧，生产力分布偏置和产业结构失衡并存，资源得不到有效利用，地区优势得不到发挥，从而影响了国民经济的稳定和协调发展。分析其原因，主要是未能在产业区位上正确处理均衡与效率的关系，缺乏对产业区位的科学规划，没能因地制宜、合理分布生产力。怎样才能兼顾均衡与效率的关系，因地制宜、合理进行产业布局呢？我们认为，一个很重要的工作就是实施区域性产业政策。实施区域性产业政策是指从国民经济整体出发，根据各地区的自然条件、产业结构特点和经济技术基础，将国家产业政策的纵向目标因地制宜地进行地区分解和落实，以保证国家总体产业发展规划的实施，指导地区经济发展的方向，实现资源空间配置结构的优化组合，以促进国民经济的整体发展。

1. 实施区域性产业政策是我国经济发展现状的要求

在我国打破旧体制，建立新体制的过程中，由于市场发育不成熟、不配套和不完善，市场信号还不能完全正确地反映客观经济规律，而市场经济本身具有自发性、盲目性和调节的事后性，也使市场调节存在着局限性，因此，在我国未来时期的经济建设中，需要有正确的产业政策和区位政策来指导和干预资源的流动和配置。实施区域性产业政策就是使我国的产业政策和区位政策有机地结合，促使资源在产业间和地区间的合理配置，加速区域结构变动以适应产业结构变动，它对调整我国产业结构、改善产业不合理布局，促进区域经济发展具有重要意义。

2. 实施区域性产业政策是实现产业空间效率的有效途径

我国地区间经济差异较大，这就要求国家在制定产业政策时既要考虑区位效益，又要考虑区际协调，将产业发展与区域均衡和协调发展有机结合起来。实施区域性产业政策突出了因地制宜、统筹安排、合理布局的原则，使各地区的优势能够在劳动地域分工的基础上得到较好的发挥，从而提高产业的空间效益。同时，由于各地区在国家产业总体发展规划中各自承担一定的专业化角色，使国家产业区位能依据各地条件在全部地域空间上不同程度地展开，这就使得各区域经济能够在优势互补的基础上协调发展。

3. 实施区域性产业政策是推进主体功能区建设的必然要求

“十一五”规划纲要草案首次将我国 960 多万平方公里的国土空间划分为优化开发、重点开发、限制开发和禁止开发四类主体功能区，并将实施不同的区域政策，并提出对四大主体功能区实行分类管理的区域政策，在财政政策、投资政策、产业政策、土地政策、人口管理政策等方面实行区别对待，与之对应的绩效评价和政绩考核体系也有不同的具体要求。按照区域性产业政策的要求，对于优化开发区要进一步提升产业层次，限制其继续发展占地多、消耗高、污染重的一般加工业和劳动密集型产业；对于重点开发区要切实加强产业配套能力建设，增强吸收资金、技术和劳动力集聚的能力；对于限制开发区要大力引导发展特色产业，限制不符合主体功能区定位的产业发展。

第三节 实施区域性产业政策的目标取向

区域政策和产业政策从本质上说都是调节生产要素配置的政策，在这个意义上它们具有同一性。但是，产业政策调节生产要素在产业部门之间的分布，区域政策的覆盖面比较广，涉及区域经济发展的方方面面。区域政策和产业政策的交叉点就是区域性产业政策。这是本书所要探讨的研究对象。

区域性产业政策实际上是区域政策和产业政策的结合体，一方面是指制定产业政策必须充分考虑发挥地区优势和地区合理分工，避免地区失衡和二元经济；另一方面是指制定区域政策必须充分考虑产业专业化、高度化和避免重复建设和地区壁垒。制定科学的区域性产业政策，有利于形成产业发展和地区发展的协调机制，促进地区产业结构优化配置，区际经济合理分工，协调发展，实现经济的双重调控。具体说来，区域性产业政策包括以下几个基本目标：

1. 缩小地区间经济差距

通过实施区域性产业政策，重点扶持落后地区经济发展所通常采用的手段：一是合理选择适于落后地区发展的主导产业；二是合理选择区内经济发展中心（一般是中小城市或大型厂矿）作为区域的增长极，对周边进行辐射，发挥扩散效应以带动整个区域经济的发展；三是国家通过财政转移支付制度、有条件的财政援助制度、公共投资重点分配制度、中央教育援助计划、开发性扶贫计划等手段，使产业政策的社会经济文化环境得到改善。

2. 调整地区内部产业结构

合理的区域产业结构是一种以主导产业为核心、以关联产业为两翼、以基础产业为依托的多元结构模式。由于各地的资源、人才、技术、资金等优势不同，所以各地的主导产业、围绕主导产业发展的关联产业和基础产业也因各地经济发展条件、水平有所调整。多元产业结构对于解决区域优势的发挥、产业效率低下、产业结构趋同等问题有重大的现实意义。

3. 促进全国生产要素合理流动

由于区间主导产业和关联产业相异，所以产业协调互补十分重要。协调的原则是优势互补、效益第一。优势互补，包括地缘优势、各种自然资源优势、经济级差优势、异种功能优势的互补。实施区域性产业政策的最主要目标之一是实现生产要素在空间上的合理配置，以达到生产要素利用上的最大效益。生产要素空间配置的合理化，客观上要求生产要素市场的完全开放，包括资本、人才、技术、信息、土地、各种自然资源等市场体系的建立。

第四节　实施区域性产业政策的具体措施

一、实施区域性产业政策的前提基础

1. 做好综合经济区划，为实施区域性产业政策奠定宏观政策基础

综合经济区划揭示各地区经济发展的专业化方向，明确各地区在全国劳动地域分工中的地位，为产业区位提供了合理的依据，达到了产业发展与产业区位的有机结合。同时，综合经济区划因打破了地区封锁和市场分割，所以在优化资源空间配置、方便区际合作方面也为实施区域性产业政策提供了公平的社会条件；另外，综合经济区划因明确了各地区的专业化分工方向，所以有利于增强整个国民经济的总体优势，为实施区域性产业政策奠定了长期的宏观政策保证之基础。

2. 建立全国统一市场，为实施区域性产业政策清除障碍

实施区域性产业政策，必然要在分工的基础上进行合作，必然要在区际进行生产要素和商品的流通，如果区际设障，区域性产业政策会因为只有分工而没有协作最终必将窒息，所以建立一个统一、开放、竞争、有序的全国大一统市场是必须的。

3. 大力推进企业产权重组，为实施区域性产业政策奠定微观基础

宏观市场的主体是微观企业，区域性产业政策作用的对象也是企业，所以实施区域性产业政策工作的实施效果，最终还是取决于作为实际承受者的企业的反应灵敏程度。如果企业素质高、有活力，能及时适应产业结构的调整和布局上的变化，区域性产业政策就会有效地推进。可见，企业改革尤其是企业产权体制改革是实施区域性产业政策的基础保证。

二、实施区域性产业政策的政策建议

在对产业转移进行区域调控时，应遵循空间均衡和生态效率的原则。空

间均衡原则是指按照以人为本的发展目的，促进人口、就业、经济在一定空间协调分布，并与该空间的资源环境状况相适应。包括经济与人口在一定空间要协调；经济、人口与资源在一定空间要协调；经济、人口与环境在一定空间要协调。我国人口众多、资源短缺、生态环境脆弱，不遵循生态效率的原则就很难做到可持续发展和建设和谐社会。按《中共中央关于制定国民经济和社会发展第十一个五年规划的建议》的要求，在东、中、西三大地带划分的基础上，根据不同区域的发展条件，明确各类区域的主体功能和发展原则。对生态脆弱、天然林和水资源保护地区，以及其他各类自然保护区，要适当限制开发活动。对产业转移的调控要逐步从对产业总量的调控，转到对其空间布局的调控。

(1) 完善市场机制，推进产业转移和促进地区协调发展。《中共中央关于制定国民经济和社会发展第十一个五年规划的建议》进一步提出，健全市场机制，打破行政区划的局限，促进生产要素在区域间自由流动，引导产业转移。坚持发挥市场在资源配置中的基础性作用，进一步打破行政性垄断和地区封锁，健全全国统一开放市场，推行现代流通方式。继续发展土地、技术和劳动力等要素市场，规范发展各类中介组织，完善商品和要素价格形成机制。中西部地区必须积极转变政府经济管理职能，创造良好的地区发展环境，维护公平竞争的市场秩序。进一步实施体制改革以促进劳动力的流动，降低劳动力的流动成本，切实保障劳动者权益。

(2) 健全合作机制，推进区域间的横向联合。区域间的横向经济联合是产业转移的一种重要途径。东部沿海地区人力资本不断提高，资源却越发短缺。中西部地区可以利用这个机会，变资源优势为经济优势。东部地区有充足的资金，可参与西部企业的兼并、收购，这样能大大促进西部企业的改组改造，促进西部地区的产业深化，同时也可促进区域经济的协调。此外，在产业布局和组建产业集团方面，区域经济合作也有很大的空间。

(3) 加强地区间、部门间利益的协调。实施区域性产业政策的战略依据是综合经济区必须首先打破行政界限，各省区因有其独立的决策权、经济调控权、收益权等，出现矛盾是必然的，所以省区之间的利益分配，必须由中央有关部门统一调节。另外，在同一经济区内，由于各种产业的地位不同

（主导型、潜导型、关联型、基础型），所以各经济部门发生争投资、争空间、争收益的现象也不可避免，也需要及时协调。

（4）建立与区域性产业政策相配套的政策体系。区域性产业政策涉及面极广，必须建立与之相适应的投资、金融、财税、质检、环保等配套政策。例如，对于国家重点发展的新兴产业进行中央财政资助，或设立专项援助基金；对欠发达地区的基础产业实行公共投资重点分配政策，尤其是通过国债形式支持西部地区发展交通事业；在中西部也可以选择一些地方设立特区，开发高新技术产业，发挥其辐射作用，带动地区经济全面发展。

（5）改善外商投资区域分布，促进区域经济协调发展。加快修订《中西部地区外商投资优势产业目录》，适度放宽中西部地区外资准入条件。落实中部崛起、西部大开发、振兴东北的各项政策，推动东中西北部加强协作，鼓励东部地区加快机制创新和产业升级，大力实施“万商西进工程”，促进中西部及东北地区承接产业转移，深化沿边开放政策。

（6）合理引导外资投向，优化产业结构。贯彻落实国家宏观经济政策，依据《外商投资产业指导目录》等政策，进一步鼓励外商投资研发中心、高新技术产业、先进制造业和节能环保产业；鼓励外商投资传统产业的技术改造和升级；严格限制外商投资“两高一资”和房地产产业；促进加工贸易转型升级。

（7）研究产业结构调整中各经济主体的行为规律，特别是注意经济主体的适应性行为选择，建立基于经济主体行为分析的产业政策评估、预警系统，使产业政策的制定科学化。

（8）要按照建立和完善社会主义市场经济体制的要求，在制度上进行创新，使企业成为市场经济条件下的主要投资主体，并且加大力度培育非国有经济投资主体，缩小产业政策的干预范围，把市场配置资源的作用作为实施区域性产业政策的基础。

（9）中央政府必须真正建立起“利益分享机制”和“利益补偿机制”，使不同产业的利益在不同地区实现合理分享。同时，应不断完善财政转移支付制度，实现中央与地方、地方与地方的利益转移，使产业利益在地区间做到合理分配，增强产业政策的有效性。

(10) 国家必须建立重大产业政策的执行监督机制，把在重大产业政策执行方面采取合作策略等作为考核地方政府官员政绩的主要指标。

第五节 本书结论

根据本书的论述，针对目前我国产业地理集中的现状及存在的问题，可以认为，随着中国市场化改革的不断推进，中国制造业地理集中化趋势也在不断加强。这种产业地理集中化趋势虽然可以优化资源配置的效率，促进沿海经济的高速增长，但同时也容易造成经济“过密”与“过疏”问题，加剧地区间差距的扩大趋势。在这种情况下，如何充分发挥政府和市场的双重调控作用，正确处理好产业地理集中化与统筹区域协调发展之间的关系，将是当前亟待研究解决的重要问题。

第一，要采取积极有效的政策措施，引导沿海制造业逐步向中西部地区转移。目前，东部地区制造业发展日益受到土地、能源、劳动力和环境等因素的制约，而在中西部和东北地区则有广阔的发展空间。尤其是东北和中西部地区的一些老工业基地，工业基础较好，适合于承接东部地区的制造业转移。

第二，打破地区性的行政分割和行业垄断，推动制造业向优势地区集中。行政区分割现象目前在中国仍比较严重，而制造业的地理集中通常需要跨区域、跨行业的资源和要素流动，这样就需要突破行政区划的限制，打破条块分割，构建基于经济区域的一体化的产业链，实现合理分工、错位发展。

第三，加速建设新的制造业带和工业走廊，形成地区经济增长极。目前，在中西部地区初步形成了几条较大的制造业带的雏形，如长江中游地区、哈长地区、陇海沿线地区、成渝地区等，这些地区资源环境承载能力和发展潜力较大，制造业发展势头较好，今后应采取相应措施，积极引导各种要素和产业向这些地区集中。

第四，进一步扩大区域对外开放的力度，引导地区产业的合理分工与布局。在实施推进西部大开发、振兴东北地区等老工业基地、促进中部地区崛起的区域发展总体战略下，进一步扩大中西部地区对外开放的力度，综合利用国外市场资金、技术、市场的优势，通过地区水平分工促进产业向中西部地区集中。

参考文献

[1] Abdel-Rahman H，Fujita M (1990). Product Variety，Marshallian Externalities and City Sizes. *Journal of Regional Science* 30：165-183

[2] Aiginger K，Davies S. (2004). Industrial Specialisation and Geographic Concentration：Two Sides of the Same Coin? Not for the European Union. Journal of Applied Econnomics，7 (2)：231-248

[3] Aiginger K，Leitner W. (2002). Regional Concentration in the United States and Europe：Who Follows Whom? Weltwirtschaftliches Archiv，138：652-679

[4] Aiginger，K. and Pfaffermayr，M. (2004). The Single Market and Geographic Concentration in Europe. Review of International Economics，12 (1)：1-11

[5] Aiginger，K. et al. (1999). Specialisation and (Geographic) Concentration of European Manufacturing，Enterprise DG Working Paper No. 1，Background Paper for The The Competitiveness of European Industry：1999 Report，Brussels

[6] Akerlof G. A. (1997). Social Distance and Social Decisions，*Econometrica*. Vol. 65，No. 5

[7] Alonso-Villar O. (2001). Metropolitan Areas and Public Infrastructure，*Investigaciones Economicas，Fundacion SEPI*，Vol. 25 (1)

[8] Amiti Mary (1996). International Trade in the Manufacturing Sectors of Industrialized Countries：Theory and Evidence. PHD Dissertation in

Economics. *London School of Economics*

[9] Amiti Mary (1999). Specialization Patterns in Europe, *Weltwirtschaftliches Archiv*, 134 (4): 573-593

[10] Amiti Mary (1998). New Trade Theories and Industrial Location in the EU: A Survey of Evidence . *Oxford Review of Economic Policy*. Vol. 14, No. 2

[11] Amiti, M. (1999). New Trade Theories and Industrial Location in the EU: A Survey of Evidence. Oxford Review of Economic Policy, 14 (2). 45-53

[12] Anas A., Richard Arnott, Kenneth A. Small (1998). Urban Spatial Structure, *Journal of Economic Literature*, Vol. 36, No. 3

[13] Anderson F., Forslid R., (2003). Tax Competition and Economic Geography. *Journal of Public Economic Theory* 5: 279-304

[14] Antje Hildebrandt and Julia Worz (2003). Determinations of Geographical Concentration Patterns in Central and Eastern European Countries, *Working paper*

[15] Athreye Suma and Sandeep Kapur (2003). Industrial Concentration in a Liberalising Economy: A Study of Indian Manufacturing, *Working paper*

[16] Baldwin R., Forslid R., Martin P., Ottaviano G., Robert-Nicoud F. (2003). Economic Geography and Public Policy. *Princeton University Press, Princeton*

[17] Baldwin R. E. (1999). Agglomeration and Endogenous Capital. *European Economic Review* 43: 253-280

[18] Baldwin R. E., Forslid R. (2000). The Core-Periphery Model and Endogenous Growth: Stabilizing and De-stabilizing Integration. *Economica* 67: 307-324

[19] Baldwin R. E., Forslid R., Martin P., Ottaviano G, Robert-Nicoud F (2003). Economic Geography and Public Policy. *Princeton Uni-*

versity Press, Princeton NJ

[20] Baldwin R. E., Martin P., Ottaviano G. (2001). Global Income Divergence, Trade and Industrialization: The Geography of Growth Take-off. *Journal of Economic Growth* 6: 5-37

[21] Baldwin, Richard E. and Krugman, Paul (2004). Agglomeration, Integration and Tax Harmonisation, *European Economic Review, Elsevier*, Vol. 48 (1)

[22] Behrens K., Lamorgese A. R., Ottaviano G. I. P., Tabuchi T. (2005). Changes in Infrastructure and Tariff Barriers: Local vs Global Impacts. *Mimeograph. CORE, Université Catholique de Louvain*

[23] Behrens K., Murata Y., (2005). General Equilibrium Models of Monopolistic Competition: CRRA versus CARA, *mimeograph. CORE, Université Catholique de Louvain*

[24] Bernstein, Jeffrey R. & Weinstein, David E., (2002). Do Endowments Predict the Location of Production?: Evidence from National and International Data, *Journal of International Economics, Elsevier*, Vol. 56 (1), pp. 55-76, January

[25] Brulhart M. and J. Torstensson (1996). Regional Integration, Scale Economies and Industry Locaton in the European Union. *CEPR Discussion Paper* No. 1435

[26] Brulhart M., Traeger R. (2005). An Account of Geographic Concentration Patterns In Europe. *Regional Science and Urban Economics*, forthcoming

[27] Brulhart Marius and Traeger Rolf (2003). An Account of Geographic Concentration Patterns in Europe. *Working paper*

[28] Brulhart Marius (1998). Economic Geography, Industry Location and Trade: The Evidence, *The World Economy*

[29] Brulhart Marius, (2000). Evolving Geographical Specialization of European Manufacturing Industries, *Mimeo*

[30] Brulhart, M. (1996). Commerce et Specialization Geographique Dans , Union Europeenne, Economies Internationale, 65: 169-202

[31] Brulhart, M. (1998). Economic Geography, Industry Location and Trade: The Evidence, The World Economy, 21 (6). 775-801

[32] Brulhart, M. (2001). Evolving Geographical Concentration of European Manufacturing Industries. Weltwirtschaftliches Archiv, 137 (2): 215-243

[33] Brulhart, M. and Torstensson, J. (1996). Regional Integration, Scale Economies and Industry Location, Discussion Paper No. 1435, Centre for Economic Policy Research

[34] Busch, M. L. and Reinhardt (1999). Industrial Location and Protection: The Political and Economic Geography of U. S. Nontariff Barriers, *American Journal of Political Science*, 43 (4): 1028-1050

[35] Christaller W. (1933). Die Zentralen Orte in Süddeutschland. Gustav Fischer, Jena, Germany. English Translation by Bakin CW, Central Places in Southern Germany (1966) *Prentice Hall, Englewood Cliffs, NJ*

[36] Combes, P. -P. and Overman, H. (2004). The Spatial Distribution of Economic Activities in the European Union, in Handbook of Urban and Regional Economics, Vol. 4. Elsevier-North Holland, Amsterdam

[37] Davis Donald and D. Weinstein (2003). Market Access, Economic Geography, and Comparative Advantage: An Empirical Assessment, *Journal of International Economics*, 59 (1), January 2003: 1-23

[38] Davis DR, Weinstein DE (1999). Economic Geography and Regional Production Structure: an Empirical Investigation. *European Economic Review* 43: 379-407

[39] Davis DR, Weinstein DE (2002). Borns, Bombs, and Break Points: the Geography of Economic Activity. *American Economic Review* 92: 1269-1289

[40] Davis DR, Weinstein DE (2004). A Search for Multiple Equilibria in Urban Industrial Structure. Working Paper No. 10252. *National Bureau of Economic Research*

[41] Dinc M, Haynes KE, Qiangsheng, L. (1998). A Comparative Evaluation of Shift-share Models and Their Extensions. Australasian Journal of Regional Studies, 4: 275-302

[42] Dixit, Avinash K. and Joseph E. Stiglitz. (1977). Monopolistic Competition and Optimum Product Diversity, *American Economic Review*

[43] Duns, E. S. (1960). A Statistical and Analytical Technique for Regional Analysis. Papers of the Regional Science Association, 6: 97-112

[44] Duranton G., Overman H. G. (2005). Testing for Localization Using Microgeographic Data. Review of Economic Studies. *Forthcoming*

[45] Duranton G., Puga D. (2004). Micro-foundations of Urban Agglomeration Economies. in Henderson JV, Thisse J-F (eds.) *Handbook of Regional and Urban Economics* Vol. 4. Amsterdam: North-Holland: 2063-2117

[46] Duranton G., Puga D. (2005). From Sectoral to Functional Urban Specialisation. *Journal of Urban Economics* 57: 343-370

[47] Eaton B. C. and Lipsey R. G., (1978). Freedom of Entry and the Existence of Pure Profit, Economic Journal, 88, 351: 455-469

[48] Eaton, B. C. and R. G. Lipsey (1989). Product Differentiation. in R. Schmalensee & R. D. Willig (Eds.), *Handbook of Industrial Organization*, Vol. 1, pp. 723-768. Amsterdam: North Holland

[49] Eberts R. W. and D. P. McMillian (1999). Agglomeration Economies and Urban Public Infrastructure, in P. Cheshire and E. S. Mills (eds) *Handbook of Urban and Regional Economics*, New York: North Holland, 3: 1455-1495

[50] Ellison Glenn and Glaeser Edward (1994). Geographic Concentration in US Manufacturing Industries: A Dartboard Approach. *NBER*

Working Paper. No. 4840

[51] Ellison Glenn and Glaeser Edward (1999). The Geographic Concentration of an Industry. Does Natural Advantage Explain Agglomeration, *American Economic Association Papers and Proceedings*, 89: 311-316

[52] Ellison, G. and Glaeser, E. (1997). Geographic Concentration in U. S. Manufacturing Industries: A Dartboard Approach, Journal of Political Economy, 105 (5). 889-927

[53] Esteban-Marquillas, J. M. (1972). A Reinterpretation of Shift and Share Analysis. Regional and Urban Economics, 2 (3). 249-255

[54] Ethier, Wilfred J. (1982). National and International Returns to Scale in the modern Theory of International Trade. *American Economic Review*, 72: 389-405

[55] Florence P. Sargant (1948). Investment, Location, and Size of Plant. *Cambridge University Press, London*

[56] Fujita M (2005). Spatial Economics. Cheltenham: Edward Elger. Forthcoming

[57] Fujita M, Thisse J-F (2005). Globalization and the Evolution of the Supply Chain: Who Gains and Who Loses? *International Economic Review*. Forthcoming

[58] Fujita M, Thisse J-F. (2003). Does Geographical Agglomeration Foster Economic Growth? and Who Gains and Loses from It? *The Japanese Economic Review*, 54: 121-145

[59] Fujita M. (1988). A Monopolistic Competition Model of Spatial Agglomeration: Differentiated Product Approach, *Regional Science and Urban Economics*, 18: 87-124

[60] Fujita M., Krugman P (1995). When is the Economy Monocentric? Von Thünen and Chamberlin Unified. *Regional Science and Urban Economics*, 25: 505-528

[61] Fujita M., Krugman P. (2004). The New Economic Geography: Past, Present and the Future. *Papers in Regional Science*, 83: 139-164

[62] Fujita M., Krugman P. and Venables A., J. (1999). The Spatial Economy, MIT Press, Cambridge, England

[63] Fujita M., Krugman P., Morit. (1999). On the Evolution of Hierarchical Urban Systems. *European Economic Review*, 43: 209-251

[64] Fujita M., Krugman P., Venables A. J. (1999). The Spatial Economy: Cities, Regions and International Trade. MIT Press, Cambridge MA

[65] Fujita M., Mori T. (1997). Structural Stability and Evolution of Urban Systems. *Regional Science and Urban Economics*, 27: 399-442

[66] Fujita M., Thisse J-F. (2002). Economics of Agglomeration: Cities, Industrial Location, and Regional Growth. Cambridge University Press, Cambridge

[67] Fujita, Masahisa and Jacques-Francois Thisse. (1996). Economics of Agglomeration. *Journal of the Japanese and International Economies*, 10: 339-378

[68] G. T. 施蒂格勒．产业组织和政府管制．上海：上海三联书店，1996

[69] Gabszewicz J., Thisse J. E. (1986). On The Nature of Competition with Differentiated Products. *The Economic Journal*

[70] Gao T., (2003). The Impact of Forengn Trade and Investment Reform on Industry Location: the Case of China, *Journal of International Trade & Economic Development*, 11 (4). 367-386

[71] Geary, R. (1954). The Contiguity Ratio and Statistical Mapping. Inc Stac 5: 115-145

[72] Getis, A. (1990). Seening for Spatial Dependence in Regression Analysis. Papers of the Regional Science Association, 69: 69-81

[73] Getis, A. (1995). Spatial Filtering in a Regression Framework Experiments on Regional Inequality Government Expenditures and Urban Ime. In: Anselin L, Florax R. (eds) . New Directions in Spatial Econometrics. Springer, Berlin, 172-188

[74] Glaeser, E. (1998). Are Cities dying? Journal of Economic Perspectives, 12: 139-160

[75] Glaeser, E. , Kallal, H. , Sheinkman, J. and Schleifer, A. (1992). Growth in cities. Journal of Political Economy, 100: 1126-1152

[76] Greenhut M. (1956). Plant Location in Theory and in Practice. *University of North Carolina* , Chapel Hill

[77] Greenway, D. and Hine, R. C. (1991). Intra-Industry Specialisation, Trade Expansion and Adjustment in the European Economic Space. Journal of Common Market Studies, 29 (6). 603-622

[78] Grossman G. M. and Helpman E . (1990). Comparative Advantage and Long-run Growth, *The American Economic Review*

[79] Grossman G. M. and Helpman E. (1991). Innovation and Growth in the Global Economy, *Mit Press, Cambridge*

[80] Haland Jan; Kind Hans-Jarle; Midelfart-Knarvik Karen; Torstensson Johan (1999). What Determines the Economic Geography of Europe? *CEPR Discussion Paper* No. 2072

[81] Hanson G. (1998). Market Potential, Increasing Returns, and Geographic Concentration, *Mimeograph,* University of Texas, Austin

[82] Hanson G. H. (2004). Market Potential, Increasing Returns, and Geographic Concentration. *Journal of International Economics,* forthcoming

[83] Hanson G. H. (2001). Scale Economies and the Geographic Concentration of Industry, *Journal of Economic Geography,* 1: 255-276

[84] Hanson, G. H. (1996). Economic Integration, Intra-industry Trade, and Frontier Regions, European Economic Review, 40: 941-949

[85] Hanson, Gordon H. (1994). Regional Adjustment to Trade liberalisation. *Working Paper* No. 4713, National Bureau of Economic Research

[86] Hanson, Gordon H. (1997). Increasing Returns, Trade, and the Regional Structure of Wages. *Economic Journal,* 107: 113-133

[87] Harrigan J. (1995). Factor Endowments and The International location of Production; Econometric Eviden OECD, *Journal of International Economics,* 39, 123-141

[88] Harris C. (1954). The Market as a Factor in the Localization of Industry in the *United States. Annals of the Association of American Geographers* 64: 315-348

[89] Heckscher, E. (1919). The Effect of Foreign Trade on Distribution of Income, Economisk Tidskrift, 497-512, Reprinted in H. S. Ellis and LOA. Metzler (eds) (1949) A. E. A. Readings in the Theory of International Trade, Philadelphia: Blakiston, 272-300

[90] Helpman E. (1998). The Size of Regions. In: Pines D, Sadka E, Zlcha I (eds). Topics in Public Economics: Theoretical Analysis. pp. 34-54. *Cambridge University Press* , Cambridge

[91] Helpman E. (1999). The Structure of Foreign Trade, *The Journal of Economic Perspectives,* 13: 121-144

[92] Helpman, E. and Krugman, P. (1985). Market Structure and Foreign trade: Increasing Returns, Imperfect Competition and The International Economy, Harvester Wheatsheaf: Brighton

[93] Helpman, Elhanan and Paul R. Krugman. (1985). Market Structure and Foreign Trade. *Cambridge, MA: MIT Press*

[94] Henderson J. V. (1988). Urban Development: Theory, Fact and Illusion. *Oxford University Press*

[95] Henderson J. V. , Z. Shalizi and A. J. Venables (2001). Geography and Development, *Journal of Economic Geography,* 1: 81-105

[96] Henderson, V., Kuncoro, A. and Turner, M. (1995). Industrial Development in Cities, Journal of Political Economy, 103: 1067-1090

[97] Hewings, G. J. D. (1976). On the Accuracy of Alternative Models for Stepping-down Multi-County Employment Projections to Counties. Economic Geography, 52: 206-217

[98] Hine, R. C. (1990). Economic Integration and Inter-Industry Specialisation, CREDIT Research Paper 89/6, University of Nottingham

[99] Hirshman, Albert O. (1958). The Strategy of Economic Development. *New Haven,* Connecticut: Yale University Press

[100] Hoover E. M. (1948). The Location of Economic Activity, New York: McGraw-Hill

[101] Hotelling H. (1929). Stability in Competition. *Economic Journal*

[102] Isard, W. (1956). Location and Space-Economy, MIT Press, Cambridge, MA

[103] Isard, W. (1960). Methods of Regional Analysis: an Introduction to Regional Science. MIT, Cambridge

[104] Kaldor N. (1935). Market Imperfection and Excess Capacity, *Economica, New Series* , Vol. 2, No. 5

[105] Karl Aiginger and Michael Pfaffermayr (2001). The Single Market and Geographic Concentration in Europe

[106] Kim S. (1995). Expansion of Markets and The Geographic Distribution of Economic Activities: The Trends in U. S. Regional Manufacturing Structure, 1860-1987, *Quarterly Journal of Economics*, 110: 881-908

[107] Kim S. (1999). Regions, Resources, and Economic Geography: Sources of U. S. Regional Comparative Advantage, 1880-1987, *Regional Science and Urban Economics*, 29: 1-32

[108] Kind H, Midelfart-Knarvik KH, Schjelderup G (2000). Competing for Capital in a "lumpy" Eorld. *Journal of Public Economics* 78: 253-274

[109] Krieger-Boden, C. (2000). Globalization, Integration and Regional Specialization, Kiel Institute of World Economics Working Paper, No. 1009, Kiel

[110] Krugman P, Venables A. J. (1997). The Seemless World: a Spatial Model of International Specialization. *Mimeograph.* Princeton Unviversity, Princeton, NJ

[111] Krugman P. (1980). Scale Economies, Product Differentiation and the Pattern of Trade. *American Economic Review* 70: 950-959

[112] Krugman P. (1991a). Increasing Returns and Economic Geography. *Journal of Political Economy* , 99: 483-499

[113] Krugman P. (1991b). Geography and Trade. MIT Press, Cambridge, MA

[114] Krugman P. (1993a). On the Number and Location of Cities. *European Economic Review* , 37: 293-298

[115] Krugman P. (1993b). First Nature, Second Nature, and Metropolitan Location. *Journal of Regional Science* 33: 129-144

[116] Krugman P. , Livas Elizondo R. (1996). Trade Policy and the Third World Motropolis. *Journal of Development Economics,* 49: 137-150

[117] Krugman, P. (1979). Increasing Returns, Monopolistic Competition and International Trade. Journal of International Economics, 9: 469-479

[118] Krugman, P. (1980). Scale Economies, Product Differentiation and the Pattern of Trade. American Economic Review, 70: 950-959

[119] Krugman, P. (1981). Intraindustry Specialization and the Gains from Trade, Journal of Political Economy, 89: 959-973

[120] Krugman, P. and Venables, A. (1990). Intergration and the

Competitiveness of Peripheral Industry in C. Bliss and J. Braga de Macedo (eds), Unity with Diversity in the European Community, Cambridge: Cambridge University Press

[121] Krugman, Paul R. and Anthony J. Venables. (1995). Globalization and the Inequality of Nations. *Quarterly Journal of Economics*, 110: 857-880

[122] Lambertini Luisa & Peri Giovanni (2001). Fiscal Incentives and Industrial Agglomeration, *Boston College Working Papers In Economics* 580, Boston College Department of Economics

[123] Leamer E. (1984). Sources of International Comparative Advantage, MIT press, Cambridge MA

[124] Losch A. (1940). 王守礼译. 经济空间秩序. 北京: 商务印书馆, 1995

[125] Lucas R. E. Jr. (1988). On The Mechanics of Economic Development. *Journal of Monetary Economics*, 22: 2-42

[126] Ludema R. and Wooton I. (1998). Economic Geography and the Fiscal Effects of Regional Integration, *CEPR Discussion Paper* 1822

[127] Luis Fernando Lanaspa, Fernando Pueyo and Fernando Sanz (2001). The public Sector and Core-Periphery models, *Urban Studies*, Vol. 38, No. 10

[128] Maffezzoli, Marco and Trionfetti, Federico (2002). Approximation Methods: An Application to the Core-Periphery Model. *IGIER Working Paper Series* No. 219

[129] Marshall A. (1890). Principles of Economics. Macmillan, London. 8th Edition published in 1920

[130] Marshall, A. (1922). The Principles of Economics, London: Macmillan. 马歇尔. 经济学原理. 商务印书馆, 1997

[131] Martin P, Ottaviano G. I. P. (2001). Growth and agglomeration. *International Economic Review*, 42: 947-968

[132] Martin P. and Rogers C. A.（1995）. Industrial Location and Public Infrastructure，*Journal of International Economics*，39

[133] Martin P.，Ottaviano G. I. P.（1999）. Growing Locations：Industry Location in a Model of Endogenous Growth. *European Economic Review*，43：281-302

[134] Martin Philippe and Rogers Carol Ann（1994）. Trade Effects of Regional Aid，*CEPR Discussion Paper* No. 910.

[135] Masahisa Fujita and Jacques-Francois Thisse，（2002）. 刘峰，张雁，陈海威译．集聚经济学——城市、产业区位与经济增长．成都：西南财经大学出版社，2004

[136] Masahisa Fujita，Paul Krugman，and Anthony J. Venables（1999）. 梁琦主译：空间经济学．北京：中国人民大学出版社，2005

[137] Matsuyama K.（1996）. Why are there Rich and Poor Countires? Symmetrybreaking in the World Economy. *Journal of the Japanese and International Economies*，10：419-439

[138] Matsuyama K，Takahashi T（1998）. Self-defeating Regional Concentration. *Review of Economic Studies*，65：211-234

[139] Mayor，M. and Lopez，A. J.（2005）. The Spatial Shift-share Analysis New Developments and Some Findings for the Spanish Case. In：Proceedings of the European Regional Science Association ERSA 2005，Amsterdam

[140] Mayor，M.，Lopez，A. J.（2008）. Spatial Shift-share Analysis Versus Spatial Filtering：an Application to Spanish Employment Data，Empirical Economics，34：123-142

[141] Meade J. E.（1950）. The Equalization of Factor Prices：The Two Country，Two-Factor，Three-Product Case，*Metroeconomica* 2：129-133

[142] Mei Wen（2001）. Relocation and Agglomeration of Chinese Industry

[143] Midelfart-Knarvik Karen Helene, Overman Henry G., and Venables Anthony J. (2001). Comparative Advantage and Economic Geography: Estimating the Determinants of Industrial location in the EU. *Mimeo*

[144] Midelfart-Knarvik, K. H., Overman, H. G., Redding, S. J. and Venables, A. J. (2002). Integration and Industrial Specialisation in the European Union. Revue Economique, 53: 469-481

[145] Midelfart-Knarvik, K. H., Overman, H. G., Redding, S. J. and Venables, A. J. (2000). Comparative Advantage and Economic Geography: Estimating the Location of Production in the EU, CEPR Discussion Paper No. 2618, London

[146] Midelfart-knarvik, Karen; Overman, H; Redding, S.; and Venables, Anthony (2000). The Location of European Industry. *Economic Papers* 142. European Commission

[147] Moran, P. (1948). The Interpretation of Statistical Maps. The Journal of the Royal Statistical Society: Series B, 10: 243-251

[148] Mori T, Nishikimi K (2002). Economies of Transport Density and Industrial Agglomeration. *Regional Science and Urban Economics* 32: 167-200

[149] Mori T, Nishikimi K, Smith TE (2005). A Divergence Statistic for Industrial Agglomeration. *Review of Economics and Statistics*, forthcoming

[150] Myrdal, Gunnar. (1957). Economic Theory and Under-developed Regions. London: Duckworth

[151] Nazara, S, Hewings, G. J. D. (2004). Spatial Structure and Taxonomy of Decomposition in Shift-share Analysis. Growth Change, 35: 476-490

[152] Nikolaus Wolf (2004). Endowments, Market Potential, and Industrial Location: Evidence from Interwar Poland (1918-1939)

[153] Ohlin, B. (1933). Interregional and International Trade, Cambridge, MA: Harvard University Press

[154] Ottaviano G. , Thisse J-F. (2002). Integration, Agglomeration and the Political Economics of Factor Mobility. *Journal of Public Econiomics* , 83: 429-456

[155] Ottaviano, Gianmarco I. P. and Diego Puga. (1998). Agglomeration in the Global Economy: A Survey of the New Economic Geography. *World Economy*, Forthcoming

[156] Overman H. G. , S. Redding and A. J. Venables (2001). The Economic Geography of Trade, Production, and Income: A Survey of Empirics, *Mimeo*, London School of Economic and CEPR

[157] Overman Henry; Redding Stephen; and Venables Anthony (2001). Trade and Geography: A Survey of Empirics. *Mimeo*

[158] Park S. C. (2002). Interdependent Specialization and International Growth Effects of Geographical Agglomeration. *Kiep Working Papers* 02-05

[159] Perroux, Francois. (1955). Note on the Concept of Growth Poles, In Livingstone I. (ed) 1971: Economic Policy for Development: Selected Residings, Harmondsworth: Peguin

[160] Phillips P. , Moon H. R. (1999). Linear Regression Limit Theory for Nonstationary Panel Data, *Econometrica*, 67 (5): 1057-1111

[161] Porter M. (1990). The Competitive Advantage of Nations. Macmillan, New York

[162] Porter, M. (1998). Clusters and the New Economics of Competition, *Harvard Business Review*, November-December, 77-90

[163] Puga D (1999). The Rise and Fall of Regional Inequalities. *European Economic Review* , 43: 303-334

[164] Puga D. , Venables A. J. (1996). The Spread of Industry, Spatial Agglomeration and Economic Development. *Journal of The Japa-*

nese and International Economies , 10 (4). 440-464

[165] Puga D. , Venables A. J. (1999). Agglomeration and Economic Development: Import Substitution Vs. Trade Liberalisation. *Economic Journal* 109: 292-311

[166] Puga, Diego and Anthony J. Venables. (1997). Preferential Trading Arrangements and Industrial Location. *Journal of International Economics*, 43: 347-368

[167] Puga, Diego. (1998). Urbanisation Patterns: European vs. Less Developed Countries. *Journal of Regional Science*, 38: 223-244

[168] Pyke F. , Becattini G. and Sengenberger W. (eds) (1990). Industrial Districts and Inter-firm Cooperation In Italy. Geneva: ILO

[169] Quigley J. (1998). Urban Diversity and Economic Growth, *Journal of Economic Perspectives*, 12: 127-138

[170] Redding S. , Venables A. J. (2004). Economic Geography and International Inequality. *Journal of International Economics* , 62: 53-82

[171] Ricardo, D. (1817). On the Principles of Political Economy and Taxation, London

[172] Romer, P. (1990). Endogenous Technological Change, Journal of Political Economy, 98: 71-102

[173] Rosenthal S. S. and W. C. Strange, (2003). Evidence on the Nature and Sources of Agglomeration Economies, *prepared for the Handbook of Urban and Regional Economics*, J. V. Henderson and J. F. Thisse, eds

[174] Rosenthal S. S. and W. C. Strange, (2001). The Determinants of Agglomeration, *Journal of Urban Economics* , 50: 191-229

[175] Sapir, A. (1996). The Effects of Europe's Internal Market Programme on Production and Trade: A First Assessment, Weltwirtschaft liches Archiv, 132 (3). 457-475

[176] Saxenian A. (1994). Regional Advantage: Culture and Compe-

tition in Silicon Valley and Route 128, Cambridge, Cambridge: Harvard University Press

[177] Scitovsky T. (1954). Two Concepts of External Economies, *The Journal of Political Economy*, Vol. 62, No. 2

[178] Shalizi Somik Lall, Zmarak, and Uwe Deichmann (2001). Agglomeration Economies and Productivity in Indian Industry

[179] Sraffa P. (1926). The Laws of Returns under Competitive Conditions, *The Economic Journal*, Vol. 36, No. 144

[180] Starrett D. A. (1978). Marginal Cost Pricing of Recursive Lumpy Investments, *The Review of Economic Studies*, Vol. 45, No. 2

[181] Stuart S. Rosenthal and William C. Strange (2001). The Determinants of Agglomeration. *Journal of Urban Economics*, 50: 191-229

[182] Tabuchi T. (1998). Agglomeration and Dispersion: a Synthesis of Alonso and Krugman. *Journal of Urban Economics*, 44: 333-335

[183] Tabuchi T., Thisse J-F. (2002). Taste Heterogeneity, Labor Mobility and Economic Geography. *Journal of Development Economics*, 69: 155-177

[184] Thunen J. H. Von (1826). 吴衡康译．孤立国同农业和国民经济的关系．北京：商务印书馆，1997

[185] Tomiura E. (2003). Changing Economic Geography and Vertical Linkages in Japan. *Journal of the Japanese and International Economies*, 17: 561-589

[186] Traistaru Iulia and Christian Volpe Martincus (2003). Determinants of Manufacturing Concentration Patterns in Mercosur

[187] Traistaru Iulia, Peter Nijkamp and Simonetta Longhi (2002). Regional Specialization and Concentration of Industrial Activity in Accession Countries

[188] Trionfetti F. (1997). Public Expenditure and Economic Geography, *Working paper*

[189] Venables Anthony (1996). Equilibrium Locations of Vertically linked Industries. *International Economic Review*, 37: 341-359

[190] Venables Anthony (1998). Localization of Industry and Trade Performance, *Oxford Review of Economic Plicy*, Vol. 12, No. 3

[191] Venables Anthony (2000). Winners and Losers from Regional Integration Agreements. *Mimeo*

[192] Venables, A. (1996). Equilibrium Locations of Vertically Linded Industries, *International Economic Review*, 37: 341-359

[193] Waltz U. (1996). Transport Costs, Intermediate Goods, and Localized Growth. *Regional Science and Urban Economics*, 26: 671-695

[194] Weber A. (1909), 李刚剑等译．工业区位论，北京：商务印书馆，1997

[195] Weber A. (1929). Theory of the Location of Industries. Trans C J. Friedrich. Chicago: University of Chicago Press

[196] WIFO (1999). The Competitiveness of European Industry-1999 Report, *European Communities. Enterprise Directorate-General, working paper* No. 1, Brussels

[197] Wolf Nikolaus (2004). Endowments, Market Potential, and Industrial Location: Evidence from Interwar Poland (1918-1939). *Working paper*

[198] Wolfgang Leitner (2001). Regional Concentration of Manufacturing in the US and The EU: A Comparative Approach with the Background of New Economic Geography

[199] 安虎森主编．区域经济通论．北京：经济科学出版社，2004

[200] 蔡昉，王德文，王美艳．渐进式改革进程中的地区专业化趋势．经济研究，2002 (9)

[201] 陈丽娟．政府与产业集聚关系的理论研究．西安财经学院学报，2004，17 (3)

[202] 陈良文，杨开忠．地区专业化、产业集中与经济集聚——对我国

制造业的实证分析．经济地理，2006（1）

[203] 陈秀山，张可云．区域经济理论．北京：商务印书馆，2003

[204] 陈秀山，张若．对外开放、贸易成本与中国制造业聚集．经济理论与经济管理，2007（1）

[205] 陈耀．国家中西部发展政策研究．北京：经济管理出版社，2000

[206] 樊福卓．地区专业化．经济研究，2007（9）

[207] 范剑勇．市场一体化、地区专业化与产业集聚趋势——兼谈对地区差距的影响．中国社会科学，2004（6）

[208] 高飞．产业地理集中的理论分析及应用．南京社会科学，2002（1）

[209] 贺灿飞，谢秀珍．中国制造业地理集中与省区专业化．地理学报，2006（2）

[210] 江小涓．经济转型时期的产业政策．上海：上海三联书店，上海人民出版社，1996

[211] 李小建．经济地理学．北京：高等教育出版社，1999

[212] 梁琦．产业集聚论．北京：商务印书馆，2004

[213] 迈克尔·波特．簇群与新竞争经济学．经济社会体制比较，2000

[214] 迈克尔·波特．竞争优势．中译本．北京：华夏出版社，2002

[215] 王缉慈．创新的空间．北京：北京大学出版社，2001

[216] 王业强，魏后凯．产业地理集中的时空特征分析——以中国28个两位数制造业为例．统计研究，2006（6）

[217] 王业强，魏后凯．产业特征、空间竞争与制造业地理集中——来自中国的经验证据．管理世界，2007（4）

[218] 王业强，魏后凯，蒋媛媛．中国制造业区位变迁：结构效应与空间效应——对“克鲁格曼假说”的检验．中国工业经济，2009（7）

[219] 魏后凯．中国区域基础设施与制造业发展差异．管理世界，2001（6）

[220] 魏后凯．市场竞争、经济绩效与产业集中——对中国制造业集中与市场结构的实证研究．北京：经济管理出版社，2003

[221] 魏后凯．现代区域经济学．北京：经济管理出版社，2006

[222] 魏后凯. 大都市区新型产业分工与冲突管理——基于产业链分工的视角. 中国工业经济，2007（2）

[223] 魏后凯，刘楷，周民良，杨大利，胡武贤. 中国地区发展. 北京：经济管理出版社，1997

[224] 文玫. 中国工业在区域上的重新定位和聚集. 经济研究，2004（2）

[225] 冼国明，文东伟. FDI、地区专业化与产业集聚. 管理世界，2006（12）

[226] 徐国弟. 我国地区经济协调发展研究. 北京：改革出版社，1996

[227] 杨开忠，谢燮，刘安国. 厂商数目有限交易费用不同的垄断竞争的空间模型. 系统工程，2005，23（6）

[228] 张可云. 区域经济政策. 北京：中国轻工业出版社，2001